THE RESEARCH ON THE THEORY AND COUNTERMEASURE
FOR THE GREEN LOW-CARBON DEVELOPMENT OF
RESOURCE-BASED ENTERPRISES

资源型企业绿色低碳发展理论与对策研究

赵国浩 等 ◎ 著

经济管理出版社

ECONOMY & MANAGEMENT PUBLISHING HOUSE

图书在版编目（CIP）数据

资源型企业绿色低碳发展理论与对策研究/赵国浩等著.—北京：经济管理出版社，2019.7
ISBN 978－7－5096－6806－1

Ⅰ.①资… Ⅱ.①赵… Ⅲ.①煤炭企业—绿色经济—低碳经济—经济发展—研究—山西 Ⅳ.①F426.21

中国版本图书馆 CIP 数据核字（2019）第 158249 号

组稿编辑：杜　菲
责任编辑：杜　菲
责任印制：黄章平
责任校对：王纪慧

出版发行：经济管理出版社
（北京市海淀区北蜂窝 8 号中雅大厦 A 座 11 层　100038）
网　　址：www.E－mp.com.cn
电　　话：（010）51915602
印　　刷：三河市延风印装有限公司
经　　销：新华书店
开　　本：720mm×1000mm/16
印　　张：16.5
字　　数：237 千字
版　　次：2019 年 7 月第 1 版　2019 年 7 月第 1 次印刷
书　　号：ISBN 978－7－5096－6806－1
定　　价：68.00 元

·版权所有　翻印必究·
凡购本社图书，如有印装错误，由本社读者服务部负责调换。
联系地址：北京阜外月坛北小街 2 号
电话：（010）68022974　邮编：100836

本书出版得到以下基金资助

国家自然科学基金项目：煤炭资源绿色低碳发展理论与政策研究（71774105）

山西省回国留学人员科研项目：煤炭资源综合利用及资源型经济转型研究（晋留管办发〔2016〕5号，2016-081）

山西省高校重点学科建设项目：资源型企业可持续发展研究（晋教研〔2010〕7号）

山西省高等学校人文社科重点研究基地项目：资源型企业绿色转型发展对策研究（晋教财〔2015〕41号）

山西省优势学科攀升计划建设项目：山西财经大学工商管理学科（晋教研〔2018〕4号）

山西省软科学项目：山西省煤炭资源低碳发展对策研究（2018041066-4）

前　言

资源的合理开发、节约利用、优化配置已经成为一个社会共同关注的问题。人类对资源的破坏性开采与利用造成人与自然深层次矛盾的出现，威胁着全人类的未来生存和发展。世界经济发展需要同时应对气候变化、能源短缺和环境污染等诸多挑战，于是全球兴起了新一轮的能源革命和产业变革，资源型企业面临机遇和挑战双重机会。当前，中国经济已经由高速增长阶段转向高质量发展阶段，正值转变发展方式、优化经济结构、转换增长动力的攻关期。绿色低碳发展是解决中国当下面临的一切问题的基础和关键，而中国的绿色低碳发展必须贯彻创新、协调、绿色、开放、共享的发展新理念，走可持续发展的道路，资源型企业起着承载绿色低碳发展主体任务和担当排头兵的作用。

以煤为主的能源结构是中国不可改变的资源禀赋现实，中国过去的能源结构是以消费煤炭资源为主，现在推行能源革命和清洁能源发展，绿色低碳能源发展迅猛；但在短期内难以改变煤炭资源为中国主导能源的地位，其他能源都作为辅助能源，所以，中国社会经济可持续发展需要建立在高效清洁、绿色低碳利用煤炭资源以及发展清洁能源的基础上，中国需要解决"怎样提高煤炭资源综合利用"及"资源型企业的绿色低碳转型"两大问题。对此，本书从理论分析、模型构建、仿真模拟及实证分析等方面对两大问题进行系统研究，并基于研究结果对提高煤炭资源综合利用及资源型企业绿色低碳转型提出相应对策建议。

本书将前期完成的三项研究课题成果汇总成三部分。山西省回国留学人员科研项目"煤炭资源综合利用及资源型经济转型研究"成果汇编成上篇；

国家自然科学基金项目"煤炭资源绿色低碳发展理论与政策研究"阶段性研究成果和山西省高校重点学科建设项目"资源型企业可持续发展研究"部分研究成果汇编成中篇；山西省高等学校人文社科重点研究基地项目"资源型企业绿色转型发展对策研究"研究成果汇编成下篇。

上篇为煤炭资源综合利用与资源型经济转型发展研究。在研究煤炭资源综合利用中，采用系统分析方法，从社会经济可持续发展、资源供给、市场化水平与支持水平四大方面构建煤炭资源优化配置指标体系，并给出煤炭资源优化配置评价方法；采用系统分析及线性规划方法，构建煤炭资源综合利用路径选择及评价模型；针对煤炭资源优化配置及综合利用中的问题，对煤炭资源优化配置提出加快煤炭资源资产化管理、完善煤炭资源市场经济制度体系、推动煤炭产业结构调整、加速煤炭企业信息化建设及完善人力资源建设五条建议；对煤炭资源综合利用提出加快能源管理体制改革、强化能源法制体系建设、推进煤炭资源综合利用科技创新发展、促进煤炭资源综合利用重点项目建设及大力推进煤炭共伴生资源的综合利用五条建议。

在资源型经济转型研究中，首先，利用分解法对山西省低碳发展影响因素进行识别，并基于灰色 GM (1, 1) 模型用 Metlab 软件对山西省低碳化发展影响因素发展趋势进行预测，分析人口规模、经济增长、产业结构、能源结构、能源强度五个因素对碳排放量的影响效应，明确山西省资源型经济存在产业结构单一、资源浪费、科技投入不足等问题。其次，采用系统动力学方法，从系统的角度构建资源型地区的可持续发展能力评价指标体系和系统模型，并用 Vensim 软件对山西省可持续发展进行仿真模拟，研究结果对资源型经济转型及可持续发展提出了四点建议：通过改造提升资源型产业、发展替代产业和现代服务业，促进和加快产业结构的优化升级；通过增加研发投入、加大对技术创新的扶持力度及加强人才的培养与引进，进一步促进科技创新与人才培养；通过加强生态环境保护、加大环境治理力度及强化环境制度监护，"防、治、监"三管齐下，加大环境保护监督力度；通过完善资源产权与资源开发的收益分配机制及资源生态环境的补偿机制、建立合理的资源财富转化机制、创新绿色产业的激励机制，健全资源收益分配的相关机制。

中篇为煤炭企业绿色低碳发展研究。立足山西省煤炭企业，首先，对山西省煤炭企业绿色低碳发展现状进行分析。其次，基于循环经济理论，对建立煤炭企业绿色循环发展评价指标体系、对山西省煤炭企业绿色循环发展评价进行实证检验；基于低碳发展理论，对煤炭企业低碳发展影响因素进行筛选，构建评价模型，并对山西省煤炭企业低碳发展进行实证分析。最后，基于山西省煤炭企业绿色低碳发展现状与实证分析结果，对山西省煤炭企业绿色低碳发展提出对策建议。

下篇为资源型企业绿色转型发展研究。以资源型企业为研究对象，按照"文献梳理与评价—理论模型构建与假设推演—实证检验分析—结论与政策建议"的思路对资源型企业绿色转型模式进行研究。在对相关研究梳理的基础上，构建了"绿色创新—绿色动态能力—竞争优势"的机制模型，将"绿色动态能力"引入绿色创新与竞争优势的关系研究中，将"绿色动态能力"作为一种传导机制，进行关系分析，通过261份有效问卷获取数据，借助统计分析软件Spass19.0，用因子分析、相关分析、多元回归分析等统计方法对预期假设进行检验，借助LISREL8.80软件用结构方程模型进行验证性因子分析、变量区分度的检验、绿色动态能力中介效应的整体模型验证。根据实证检验结果归纳出研究结论，揭示在绿色动态能力的中介作用下，绿色创新对于资源型企业竞争优势的形成与维持有促进作用，解决了绿色创新能否带来竞争优势的争议。研究得出两点结论，一是绿色创新是资源型企业转型发展不竭的"动力源泉"；二是绿色动态能力是绿色创新到竞争优势的传导机制。

本书主要参编者有赵国浩、杨俊青、孙国强、张宝建、张华明、曹翠珍、李玮、高文静、柳亚琴、朱美峰、郭淑芬、马明、程艳、韩慧、王莉、焦樵、杨毅、彭皓玥、赵文、张曦、徐银娜、赵敏、苗敬毅、邱玉霞、任晓松、程承、高洁、赫永达、王嘉雯、凌涛、车康模、王婧臻、武幸凤、刘瑞、朱玮琼、于贵芳、解宇歆、范瑞、董慧琳、胡晓楠、刘建平、杨帆、李倩如、武彩霞、刘梦、孙少琴。上篇由赵敏执笔，中篇由徐银娜执笔，下篇由焦樵执笔，全部书稿由赵国浩最后确定。

目 录

上篇 煤炭资源综合利用与资源型经济转型发展研究

第一章 煤炭资源综合利用与资源型经济转型发展研究现状 ……………… 003

　一、煤炭资源综合利用与资源型经济转型发展研究意义 ……………… 003

　二、煤炭资源综合利用与资源型经济转型发展研究综述 ……………… 005

第二章 煤炭资源综合利用研究 ……………………………………………… 012

　一、煤炭资源优化配置理论与方法 ……………………………………… 012

　二、煤炭资源综合利用理论与方法 ……………………………………… 019

　二、煤炭资源综合利用对策建议 ………………………………………… 033

第三章 山西省资源型地区转型发展研究 …………………………………… 044

　一、山西省资源型地区低碳化发展 ……………………………………… 045

　二、山西省资源型地区可持续发展 ……………………………………… 059

　三、山西省资源型地区转型发展对策建议 ……………………………… 093

第四章 煤炭资源综合利用与资源型地区转型发展研究结论 ……………… 100

　一、煤炭资源综合利用研究结论 ………………………………………… 100

二、资源型地区转型发展研究结论 …………………………………… 101

中篇　煤炭企业绿色低碳发展研究

第五章　煤炭企业绿色低碳发展研究现状 ……………………………… 105

一、煤炭企业绿色低碳发展研究背景 ………………………………… 105

二、煤炭企业绿色低碳发展研究综述 ………………………………… 106

三、煤炭企业绿色低碳发展研究内容 ………………………………… 112

四、山西省煤炭企业绿色低碳发展现状分析 ………………………… 113

第六章　煤炭企业绿色低碳发展评价与实证检验 ……………………… 127

一、煤炭企业绿色循环发展评价研究 ………………………………… 127

二、煤炭企业绿色循环发展评价实证分析 …………………………… 137

三、煤炭企业低碳发展影响因素选择及模型构建 …………………… 146

四、山西省煤炭企业低碳发展实证分析 ……………………………… 153

第七章　山西省煤炭企业绿色低碳发展对策研究 ……………………… 159

一、山西省煤炭企业绿色循环发展的对策 …………………………… 159

二、山西省煤炭企业低碳发展的对策 ………………………………… 165

第八章　煤炭企业绿色低碳发展研究结论 ……………………………… 170

一、煤炭企业绿色循环发展研究结论 ………………………………… 170

二、煤炭企业低碳发展研究结论 ……………………………………… 171

下篇 资源型企业绿色转型发展研究

第九章 资源型企业绿色转型发展研究现状……175
- 一、资源型企业绿色转型发展研究背景和意义……175
- 二、资源型企业绿色转型发展研究现状综述……181
- 三、资源型企业绿色转型发展研究内容和方法……191

第十章 资源型企业绿色转型发展模式研究……193
- 一、资源型企业绿色转型发展基本现状……193
- 二、资源型企业绿色转型发展模式……195
- 三、资源型企业绿色转型发展实证分析……206

第十一章 资源型企业绿色转型发展研究结论……222
- 一、绿色创新是资源型企业转型发展不竭的"动力源泉"……222
- 二、绿色动态能力是绿色创新到竞争优势的传导机制……224
- 三、"双元性"是既能有效平衡又相互矛盾的组织目标……226
- 四、理论贡献……227
- 五、资源型企业绿色转型发展对策……228

参考文献……232

上篇 煤炭资源综合利用与资源型经济转型发展研究

第一章
煤炭资源综合利用与资源型经济转型发展研究现状

一、煤炭资源综合利用与资源型经济转型发展研究意义

　　山西省是我国重要的能源基地和老工业基地,是国家资源型经济转型综合配套改革试验区,在推进资源型经济转型改革和发展中具有重要地位。山西是煤炭大省,是重要的能源供应基地,在我国未来一个时期,煤炭作为主体能源的地位不会发生根本性改变。在此背景下,作为煤炭资源大省的山西该如何发展?本章将从煤炭资源综合利用和资源型经济转型发展两方面对该问题进行研究。

　　煤炭资源综合利用是针对过去煤炭企业粗放开发、简洗加工、低效利用、污染环境、经济效益低下的现状,以煤炭资源综合开采、深度加工、多元发展为基础,以获得最佳的综合(经济、环保、社会)效益为目标,按其资源的特性进行充分利用,从根本上改变以高耗资源、损坏环境为代价的局面。对煤炭资源进行高效利用的过程,实质上是调整产业结构、转换经营方式、提高资源利用效率、减少各种消耗、获取最高利润的过程。

开展煤炭资源综合利用，一是能最大限度地提高资源综合利用效益，对煤层气、矿井水、煤矸石、粉煤灰等多种资源及废弃物，统筹规划、综合利用、变废为宝，提高资源的综合利用效益与效率。二是拉长产业链，拓宽产业面。以煤炭为基础，发展煤的衍生产品，延伸和加粗产业链，构建循环经济工业园区，建立不同产业间的共生和耦合关系，促进煤炭产业结构优化升级，从而实现经济增长方式的转变。三是减少污染和改善环境。传统的煤炭开采和利用方式对生态环境造成不可忽视的破坏，开展资源综合利用，就是遵奉循环经济理念，减少对环境的污染和生态的破坏，可以实现煤炭产业的可持续发展。因此，在全球呼吁应对气候变化、党的十九大提出绿色低碳发展战略、山西省作为资源转型发展试验区的背景下，研究山西煤炭资源综合利用具有重大的现实意义。

山西省是我国典型的资源型地区，是我国重要的能源和原材料供应基地，长期以来为国家能源供应和现代化建设做出了突出贡献，但由于过度依赖煤炭等资源开发，经济发展正面临严峻的形势。资源型经济转型是目前山西省战略发展的重中之重，而资源具有有限性和不可再生性，这决定了资源型地区的可持续发展不能单纯依靠资源的无限制开发获得。资源的枯竭会引起经济和社会的多种不和谐问题，从而使资源型地区面临"资源诅咒"和不可持续发展问题。以可持续发展理论为指导研究山西的经济和产业转型，找到山西转型发展的出路，并探索山西省绿色低碳、可持续发展路径，具有重要意义。

在山西资源型经济转型的初探阶段，进行煤炭资源综合利用及资源型经济转型研究具有重要的理论和现实意义。具体而言，在理论研究方面，基于可持续发展理论、循环经济理论、产业生态理论、低碳经济理论及资源基础理论等，构建了煤炭资源优化配置指标体系，并给出了煤炭资源优化配置评价方法；提出了碳排放率的测算方法及影响碳排放的主要因素；构建了资源型地区的可持续发展能力评价指标体系和系统模型；提出了基于"资源的价值性、能力的集合性与动态能力的动态性"的竞争优势整合研究框架，丰富了煤炭资源综合利用及资源型经济转型的相关理论研究，具有重要的理论意义。在实际应用方面,针对煤炭资源综合利用及山西省资源型经济转型发展,提出了具体的政策建议,具有重要的实践指导意义。

二、煤炭资源综合利用与资源型经济转型发展研究综述

(一)煤炭资源综合利用研究综述

1. 国外煤炭资源综合利用综述

随着对循环经济发展模式研究的深入,中国可持续发展战略有了新的目标和方向。美国经济学家肯尼思·E. 波尔丁在20世纪60年代最先指出循环经济的概念,而后在德国、日本等资源相对短缺的国家将其应用于实践。1994年,德国制定了《循环经济和废弃物法》,倡导走向循环经济型社会;同年,联合国大会提出"零排放"的概念,提出通过循环利用,废弃物的排放量可能为零;日本在20世纪90年代提出"环境立国"的口号,并集中制定了废弃物处理、再生资源利用、包装容器管理等一系列法规,其立法的目标是建立一个"资源循环型社会"。

循环经济实际上是以环境无害化、资源回收利用和清洁生产技术为载体的经济模式,其核心和本质就是保护与合理开发利用自然资源。煤炭资源综合利用在循环经济中体现为高效利用化和废弃物资源化,从而实现污染排放减量化、资源化和环境无害化。国外对于煤炭资源综合利用研究成果可归纳为如下三部分:

(1)通过立法支持煤炭资源综合利用。为加强矿产资源综合利用工作,美、日、德、法等国家都已针对本国具体情况颁布相应的法律法规。

例如，美国颁布了《美国矿业和矿产条例》；为把废弃物纳入产品生产过程中，德国于1994年颁布了《循环经济与废弃物法》。

（2）通过新技术支持煤炭资源综合利用。国外发达国家把矿业发展的重点指向管理集约与科学化，发展资源的高效、低污染的加工流程技术，研造低耗高效矿山装备的大型化与系列化，力求开采、洗选等设备的自动化与智能化，进而提高矿产资源的综合利用水平。

（3）重视煤炭尾矿资源综合利用。由于矿产开采品位的降低，在选矿时丢弃的尾矿也被作为矿产或者"二次资源"得到重视与利用。世界各国矿业开发所产生的尾矿每年达50亿吨以上，随着矿业开发规模增大和入选矿石品位的降低，煤炭尾矿资源数量还将逐年增大。

尽管国外煤炭资源综合利用技术得到了长足的发展，但是很少从定量角度考虑如何根据地域资源特点和企业自身情况选择适当的资源开发技术手段和路径，这是本章的研究内容之一。

2. 国内煤炭资源综合利用综述

关凤峻（1992）将矿产资源利用的合理程度与经济效益相结合，提出一套系统评价方法，对矿产资源综合开发利用程度进行评价，并阐述了各种方法间的有机联系。袁宗仪（1993）在分析中国矿产资源利用现状的基础上，建立了资源综合开发利用评价体系。黄祖梁（1994）阐述了中国矿产资源综合开发利用现状并提出了相应的对策建议。赵国浩、裴卫东和张冬明（2000）研究了评价指标体系与评价方法，并对煤炭工业可持续发展理论和实践进行了创新。赵国浩和王浣生（2000）阐述了煤炭资源经济评价理论与方法，并构建了煤炭工业可持续发展评价指标体系。邹胜谋和葛联合（2001）结合具体的煤矿企业，从强化技术管理和矿山资源综合利用方面提出对策建议。夏佐铎和姚书振（2002）论述了矿产资源资产价值的构成，并系统地构建和分析了矿产资源价值分析模型。赵国浩（2002）讨论了煤炭资源优化配置系统理论、评价指标体系以及方法，并给出达到优化配置的对策建议。张明慧（2003）从经济角度构建了煤炭清洁生产和利用的综合评价指标体系，并从技术、环境、经济等方面给出煤炭清洁生产

第一章 煤炭资源综合利用与资源型经济转型发展研究现状

的对策建议。夏佐铎（2004）结合中国矿产资源资产评估的特殊性，把对象与行为目的的类别、价值类型等方面有机结合起来，提出了矿产资源资产评估的体系。罗大锋（2005）以具体矿物资源的开发利用为例，分析了当前中国资源开发中的问题并给出中国实施全球资源战略的相应对策。覃觅（2005）从资源保护的角度提出对矿产资源的综合开发利用相关建议。随着经济的发展，人们更多地从资源保护的角度来分析矿产资源，尤其是从煤炭资源综合利用方面。2006年，国家发改委《循环经济：模式分析与对策研究》课题组以循环经济理论为导向，提出煤炭行业发展循环经济的模式以及对策建议。苗阳（2006）从可持续发展理论出发，对山西省煤炭资源可持续发展的基本因素进行了系统的分析。唐勇（2006）论述了通过发展煤炭循环产业经济，提高洁净燃料技术及资源的综合利用度，创造和谐生态工业。王悦汉、汪理全和翟德元（2006）提出了矿井的"掘、采、治"三元开采技术体系。贺秀丽（2006）提出构建山西煤炭企业循环经济生态工业园，寻求煤炭企业的循环经济发展模式。魏振宽、吴刚和朱超（2007）从生态经济视角出发，提出建设煤炭生态企业的初步设想。蒋衔武、孙磊和张冬梅（2007）提出走新型工业化道路是煤炭企业依据循环经济理论的必然选择。赵国浩（2007）从资源管理的角度，论述了管理层面上的煤炭资源综合开发利用的研究内容，提出了煤炭资源综合开发利用的对策建议。王岩（2008）从鹤岗矿区煤炭资源综合开发利用现状出发，对"三下"压煤及薄煤层、煤泥、煤矸石等综合开发利用方案进行探讨，并提出了相关问题与建议。赵国浩（2008）探讨了煤炭资源优化配置系统理论、评价指标体系和评价方法，给出达到优化配置的相应对策。梁钰（2009）在总结相关理论的基础上，分别对煤炭矿区循环经济系统结构以及生态环境的现状进行分析，运用多级模糊综合评价法、层次分析法（AHP）和熵权系数法建立了煤炭矿区循环经济发展的综合评价指标体系和评价模型，并结合中国的典型煤炭矿区进行实证研究与分析。赵震宇（2010）在分析煤炭资源对经济增长和生态环境"双重约束"的基础上，描述了中国煤炭资源的使用现状，进而探讨了中国煤炭资源的可持续利用问题，表明资源市场结构不合理是造成目前中国煤炭资源可持续利用状况较差的重要原因。可见，在煤炭资源管理及综合利用路径研究方面，中国大多数学者是从综合利用技术角度来展开研究，对煤炭资源综合开发利用技术路径选择及对策建议方面有待进一步研究。

（二）资源型经济转型研究综述

1. 国内外资源型地区转型研究现状

对资源型地区转型的研究，国外研究者霍特林最早在理论上提出资源开发应该遵循最优的开采路径（Hotelling，1931），改善生态环境需要征收庇古税（Pigou，1920）或者使用科斯定理进行解决（Coase，1960）。在实践中，提出构建资源生态环境补偿机制，完善法律政策体系。Deason 和 Taylor（2010）提出，综合性的环境响应、补偿和义务条例、清洁水条例和石油污染条例，使各企业对石油与有害物质的排放对自然资源造成损害负有责任。国家政府与地方政府被指定为自然资源受托人，负责执行自然资源管理条例。最近几年，这些受托人积极执行责任，阻碍强制执行的几个因素已经被克服，基金在逐年增加。未来，资源损害评价与恢复（Natural Resource Damage Assessment and Restoration，NRDAR）变得越来越重要，其责任、规则与程序越来越被联邦机构及环境从业人员所熟悉，相关活动的持续发展是可预期的。Consiglieri、Kuyek 和 Pizarro（2004）指出，在拉丁美洲的一些资源型国家，大家很关注矿业财富的分配，关注的焦点是税收的利益与限制以及权利金在矿业的应用。权利金是作为对不可再生的、稀缺资源使用的补偿费用，而不是税收。Bosquet（2002）指出，俄罗斯作为资源丰富（如天然气、原油、煤炭、黄金、钻石及黑色金属等）的国家，其资源税收对公共收益的贡献非常有限，大量的资源租金流失和被消耗。

国内研究者多从资源型地区经济转型路径、产业结构等方面进行研究与探索。张复明（2008）建立了资源型经济体规避"资源诅咒"进行经济转型的一个一般性解释模型，并提出资源型经济及其转型的分析主线和框架模式。黄毅（2009）从资源的不可再生性出发提出资源型经济转型的必要性和路径。张复明和景普秋（2006）通过运用外生增长的新古典模型，分析了资源环境瓶颈导致资源型经济增长停滞的作用机制，并对自强机制在资源型经济形成中的机制进行研究。高峰（2010）通过对金融危机中中部地区资源型经济发展问题的考察，提出用可再生资源可以替代不可再生资源并促进经济增长，认为实现产业转型是保持经济增长的重要选择。赵辉和刘学敏（2013）利用最优生产选择模型，从资源约束和突破资源约束两个角度，考察了资源型经济转型路径中的要素使用特征。

有的学者从产业结构或政府政策角度对资源型经济转型进行研究。刘云刚（2000）认为，资源型经济产业结构调整的重点在于主导产业体系的建设、矿区体制与布局模式的转变。周德群和汤建影（2002）分析认为，资源型经济转型应及早地培育接替支柱产业，不间断地实施产业结构的调整是资源型经济转型的根本。杨玲（2005）认为，资源型经济转型要充分考虑资源开发的生命周期特点，资源型经济转型需要适时地进行优势转换。周建波（2013）认为，在政府政策保护扶助和企业家创业推动的基础上，实现制造业等新兴产业的启动和快速发展，是历史上资源型国家成功实现经济转型的基本战略。

2. 资源型地区发展困境及原因阐释

（1）资源损害与生态环境破坏。矿产开发引发的资源损耗与浪费、生态环境破坏与恶化等现象是比较严重的。矿产资源大规模、无节制开采且造成严重的浪费现象等问题，是资源价格过低和管理制度层面缺陷造成的。生态环境被破坏是负外部效应的表现，由于缺乏社会成本约束和生态环境补偿机制，矿产开发中不可避免地对生态环境产生负面影响。近年来，澳大利亚的矿业发展中存在生态环境破坏（Goodman，2008）；其他遭遇"资源诅咒"的国家生态环境也不同程度地出现退化（Atkinson & Hamilton，2003）。在新中国成立以来的大规模矿产开发中，由于补偿机制的缺失，在东北老工业基地、山西、内蒙古等地也形成了生态环境恶化问题，表现在土地塌陷、水污染、大气污染、土壤退化、矸石山堆积、历史欠账多等方面（张复明，2008）。

（2）单一产业与产业治理。资源产品的价格波动使得资源丰裕国家的经济运行充满风险，而产业多样化是规避风险的最佳选择。Mursheda 和 Serinoc（2011）认为，自然资源出口专业化的国家如果不能改善经济和出口结构，将很难实现经济持续增长。Shaxson（2005）认为，针对波动性问题，最佳解决方案无疑是多样化经济，远离单一的石油依赖，摆脱资源产业依赖需要促进产业多样化。许多资源丰裕的国家/区域通过产业多样化成功规避了"资源诅咒"，比如挪威、智利、迪拜、俄罗斯等。20 世纪 80 年代，挪威石油部门占 GDP 的比重超过 20%，但是通过发展资源产业部门的前向和后向关联产业进行反工业化调控，制造业迅速发展壮大，实现了产业多样化，规避了"资源诅咒"。智利则通过在农业领域的产业多样化促进了出口结构的改变，规避了"资源诅咒"。自 2007 年以来，俄罗斯为了规避"资源诅咒"，也主动采取经济多样化的策略，然而，在俄罗斯西北部的资源型小城镇，将矿业收益投资于旅游业，试图实现经济多样化的努力并未奏效。调查研究显示，该区域矿业的地位没有被撼动，资源依赖模式依然如故，在经济衰退时还不得不对矿业进行补贴，在一定程度上阻碍了产业多样化。

（3）物质资本挤出与人力资本挤出。经济增长离不开物质资本要素和人力资本要素。资源富集地区，资源开发造成物质资本与人力资本的挤出效应。Sachs 和 Warner（1995）、Gylfason（2008）、Atkinson 和 Hamilton（2003）、Gylfason 和 Zoega（2006）等分析了资源的大规模开发可能对物质资本积累产生负面影响。例如，资源丰裕可能导致区域政策制定者目光短浅，将更多的资源用于当前消费，导致投资效率降低；资源依赖下的汇率升值使得制造业无利可图。Gylfason（2008）也认为，自然资本将会挤出物质资本和金融资本，资源租金的大多数被转移到国外，导致国内银行资金缺乏。资源富集对人力资本的挤出非常显著。Blanco 和 Grie（2012）通过对 17 个拉丁美洲国家分析发现，石油出口依赖对人力资本有直接的负向作用。Cabrales 和 Hauk（2011）认为，人力资本和自然资源之间的关系由于国家制度的不同而有所差异,在制度规范较强的国家,丰裕的自然资源对教育有正向作用,在制度规范较弱的国家是负向作用。总体上看,资源丰裕国家/区域存在人力资本挤出效应,其原因主要是:资源丰裕带来资源收益,导致当地人过分自信,教育投入不足,民众受教育程度较低;同时,自然资源带来风险,大量的劳动者被锁定在低技能的资源密集型产业,缺乏提升自身及其子女教育的意识;当权者和居民变得过度自信,过于信赖自然资本,忽视对更优化的经济政策和教育的需求,忽视人力资本的积累。资源财富降低了支持增长政策需求敏感度、长期规划的制定和高效率的可利用资源管理。

第二章
煤炭资源综合利用研究

一、煤炭资源优化配置理论与方法

(一) 相关概念概述

1. 资源配置理论概述

(1) 资源配置内涵。资源配置亦称资源分配。英文为 Allocation of Resources。《简明不列颠百科全书》认为，资源分配是指生产性资产在不同用途之间的分配。美国 D. 格林沃尔德主编的《现代经济词典》认为，资源分配是指资源在不同用途和不同的使用者之间的分配。资源是人类生存和社会经济发展的基础，资源的稀缺性要求人们在生产与消费过程中必须做出选择，按照一定的规则或机制分配社会资源，这种资源的分配过程就是资源配置。

资源的合理配置是现代经济科学的永恒主题。保罗·A. 萨缪尔森在《经济学》一书中指出，经济学"分析改善资源配置形式所需要的代价和可能得到的利益"。诺贝尔经济学奖获得者美国经济学家佳林·C. 库普曼斯说，经济学是研究"稀缺资源的最佳利用"的学问。

（2）资源配置要素。一是资源配置对象与资源特性。资源配置对象即资源自身，资源是资源配置的物质基础和前提条件。在中国，煤炭作为主要能源，在国民经济中占据着举足轻重的地位，它不仅是资源配置的物质基础，更是中国经济发展的物质基础。资源具有某些特有的自然属性和社会属性。这些特性可以归纳为整体性和层次性、有限性和稀缺性、多用性和增值性、国际性和虚化性、流动性和可配性。

二是资源配置手段。资源配置手段或称资源配置形式。研究这一问题，是要解决以何种手段、哪些形式配置资源更为有效。计划和市场都是经济手段，也都是资源配置手段和形式。应当主要依靠市场机制以保证经济的效率，同时也需要政府进行适当的干预，以保持经济的良好运行。

三是资源配置主体。资源配置主体是指资源配置的主导方面。对于资源配置主体，可以从微观和宏观两个层次来分析。在微观层次上，是指为生产经营某种产品而进行资源配置的经济单位——可称为企业主体；在宏观层次上，是指为整个社会各个部门和各个地区的生产经营而进行资源配置的国家机关——可称为政府主体。

四是资源配置规范。资源配置规范是资源配置的行为准则，是资源配置运行的内在要求，是资源合理配置的重要因素。资源配置规范，可以按三个层次、三个类型来分析。最高层次的规范——规律类规范；中间层次的规范——法律类规范；最浅层次的规范——政策类规范。

（3）资源配置系统论。资源配置是个系统工程：①资源配置必须是配置对象、手段、主体和规范的系统整合与协调，少任何一个要素，资源都没办法进行配置。②资源配置必须是市场调节基础性作用和宏观调控指导性作用的系统整合与协调。③资源配置必须是经济效益、社会效益和生态效益的系统整合与协调，单纯地追求经济效益，以破坏环境和生态效益为代价的观念已经成为过去式。人类已经尝到自己种下的苦果，所以，在资源配置时，必须兼顾社会和生态效益。④资源配置必须是微观、宏观配置的系统整合与协调，只注重微观配置，因其企业只追求自身的经济利益最大化，将会导致大量外部成本、环境破坏和社会长远利益的损害；单纯进行宏观调控，会导致偏好不同而出现不公平，甚至垄断。任何一种配置方式都要由另一种来弥补其缺陷和不足，而且两者必须进行系统的协调配置。这样，才能实现资源的合理配置。⑤资源配置必须是资源利用和资源保护的系统整合与协调。不能以利用一种资源而破坏另一种资源为代价，也不能利用资源却不保护资源，造成资源的浪费和破坏，影响人类的可持续发展。

2. 煤炭资源优化配置

（1）煤炭资源优化配置内涵。从经济学角度来看，资源总是稀缺的，它的稀缺性要求人们在生产与消费过程中必须做出选择，按照一定的规则或机制分配。这种分配过程就是资源的配置。煤炭资源配置的内涵首先要遵循资源配置这一宏观界定，同时还要体现煤炭资源的特点。

首先，煤炭资源有限且不可再生。煤炭资源的不可再生性和有限性决定了煤炭产业有其固有的生命周期，如图2-1所示。因此从时间上讲，煤炭资源是不可永久、持续利用的，所以，必须合理地规划煤炭资源的耗竭规模和水平。煤炭资源优化配置的主要含义应该是以社会经济可持续发展为目标，以煤炭资源的可持续利用为基础，以资源开发与生态环境协调发展为条件，在满足社会经济可持续发展的煤炭资源需求前提下，充分考虑煤炭资源开发利用的经济效益、市场化程度、环境承载力、资源的可持续性、资源的空间整合等因素，将煤炭资源进行合理分配、调控，使煤炭资源的开发利用社会经济效益最大化。

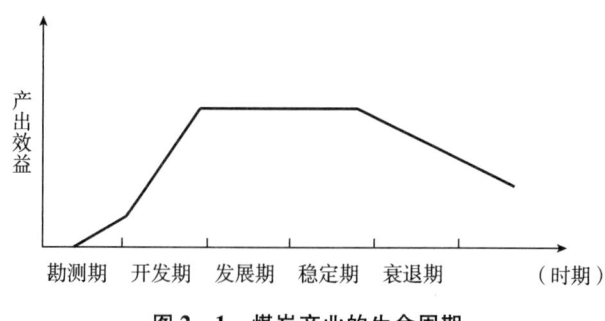

图 2-1 煤炭产业的生命周期

其次,煤炭资源是国民经济的基础能源,具有典型的行业特征。从空间上讲,煤炭优化配置主要集中在煤炭行业和煤矿区范围内,其最终目标是实现煤炭资源配置的经济、社会和环境的协调发展。

因此,煤炭资源优化配置是在确保为国民经济各行各业提供品质洁净、数量充足的煤炭、煤油品、电力和煤炭化学品的同时,运用市场机制,依靠科技进步,提高煤炭资源的利用效率,减缓煤矿区生态环境的恶化,合理分配煤炭资源,实现社会、经济、资源及环境的协调发展,让有限且不可再生的煤炭资源既能满足当代人生存和发展的需要,又能满足后代人在寻找到可替代能源之前生存和发展的需要。煤炭资源配置虽属国家部门性质的配置,但却是以地区为基础的,其落脚点是以地区所在具体区域和空间,属于区域配置的范畴。因此,煤炭资源优化配置的内涵主要包括:①从时间上讲,煤炭资源优化配置是相对的,因为煤炭资源无法实现永久、持续开发和利用,所以要合理配置,确定其开发规模和速度,直到有替代产品出现;②从空间上讲,煤炭资源优化配置主要集中在煤炭行业和煤矿地区范围内;③煤炭资源优化配置的"需求"是向国民经济各行业提供清洁、高效、优良的煤炭、煤制品、电力及煤基化学品,实现社会经济可持续发展,这也是煤炭资源优化配置的前提;④煤炭资源优化配置的实现可减缓资源浪费以及煤矿区生态环境的恶化;⑤煤炭资源优化配置最终目标是实现社会、经济、资源与环境的和谐发展;⑥实现煤炭资源优化配置的根本措施是运用市场机制,依靠科技进步,提高煤炭资源的利用效率,通过政府的宏观调控,制定法律法规,运用财税手段,减少对生态环境的破坏。

(2)中国煤炭资源优化配置。中国煤炭资源丰富,开发并利用煤炭的历史最悠久,但长期以来受计划体制的制约,煤炭配置效率低下,总体水平落后,与煤炭大国的称号十分不相称。在由计划经济向市场经济转轨的过程中,在目前中国经济转型和高质量发展的背景下,如何使煤炭资源优化配置与整个国民经济的发展相配套,充分发挥煤炭资源的基础能源作用,显得尤为重要。

煤炭资源是中国重要的基础能源。为保证国民经济和社会持续、稳定、健康发展，满足国民经济对煤炭能源的需要，必须从中国实际出发，总结中国煤炭资源配置过程中的经验与教训，借鉴国外的有益经验，解决煤炭配置中的各种问题，走可持续发展的道路。

煤炭作为非再生资源，是有限的，所以，必须在有限的时间范围与空间范围内，确定煤炭的开发利用规模和速度，实现煤炭资源最优配置。为了实现社会经济可持续发展，非再生资源的耗竭速率应低于寻找可替代资源的速率，而该速率又取决于科学技术进步的程度。在当前无替代品或不可能大规模地使用替代品的情况下，人类消费煤炭资源首先必须有数量的限制。面对知识经济的挑战和机遇，煤炭资源要想满足经济的发展，并尽量使环境影响最小化，就必须实行煤炭资源优化配置。

煤炭资源走优化配置的道路，是实现《中国21世纪议程》的需要，同时也是摆脱煤炭工业困境和振兴煤炭工业的唯一选择和可行之路。随着国内外市场环境的变化，中国煤炭资源配置中长期积累形成的矛盾日益暴露和突出。按原有结构采取粗放方式发展煤炭工业，不仅产品没有市场，资源、环境也难以承受。

（二）煤炭资源优化配置系统

1. 煤炭资源优化配置系统思想

煤炭资源作为国民经济发展的重要基础，实现国民经济的可持续发展，就必须使煤炭资源走优化配置的道路。煤炭资源优化配置系统同样是一个复杂的配置大系统，它由许多子系统组成，主要有供给子系统、需求子系统、市场子系统和支持子系统。煤炭资源优化配置系统隶属于资源优化配置的大系统之中，因此可建立如图2-2所示的系统结构模型。

煤炭资源优化配置取决于社会经济综合效益发展的需求、资源供给、市场程度、支持程度等要素的相互协调。系统的功能是发展，发展的方向不是唯一的，可能是牺牲环境及过多耗费资源的传统发展，也可能是可持续发展。现在的意愿和需要是实现可持续发展的优化配置，因此将输出目

第二章 煤炭资源综合利用研究

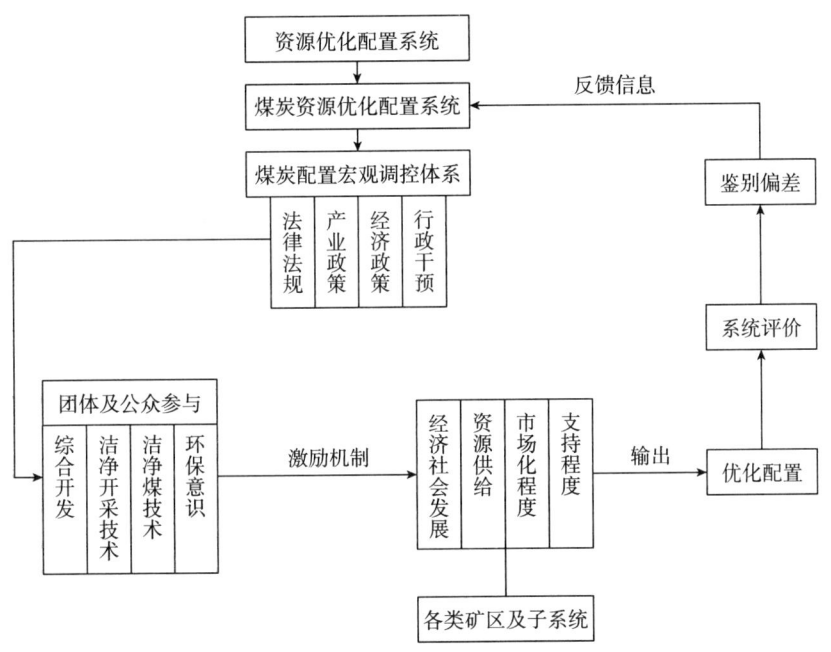

图 2-2 煤炭资源优化配置系统结构模型

标定为优化配置。为了促进和激励系统的诸因素能协调发展，实现优化配置，需要输入增强优化配置的能力，主要包括综合开发、洁净煤技术、清洁开采技术、环保措施及资源管理，这些管理及技术措施都离不开团体及公众参与。对输出目标达到优化配置的程度要进行评价，评价结果经过鉴别偏差后，向煤炭资源优化配置系统反馈信息，利用宏观调控体系实施调控。宏观调控体系是系统的中枢，该体系由法律法规、产业政策、经济手段及行政干预组成。根据反馈信息，采取各种手段向输入发出调控信息，调整增强优化配置能力的结构及力度，强化促进及激励措施，使系统中的基本要素协调发展。

2. 煤炭资源优化配置系统结构

要素的选择是系统分析的基础，根据煤炭的特点和问题，选择地区经济社会发展需求、资源供给、支持、市场、煤炭综合开发、环境保护措施、资源的技术和经济开发能力、生态环境的承载能力、外供资源的可行性、资源管理、团体及公众参与作为煤炭资源优化配置研究要素，构成煤炭资源优化配置系统结构如图2-3所示。这些要素相互依存、相互制约，又分别处于结构的不同层次。

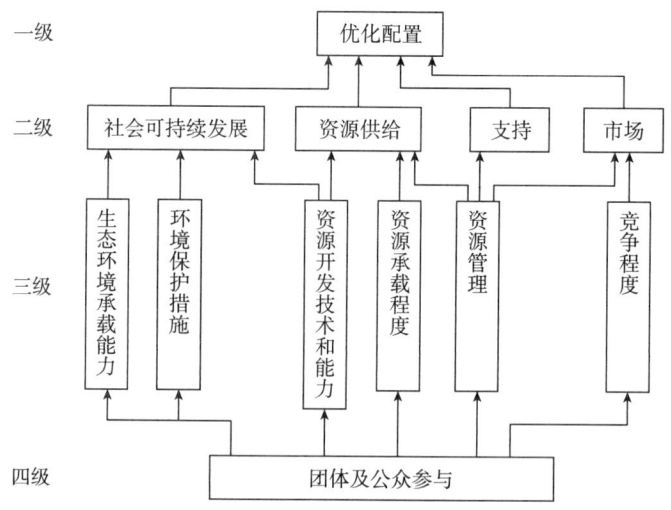

图2-3 煤炭资源优化配置系统结构

（1）煤炭资源优化配置系统实现的主要目标是煤炭资源优化配置。这个目标的定量分析方法由于涉及煤炭经济、矿区社会、环境、市场等众多因素，在概念的选择与界定上参照标准较多。此处把配置分为传统配置（四级）、向优化配置过渡（三级）、初级优化配置（二级）和优化配置（一级）四个阶段。

（2）社会经济可持续发展水平是指经济发展、社会进步、生态承载量增长以及环境保护等诸多因素相结合的综合性发展水平。

（3）环境保护措施是指为实现可持续发展而在经济发展过程中采取的一系列环境保护措施。

（4）资源开发利用的能力和水平主要表现在三个方面：一是生产能力；二是资源开发利用的水平因素；三是地区资源开发的经营与管理

水平。

（5）资源承载程度主要是指煤炭资源在以煤为主的一次能源及作为原料的历史时期，能否既满足当代人需要，又不影响后代人的需要或能够实现资源代替。

（6）煤炭资源管理主要是指通过加强煤炭资源管理，解决煤炭开发利用中的资源保护及资源保证两个方面的问题。

（7）市场机制在资源优化配置中发挥着关键的作用，确切地说，是通过竞争机制来实现资源的优化配置。

（8）企业、团体及公众参与主要是指要实现优化配置，必须依靠企业、社会团体及公众的支持与参与。

二、煤炭资源综合利用理论与方法

（一）煤炭资源综合利用现状分析

1. 煤炭资源综合利用概念

广义来说，资源综合利用是指根据资源的物质成分、特性、功能等，通过对资源进行综合开发等方式，变无用为有用、小用为大用、一用为多用，并寻求其代用物资，合理地发挥其物质和能量的综合功能和综合效益，最终生产出更多更好的物资产品（陈德敏和秦鹏，2002）。

狭义来说，资源综合利用是指以废渣、废水、废气等为主的废弃物资源的再生利用。具体包括三个方面：一是在矿产资源开采过程中对共伴生矿物进行综合开发利用；二是对生产过程中产生的废渣、废水、废气等进行回收利用；三是对社会生产和消费过程中产生的各种废旧物资进行回收再生利用（杨婷，2007）。

煤炭资源综合利用是针对过去煤炭企业粗放开发、简洗加工、低效利用、污染环境、经济效益低下的现状,以煤炭资源综合开采、深度加工、多元发展为基础,以获得最佳的综合(经济、环保、社会)效益为目标,按其资源的特性进行充分利用,从根本上改变以高耗资源、损坏环境为代价的局面(赵国浩,2007)。对煤炭资源进行高效利用的过程,实质上是调整产业结构、转换经营方式、提高资源利用效率、减少各种消耗、获取最高利润的过程。

2. 煤炭资源综合利用概况

长期以来,煤炭在中国一次能源的消费中一直占60%以上,煤炭工业作为能源支柱产业在中国社会经济发展中发挥了巨大的作用。随着国民经济的持续快速增长,中国对能源的需求日益增加,传统的"高度开采、高度浪费、低效利用"的能源开发利用模式不但造成严重的资源浪费和环境破坏,更难以满足经济发展的需求。

煤炭资源管理及综合利用是中国经济和社会发展中一项长远的战略方针,对提高煤炭资源利用效率、建设节约型社会具有十分重要的意义。把煤炭资源综合利用作为一项系统工程来研究,按照高效、清洁、充分利用的原则,开展煤矸石、煤泥、煤层气、矿井水等废弃物以及与煤共伴生资源的综合开发与利用,研究煤炭资源综合利用的技术方法和实施的技术路径,提高煤炭资源利用效率和煤炭资源综合利用效益。煤炭资源综合利用主要从以下三个方面进行研究:一是煤炭的加工和综合利用,主要发展煤化工与洁净煤技术,延长煤炭产业链;二是煤炭开采利用过程中产生的废弃物的综合利用,主要有煤矸石、煤泥、矿井水等的综合利用;三是与煤共伴生矿物的合理利用,主要有硫铁矿、高岭土、膨润土等。

当前,中国正处于经济转型发展关键期,转变经济发展方式,实现经济社会又好又快的发展,对依靠科技进步和创新、提高煤炭开发和利用水平、促进煤炭资源综合利用提出迫切的要求。国家在科技规划纲要中要求把煤炭的清洁利用、能源科技创新,作为优先发展领域,从基础研究、前沿技术、应用开发、平台建设等方面做出全面部署;在实践中,加快科技进步,加强自主创新大力开发应用煤炭与能源新技术、新工艺、新产品和

第二章 煤炭资源综合利用研究

新装备，加快建立以企业为主体、市场为导向、产学研相结合的技术创新体系，提高中国煤炭企业的核心竞争力和国际化水平。

为进一步推动资源综合利用，提高资源利用效率，发展循环经济，建设资源节约型、环境友好型社会，国家发展和改革委员会、科学技术部、工业和信息化部、国土资源部、住房和城乡建设部、商务部组织编写了《中国资源综合利用技术政策大纲》，自2010年7月1日发布并施行。

2010年12月13日，国务院新闻办公室举行新闻发布会，经国务院同意，国家发改委正式批复设立"山西省国家资源型经济转型综合配套改革试验区"。

2017年9月1日，国务院对山西省深化改革、进行资源型经济转型发展出台正式文件《国务院关于支持山西省进一步深化改革促进资源型经济转型发展的意见》（国发〔2017〕42号），山西省在11月对此做出回复，发布"贯彻落实国务院支持山西省进一步深化改革促进资源型经济转型发展意见行动计划"，提出到2020年，重点领域供给侧结构性改革取得阶段性成果，能源革命总体效果不断显现，支撑资源型经济转型的体制机制基本建立。煤炭开采和粗加工占工业增加值的比重显著降低，煤炭先进产能占比逐步提高到2/3，煤炭清洁高效开发利用水平大幅提高、供应能力不断增强，打造清洁能源供应升级版的目标。

（1）煤炭资源综合利用国内实践。2002年，山西电力公司晋能关铝、晋能赵城、晋能阳高和晋能左云4个综合利用煤矸石发电、热电联产的热电有限公司在太原成立，设计规模为53.5万千瓦的发电项目同时开工建设。由山西晋能新能源发电投资公司投资建设的侯马晋田热电有限公司于2003年4月30日正式移交生产。侯马电厂年消耗煤矸石30万吨，回收利用污水365万吨，发电量5.5亿千瓦时。

2005年10月16日，全国最大的坑口电厂——规划总装机容量为3000兆瓦的古交电厂一期工程顺利完工，正式投入运营，每年可消耗中煤、煤泥、矸石共1000万吨，具有良好的环保效益。山西以西山古交煤气化公司为基础，建设了大型焦炭和城市煤气供应基地及化工产品回收基地；同时兴建了汾阳焦化园，以高附加值的醋酐、聚甲醛为主要生产对象；以汾西介休焦化厂为基础，建设大型冶金焦炭生产基地和化工产品回收基地；以霍州中冶焦化厂为基础，建设大型焦炉煤气甲醇生产基地和醋酐生产基地。

2008年底，晋城市煤化工产业已经形成338万吨尿素、81万吨甲醇、10万吨二甲醚、10万吨合成油的生产能力，初步形成泽州巴公、高平西部、北留周村三个煤化工产业园区，煤化工产业已经成为本市的重要支柱产业。

2017年，山西省煤炭产量8.56亿吨，产出煤矸石1.3亿吨，综合利用8800万吨，抽采瓦斯（煤层气）115亿立方米，利用70亿立方米，大中型煤矿矿井水复用率达到95%以上，矿井水达标排放率100%。近年来，山西省大力推进煤矸石等工业固废综合利用，积极落实瓦斯利用补贴政策，企业开展煤矸石、瓦斯综合利用规模不断扩大。山西省建成了煤矸石综合利用电厂45家，煤矸石新型墙材企业327家，煤矸石陶瓷生产企业45家，其他煤矸石利用企业21家。全省煤层气输气管覆盖全省11个市，建成了80余座瓦斯发电厂。通过采取瓦斯集输、压缩（CNG）、液化（LNG）、发电、民用等多种方式开展利用。其中，晋煤集团形成瓦斯发电机组107台、运行瓦斯发电装机容量209兆瓦的瓦斯发电集群，年利用瓦斯4亿多立方米。

山西省煤炭及共伴生资源综合利用工作取得了一定成绩，但仍然存在着部分地区煤矸石违规排放、超高堆放，煤层气抽采效果不达标，矿井水利用率低，煤矸石高附加值利用、低透气性煤层瓦斯抽采等关键技术亟待突破等问题。

（2）煤炭资源综合利用面临的形势与任务。改革开放40年来，中国经济发展取得了举世瞩目的成就，但经济发展的粗放式没有从根本上转变，资源供需矛盾依然存在，环境压力令人担忧。目前，中国仍面临前所未有的发展机遇，也面临资源、环境对经济发展的制约。由于人口增长以及工业化、城市化、新农村建设等进程加快，资源消费也在进一步增加，我们必须加快资源型经济转型发展,提高煤炭资源利用效率。煤炭资源综合利用是对生产全过程不断运用一体化的预防性环境战略,以减少对人类和环境的风险(Farzin,1999)。煤炭资源综合利用旨在发展经济的同时,最大限度地削减有害物质的排放,减少生产工艺过程中的原料和能源消耗,降低成本,提高经济、环境和社会效益,使三者和谐统一。

到2020年,山西省拟达到的目标为全省煤矸石、粉煤灰综合利用量达到1.2亿吨,全省大宗工业固废综合利用率进一步提高。全省原煤入洗率达到80%,洗煤废水闭路循环率100%,煤层气(煤矿瓦斯)抽采量133亿立方米、利用量85亿立方米。矿井水和生活污水处置率达到100%,矿井水综合利用率达到90%,力争实现30%的绿色矿山建设目标。

3. 煤炭资源综合利用存在问题分析

(1) 体制、机制不健全造成浪费。现阶段,煤炭资源市场尚处于健全期,矿业权管理不规范,矿业法律法规的可操作性较差(刘晓玲和耿林,2006)。煤炭生产结构不尽合理,开采技术落后,资源回收率低。多数中小煤矿资源回采率只有20%左右(赵国浩和凌涛,2010)。在美国、德国、澳大利亚等矿业发达国家,每挖1吨煤只需消耗1.2~1.3吨资源,资源回收率达80%左右(张晋陶和刘伯荣,2008)。目前国有大型煤矿企业一般采用机械化综采或普采,追求高产量而放弃薄煤层,这种做法也加剧了煤炭资源的浪费。

(2) 技术落后,环保压力大。首先,中国矿区生态环境破坏巨大,是产业经济中的重灾区,这无疑给煤炭工业的持续发展带来了极大的挑战(Bruno,2006)。由于中国正在大力发展经济,煤炭大量开采利用,不可避免地使矿区生态环境遭到破坏。据相关资料显示,山西矿井因开凿和采煤产生的废石和煤矸石量与原煤产量的比例大致为1:1,其中原煤产量与煤矸石的比例为1:0.2~1:0.3。截至2005年,山西省煤矸石累计堆存量已达11亿吨,占地达20000多公顷,且每年新增4000多万吨。其次,引起了水资源的破坏和污染(赵国浩等,2010)。山西省是全国严重缺水省份之一，煤炭开采对水资源的不良影响致使全省的缺水状况雪上加霜，有些地方水源缺乏使得人畜饮水十分困难，直接威胁人畜饮水安全。1995年，山西省人均水资源占有量为360立方米，2009年人均水资源占有量下降到了230立方米，这一变化与山西煤炭开采有直接的关系。然后，矿区大量排放的废弃物对环境也造成污染。最后，矿区噪声污染。特别是洗煤厂的噪声污染更为突出，噪声已成为矿区影响面最广的污染源之一（殷涛和孙涛，2001）。

（3）产品结构不合理，效益差。中国煤炭产品结构不合理，一直都以销售原煤为主，这种传统的消费习惯使原煤入洗率相对较低，而且产品类型单一，缺乏深加工，因此，山西形成了以自然资源开发为先导、以原料输出为依托、轻能源重化工产品为主线的"粗放型"发展模式，虽有着丰富的资源，但产品技术含量较低、附加值较少、经济效益较低（赵国浩等，2010）。近几年，虽然山西每年用于发电、炼焦的煤炭消耗占全省煤炭消耗总量的比例有下降的趋势，但仍然占70%以上，详情如表2-1和图2-4所示。

表2-1　2005~2016年山西煤炭消耗总量及用于发电、炼焦的煤炭消耗量及其占总量的比例

年份	消耗总量（万吨）	用于发电的消耗（万吨）	用于炼焦的消耗（万吨）	用于发电、炼焦的消耗总和（万吨）	用于发电、炼焦的消耗占煤炭消耗总量的比例（%）
2005	22631	6550	11208	17758	78.47
2006	25514	7340	13094	20434	80.09
2007	27772	7989	13800	21789	78.46
2008	26879	8469	11662	20131	74.89
2009	26149	8610	10757	19367	74.06
2010	28180	9968	11640	21608	76.68
2011	30896	10980	12498	23478	75.99
2012	31085	11547	11800	23347	75.11

续表

年份	消耗总量（万吨）	用于发电的消耗（万吨）	用于炼焦的消耗（万吨）	用于发电、炼焦的消耗总和（万吨）	用于发电、炼焦的消耗占煤炭消耗总量的比例（%）
2013	33062	12271	12334	24605	74.42
2014	32056	11597	11971	23568	73.52
2015	29428	10248	10914	21162	71.91
2016	30061	10324	10969	21293	70.83

资料来源：《山西省统计年鉴》（2017）。

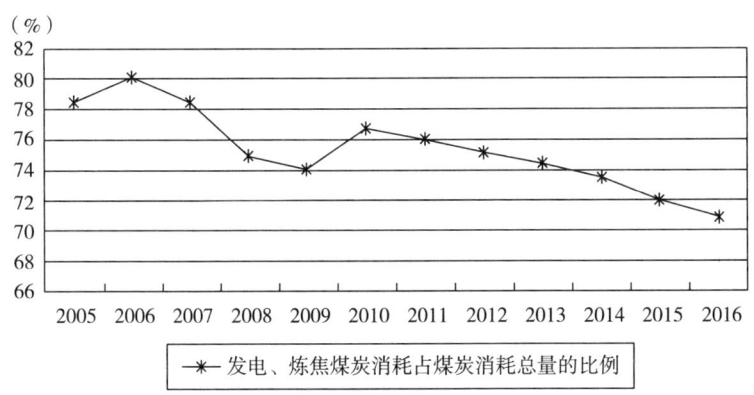

图 2-4 发电、炼焦煤炭消耗占煤炭消耗总量的比例

（二）煤炭资源综合利用路径选择及评价

煤炭资源综合开发利用是一项系统工程，不仅涉及技术问题，而且也涉及管理对策问题。项目组借鉴国外先进的煤炭资源综合开发利用技术路径和管理方法，结合当前中国煤炭资源开发利用的管理理论和方法，运用最优化技术和系统科学评价方法，按照高效、清洁、充分利用的原则，提炼基于可持续发展和适合中国国情的煤炭资源综合开发利用新理念和新方

法以及实施的技术路径,探索煤炭资源综合开发利用的市场价值机制和经济运行规律。

1. 煤炭开采利用过程中废弃物综合利用方法的研究

(1) 煤层气开发技术。煤层气俗称煤矿瓦斯,是宝贵的能源资源。中国高瓦斯、煤与瓦斯突出矿井多,煤矿瓦斯一直是煤矿安全生产的重大隐患。同时,未经处理或回收的煤层气直接排放到大气中,也造成严重的环境污染和资源浪费。

中国煤层气的利用水平总体还比较低,主要用于煤层气发电、煤层气汽车,以及民用等方面,煤层气的其他工业利用等还处于初级阶段。煤层气是天然气最现实、最有效的补充途径之一,快速发展煤层气产业是中国能源安全和能源战略的必然选择。2016年,中国天然气需求量达到1369亿立方米,市场供应缺口还较大,而且中国已有的煤层气产业扶持政策的优惠力度已基本达到美国煤层气产业初期发展的水平。

从环境保护角度来看,煤层气是一种温室气体,它的温室效应是CO_2的20~25倍,对臭氧层的破坏程度是CO_2的7倍,煤层气的开发利用可有效降低CH_4的排放量;产生同样热值排放到大气中的CO_2的数量,煤层气比石油少50%,比煤炭少75%。如果加强对煤层气的开发和利用,不仅可以减少温室气体的排放量,更能降低对臭氧层的污染破坏,还可弥补中国清洁能源的不足,在一定程度上有利于环境的保护。

从经济效益和社会效益上看,开发煤层气不仅可以减少由于煤矿瓦斯爆炸造成的直接经济损失,还能节约瓦斯防治费用。煤层气资源产业是一项庞大、复杂的系统,开发利用煤层气资源还能对相关产业起到推动作用。

(2) 煤矸石综合利用。煤矸石是煤炭开采、加工过程中产生的废弃物,同时也是可利用的资源。目前,每开采1亿吨煤炭,就会排放1400万吨左右的煤矸石;煤炭洗选每增加1亿吨炼焦煤,就会排放2000万吨矸石;每洗1亿吨动力煤,也会排放近1500万吨的矸石。煤矸石综合利用途径如图2-5所示。

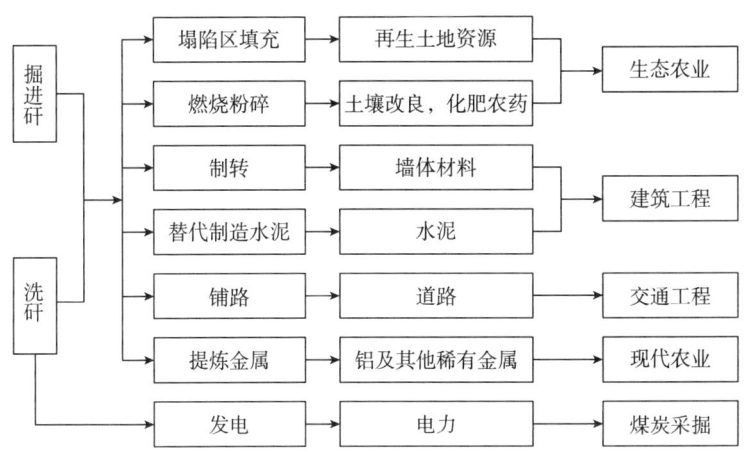

图 2-5 煤矸石综合利用途径

(3) 矿井水综合利用。矿井水水质因区域水文地质条件、煤质状况等因素的差异而有所不同。国有重点煤矿每年排放矿井水超过 12 亿吨,平均每开采 1 吨原煤需排放 0.6 吨废水,而目前中国矿井水的利用率仅有 20% 左右,矿井水经过加工处理后可用作生活、工业、农业、绿化用水等。矿井水的综合利用途径如图 2-6 所示。

中国煤矿大量矿井水外排与矿区严重缺水局面并存,每年外排约 2.2 亿吨,中国有约 70% 的矿区缺水甚至严重缺水。随着煤矿城市社会、经济的迅速发展,煤炭基地的战略西移,水资源的供需矛盾将日趋紧张。许多矿井水含有大量悬浮物及少量有害元素。因此,应最大限度地处理和净化矿井水,使之资源化,对减少矿区环境污染、缓解干旱缺水地区用水紧张情况起到积极作用。

(4) 粉煤灰与炉渣的综合利用。粉煤灰与炉渣是燃煤电站排出的固体废弃物,欧美发达国家的大型电厂已将烟气净化的目的、灰渣干排、干灰调湿等纳入电厂规划,达到既清洁发电又使粉煤灰资源化的目的,粉煤灰被大量应用于筑路、生产水泥和优质混凝土、制砖及其他建材(袁学良,2008)。粉煤灰、炉渣的综合利用途径如图 2-7 所示。

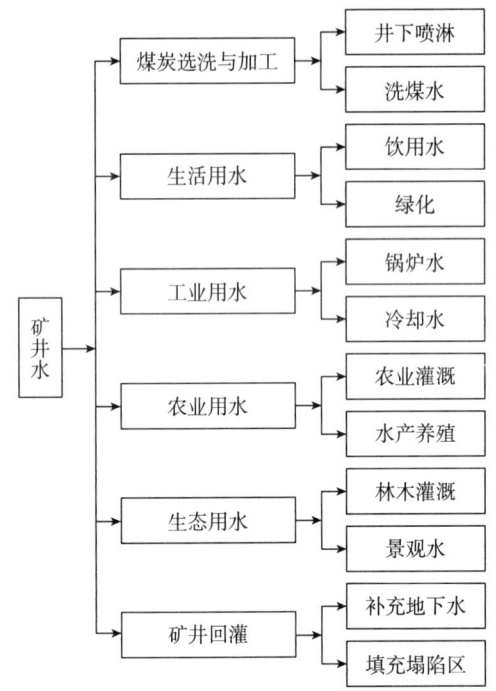

图 2-6 矿井水的综合利用途径

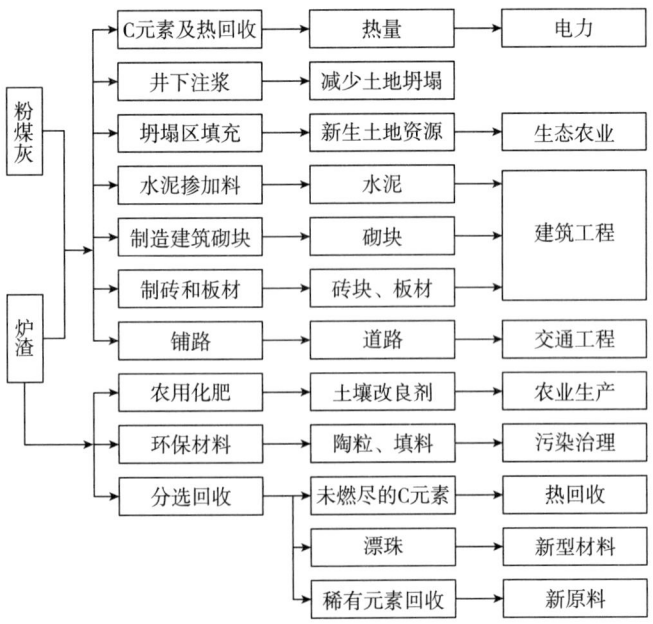

图 2-7 粉煤灰、炉渣的综合利用途径

（5）煤炭共伴生矿物的综合利用。煤系共伴生矿产资源是指在地下与煤炭共生或伴生的其他矿产或元素。中国煤系地层分布广，大部分煤系地层还共生或伴生有丰富的非金属矿产和其他一些有益元素。这些共伴生矿与煤一样，也是不可再生的资源，可以作为其他行业的重要原材料，其中不少共伴生矿产储量大、品位高、便于开采，但是人们对这些资源还缺少开发利用的意识。中国经济的不断发展对非金属矿产包括煤系共伴生矿产的需求升高，因此，充分发挥煤系共伴生矿产资源优势，加快其开采、加工及综合利用意义重大。

在中国，与煤矿共生、伴生的矿产种类多、分布广、资源相对丰富。已知与煤共生、伴生的矿产以及在煤中赋存的有工业价值的稀有分散元素、煤层气和富油煤等，都具有很高的经济价值。此外，在含煤岩系中，含有高岭土岩、耐火黏土、铝土矿、膨润土、硅藻土、石墨、硫铁矿、油页岩、陶粒页岩、赤铁矿、菱铁矿、褐铁矿等10多种矿产，其中一些矿产有用成分高、质地优良，具有重要的工业价值。铝土矿是炼铝的主要原料，在中国含煤地层中分布很广。

2. 煤炭资源综合利用路径选择系统分析及效益评价

（1）系统分析方法概述。系统分析方法主要源于系统科学，是20世纪40年代迅速发展起来的一个多学科交织的新科学。系统分析方法是指把要解决的问题看成一个系统，对系统包含的要素进行综合分析，找出解决问题的可行方案。

（2）建立煤炭资源综合利用路径选择的系统分析模型。

1）系统目标。鉴于煤炭资源开发利用中存在的诸多问题，对于矿区而言，有必要全面分析影响煤炭资源综合利用经济效益的因素，对煤炭及其相关资源进行统筹规划、合理配置；不断提高资源开发利用的技术水平，减少生产过程中产生的废弃物，节约并有效利用资源，尽可能地减少污染和浪费，进而实现最优的环境效益和社会效益。煤炭资源综合利用路径选择系统的目标就是在保护生态、环境的前提下，提高煤炭资源利用效率；有效利用煤炭生产过程中产生的废弃物，提高资源利用率，实现经济效益最大化。

2）影响煤炭资源综合利用经济效益的因素分析。影响煤炭资源综合利用经济效益的主要因素有煤炭产量分配、转化成本、相关资源数量及利用率、最终产品售价和转化投资。转化后产品产量越大、售价越高、成本越低、投资越少，则效益越好。

产量方面，煤炭转化产品的产量取决于转化率，而转化率又与转化方式和转化工艺有关。煤泥、矸石数量则按原煤设计生产能力的百分比计算（一般按45%计算）。

成本方面，成本主要是动力费、材料费、工资福利费、设备修理费和其他支出等。

售价方面，产品售价主要取决于产品质量、市场供求和外部运输条件。如果煤质好，交通便利，市场需求量大，那么煤炭直接外销肯定效益好；反之，则必须对煤进行洗选，以使售煤所带来的利润不少于增加选煤厂的投资。如果洗选后仍不能带来收益，则考虑煤化工、洁净煤技术或其他利用方法。

投资方面，影响投资的主要因素有煤炭转化工艺、选用的设备等。一般来说，投资越大，产量越高，但它们之间不是绝对的线性关系，因为一套煤炭工艺设备的转化能力与其设备的套数相关，超出某设备有限的转化能力后必然导致设备数量的增加，而与其相应配套设施和环保设施以增加则相对不明显，故而为非线性函数关系。

（3）煤炭资源综合利用技术选择系统建模。王建设、陈仲元、李慧民、侯渡舟等建立的煤炭综合利用系统模型中，只分析煤炭本身的综合利用，并未考虑在煤炭开发利用过程中产生的废气、废水、废渣及煤炭共伴生矿物的综合利用。本章将对该模型加以改进，为煤炭及相关资源的综合利用建立模型。

设矿区第t年总产煤量为Q_t，煤资源利用方式有直接外销、洗选、液化、发电、气化、焦化等，其他可利用资源还有煤层气、矿井水、煤泥、煤矸石等。同时，煤炭共伴生矿物在资金技术允许的条件下也可进行利用。各相关参数如表 2-2 所示。

表 2-2 煤炭资源综合利用系统模型各相关参数

序号	转化方式（或相关资源）	耗煤（或数量）	转化率（或利用率）	产品售价	经营成本	投资	流动资金	固定资产余值	回收流动资金
1	直接外销	Q_{t1}		P_{t1}					
2	洗选	Q_{t2}	r_2	P_{t2}	C_{t2}	I_{t2}	F_{t2}	G_2	H_2
3	液化	Q_{t3}	r_3	P_{t3}	C_{t3}	I_{t3}	F_{t3}	G_3	H_3
4	发电	Q_{t4}	r_4	P_{t4}	C_{t4}	I_{t4}	F_{t4}	G_4	H_4
5	煤化工	Q_{t5}	r_5	P_{t5}	C_{t5}	I_{t5}	F_{t5}	G_5	H_5
6	气化	Q_{t6}	r_6	P_{t6}	C_{t6}	I_{t6}	F_{t6}	G_6	H_6
7	水煤浆	Q_{t7}	r_7	P_{t7}	C_{t7}	I_{t7}	F_{t7}	G_7	H_7
8	配煤	Q_{t8}	r_8	P_{t8}	C_{t8}	I_{t8}	F_{t8}	G_8	H_8
9	型煤	Q_{t9}	r_9	P_{t9}	C_{t9}	I_{t9}	F_{t9}	G_9	F_{t9}
10	煤层气	Q_{t10}	r_{10}	P_{t10}	C_{t10}	I_{t10}	F_{t10}	G_{10}	F_{t10}
11	矿井水	Q_{t11}	r_{11}	P_{t11}	C_{t11}	I_{t11}	F_{t11}	G_{11}	F_{t11}
12	煤泥、煤矸石	Q_{t12}	r_{12}	P_{t12}	C_{t12}	I_{t12}	F_{t12}	G_{12}	F_{t12}
13	粉煤灰与炉渣	Q_{t13}	r_{13}	P_{t13}	C_{t13}	I_{t13}	F_{t13}	G_{13}	F_{t13}
14	低温干馏	Q_{t14}	r_{14}	P_{t14}	C_{t14}	I_{t14}	F_{t14}	G_{14}	F_{t14}
15	煤系共伴生矿物利用	Q_{t15}	r_{15}	P_{t15}	C_{t15}	I_{t15}	F_{t15}	G_{15}	F_{t15}

设计算期为 n 年，则矿区煤炭资源综合利用的经济净现值为

$$ENPV = \sum_{t=1}^{n}(Q_{t1} \times P_{t1}) \times (1+I_s)^{-t} + \sum_{i=2}^{15}\{\sum_{t=1}^{n}[Q_{ti} \times r_i \times P_{ti} - (I_{ti} + F_{ti} + C_{ti})] \times (1+I_s)^{-t}\} + (\sum_{i=1}^{15}G_i + \sum_{i=1}^{15}H_i) \times (1+I_s)^{-n} \quad (2-1)$$

为简化计算和便于方案比较选择，我们设建设期均为 2 年，连同建设期在内计算期共 20 年，各转化方式的年产量、各相关资源数量和经营成本不变，即 $Q_t = Q$，$Q_{ti} = Q_i$，$C_{ti} = C_i$，流动资金 F_i 在第 3 年年初投入，第 20 年年末回收，社会折现率 I_s 取 10%，则上式简化为：

$$ENPV = Q_1 \times P_1 \times (P/A, 10\%, 20) + (Q - Q_1) \times P_1 \times (P/A, 10\%, 2) -$$
$$\sum_{t=1}^{2}(I_{t2} + I_{t3} + I_{t4} + I_{t5} + I_{t6} + I_{t7} + I_{t8} + I_{t9} + I_{t10} + I_{t11} + I_{t12} +$$
$$I_{t13} + I_{t14} + I_{t15}) \times (1 + 10\%)^{-t} - \sum_{i=2}^{15} F_i \times (P/F, 10\%, 2) +$$
$$\sum_{i=2}^{15}(Q_i \times r_i \times P_i - C_i) \times (F/A, 10\%, 18) \times (P/F, 10\%, 20) +$$
$$\sum_{i=2}^{15}(F_i + G_i) \times (P/F, 10\%, 20) = 6.7781 \times Q_1 \times P_1 + 1.7355 \times$$
$$Q \times P_1 - 0.9091 \times \sum_{i=2}^{15} I_{1i} - 0.8264 \times \sum_{i=2}^{15}(I_{2i} + F_i) + 6.7780 \times$$
$$\sum_{i=2}^{15}(Q_i \times r_i \times P_i - C_i) + 0.1486 \times \sum_{i=2}^{15}(F_i + G_i) \quad (2-2)$$

由此得到矿区煤炭资源综合利用效益估算模型如下：

1）目标函数。

$$\max ENPV = 6.7781 \times Q_1 \times P_1 + 1.7355 \times Q \times P_1 - 0.9091 \times \sum_{i=2}^{15} I_{1i} -$$
$$0.8264 \times \sum_{i=2}^{15}(I_{2i} + F_i) + 6.7780 \times \sum_{i=2}^{15}(Q_i \times r_i \times P_i - C_i) +$$
$$0.1486 \times \sum_{i=2}^{15}(F_i + G_i) \quad (2-3)$$

2）约束条件。

$$\sum_{t=1}^{n} Q_t = Q$$
$$\sum_{t=1}^{n} I_t \leq I_m \quad (2-4)$$
$$I_e \geq a \times \sum_{t=1}^{n} I_t$$
$$Q_i \geq 0 \ (i = 1, 2, \cdots, 15)$$

其中，经营成本 C_i 为净增值，不含项目之间的内部转移费；I_m 为矿区能筹集到的最多资金；I_e 为环保投资；a 为环保投资占总投资的最低比例；设置 $I_e \geq a \times \sum_{t=1}^{n} I_t$ 的目的是尽可能地保证环境不被破坏。

上述模型在实际应用中应结合具体的项目求解，应先根据煤炭产量、转化方式、资金等情况，确定几个合理的产量分配方案，然后选择相应的转化工艺，再估算各方案的投资、成本、流动资金，最后根据市场及运输条件预测各转化产品售价，分别求出满足约束条件的各方案的经济净现值，则经济净现值最大的方案或几个方案的组合就是我们想要的结果。

根据某一矿区的具体情况，可行的方案不会太多。因此，只需将满足约束条件的所有方案的参数求出，计算相应的 $ENPV$，$ENPV$ 最大者为最优方案。

模型评价：①由目标函数可得出，要提高煤炭资源综合利用的经济效益，必须降低投资，提高转化的产量和售价，同时，选择合适的转化工艺并提高煤炭转化率和利用率。②比例 a 的设置迫使投资方重视环保，保证矿区循环经济的发展。③该模型的设计思路：根据煤炭产量、煤质、资金等的限制，估算转化产量分配及利用方案，再估算投资、成本、流动资金、售价等，代入目标函数，得到各方案的经济效益数目，则效益最大者为最终方案。

总之，要想提高煤炭利用的经济效益，必须注重煤炭加工转化和资源综合利用、煤炭直销并举，延长产业链，形成具有竞争优势的产业和产品结构。在煤炭转化项目和产品的定位上，首先，要选择市场需求较大，有发展前景的产品；其次，选择技术含量较高的产品；最后，选择的产品要具有市场竞争力。

三、煤炭资源综合利用对策建议

（一）煤炭资源优化配置对策建议

1. 加快煤炭资源资产化管理

煤炭资源市场化管理的前提是煤炭资源资产化管理，煤炭资源资产化管理的实现是以自然资源价值为基础，确认煤炭资源市场价格，通过煤炭资源市场价格的杠杆作用，建立高效的煤炭资源市场运行机制，促进煤炭资源优化配置，达到既节约煤炭资源又为国家提供高质量煤炭供应保障的目的。

（1）健全国有资产管理法律法规。通过健全法制，使煤炭资源的管理、保护、开发与利用有法可依，有法必依。通过健全法制，明确界定煤炭资源产权，理顺产权关系，使煤炭资源的经营、使用过程中的权、责、利关系明确化，并健全所有权主体人格化机构——国家国有资产管理局及地方国有资产管理局的产权管理职能，结束长期以来煤炭资产所有者主体长期缺位的局面。完善有关煤炭资源配置的法律法规。第一，将中国煤炭资源市场化配置的表述写进有关法律法规。第二，取消有关法律法规中关于煤炭资源配置的所有制歧视性条款，消除国有煤炭企业的资源配置特权。国有煤矿企业、非国有煤矿企业、大中煤矿在煤炭资源配置中都应一视同仁，公平竞争。在国家煤炭工业发展规划中，应消除包括煤炭资源配置在内的对非国有煤矿企业的歧视性内容，而应增加公平竞争内容。

（2）建立完善的煤炭资源产权出让和交易市场。对煤炭资源的产权实行有偿转让，让渡使用，推行使用权的部分和完全有偿转让，建立切合实际的资源价格体系。煤炭资源市场分为一级市场和二级市场。一级市场是煤炭资源的出让市场，国家或国有资产管理部门把煤炭资源在一定年限内的使用权或开发利用权出让或出租给大型国有公司或企业，收取地租或出让费，煤炭资源使用权可以在经济上得到实现。二级市场是取得煤炭资源使用权或开发权的公司或企业将使用权转让给别的企业。

（3）建立煤炭资源资产评估体系。资产评估是依据一定的标准，以客观数据为基础，用科学的方法，合理反映企业各类资产现时价值或价格的过程，是一种动态化和模拟市场的社会经济活动，是强化资产管理和进行产权转让、资产重组所必需的一项基础工作。建立煤炭资源资产评估体系，可以充分保障煤炭资源所有者和经营者的合法权益，为考评资产的保值增值工作提供客观依据。同时对于加强煤炭资源资产的管理，防止流失，并为资产有偿使用制度的建立奠定一个较为科学的价格基础，具有十分重要的意义。

（4）构建煤炭资源管理体系。成立独立的煤炭资源管理机构和监管机构，前者应设在国家国土资源管理部门内，其核心是两个组织：一是确定煤炭资源价格的组织；二是进行煤炭资源矿业权招标拍卖的专业组织。后者应设在国家反垄断的有关部门内。

建立煤炭资源核算体系一套标准、两个数据库、若干个煤炭资源经济评价中介机构。设立以煤炭资源条件、地质勘探程度和经济评价为三维坐标的煤炭资源评价标准。按此标准尽快对中国各区块煤炭资源进行初步评价，建立煤炭资源评价基础数据库，并随招标拍卖的增多，建立案例数据库。同时，应促进高质量的煤炭资源评价中介机构参与煤炭资源经济评估。

建立煤炭资源招标管理体系，严格招标管理制度，使招标管理公平、公开、公正。建立煤炭资源公平竞争的竞争机制，招标拍卖程序公开化，招标拍卖行为应广泛接受司法、媒体和社会各方面的监督。

2. 完善煤炭资源市场经济制度体系

（1）完善煤炭资源法治经济。社会主义煤炭资源市场经济建立在法治经济基础之上，各级政府都要形成行为规范、运转协调、公正透明、廉洁高效的行政管理体制，履行起经济调节、市场监管、社会管理和公共服务的责任。在发展社会主义市场经济过程中，煤炭资源勘查评价与开发利用、煤炭（品）市场主体的活动、市场经济秩序的维护、公平竞争的实现、国家对煤炭市场的宏观调控，都需要法律的规范、引导、制约和保障。尤其是经济全球化和市场多元化，应积极融通国内市场与国际市场，降低市场准入限制，健全市场进入、市场交易、市场退出等方面的规则，打破行业垄断和地区封锁。当一个统一开放、竞争有序的现代市场体系逐步形成时，更需要按有关国际规则和惯例办事。因此，只有实施依法治国，才能充分保障社会主义市场经济的健康运行，保证煤炭资源的优化配置。

（2）健全社会主义煤炭资源信用经济。信用是市场经济的内在要求。煤炭资源勘查评价应严格按照技术规范，不能因挤占勘查市场，节省成本而降低煤炭评价标准。各级政府要按照评审、认定（备案）技术规程确保资源性资产入库与统计的准确可靠。历史和现实充分表明，市场经济越发达，就越要求煤炭资源市场诚实守信。崇高的信誉是一个地勘单位、一个地方乃至全省的精神财富和价值资源。为了保证社会主义市场经济健康发展，必须进一步加强信用制度建设，健全现代市场经济的社会信用体系。

3. 推动煤炭产业结构调整

加快以节能减排为中心的技术改造。广泛应用高新技术和先进适用技术改造提升传统产业，积极采用节能环保新设备、新工艺、新技术，显著降低能源消耗和污染排放量。节能减排的技术应用要从现有的煤炭开采、销售扩展到煤炭的清洁、开发，同时通过创办与煤炭产品相关的科研机构和物流中心，大力发展第三产业等方式加快煤炭产业结构调整进程。大型煤炭企业集团公司在做强做大主业的同时，要按照新型工业化的要求，积极寻求多元化发展，延伸煤—电—铝、煤—焦—化等产业链，实现上下游产业联动，走循环经济的发展道路，实现节能减排的目标，推进煤炭产业优化升级，加快煤炭产品产业结构调整步伐，这对实现煤炭资源优化配置效益有着重要的作用。

（1）把握节能减排机遇。第一，加快发展环保产业。从政策、机制和投入等方面，为环保产业发展提供强有力的保障。进一步加大环保设备制造骨干企业的整合力度，重点发展大气治理、城市及工业污水处理、固体废弃物处理设备等项目，培育壮大环保产业。第二，加快发展现代装备制造业。大规模开展节能减排技术改造、在新上项目中采用一流的技术装备，可以为现代装备制造业的发展提供较大的市场空间。第三，加快调整产品结构。随着国家全面实施节能减排工程和全社会节能减排意识的增强，节能产品的市场空间越来越大。因此，应加快调整产品结构，支持企业大力发展低能耗、低排放、高附加值的产品。第四，加快技术创新步伐。推进以企业为主体、产学研相结合的节能减排技术创新与成果转化体系建设，增强企业自主创新能力。优先建设一批节能减排技术创新平台，以技术创新为依托，促进高新技术产业发展。

（2）利用高效的清洁技术，发展洁净煤项目。随着环境质量标准的不断提高、环境压力的增大，国内对各类洁净高效能源表现出较强的需求，市场广阔，21世纪最初的10年，中国洁净煤技术市场需求缺口巨大。截至2017年底，国家已将煤炭清洁高效利用列入未来中国100项重大工程的第7项，国家科技部也将煤炭清洁高效利用新技术研发列入国家重大科技攻关计划，开展进一步攻关研究。从目前的进展看，燃煤超洁净发电实现"近零"排放（包括烟尘、SO_2、SO_3、NO_x、汞、氟等有毒有害物质排放控制）已经基本成功。新型中小型工业锅炉窑炉和配套的烟气一体化净化技术，及中低温脱硝工艺和专用催化剂快速商业化，低氮燃烧技术（包括低氮燃烧器、富氧、纯氧燃烧等）还在不断完善，煤炭燃前清洁化预处理技术（包括深度洗选净化和均质化高挥发分煤种分级分质清洁高效改质净化、高固硫抑尘型煤、固硫清洁化水煤浆等浆体化煤基燃料）也都在快速发展。通过推动煤炭清洁高效利用技术的发展，既可实现治理燃煤污染的目标，又能充分开发利用中国的优势能源矿产，还能减轻天然气保供的压力，降低天然气进口依赖程度，避免天然气进口成为国际政治博弈中下一个钳制中国的工具和谈判筹码。这样既可减少煤炭工业对环境的破坏，又可提高煤炭自身价值，从而达到节能减排的目的。

（3）加大对煤层气的开发。在开采煤炭的过程中，煤层气的开发利用往往被忽视掉。事实上，煤层气作为一种高效、洁净的气体能源和优质的基础化工原料，在油气资源短缺的中国有着广阔的市场需求，环境污染十分严重，加大使用高效清洁能源的比例迫在眉睫。因此，开发丰富的煤层气资源有着良好的应用前景。

（4）大力发展煤炭液化项目。中国在20世纪80年代初恢复煤基合成油研究。中国科学院、中国煤炭科学研究总院等科研院所开展了不懈的科技攻关，并与美国、德国和日本同行进行了深入的科技交流。目前，中国已在煤炭液化的关键技术、催化剂的研究开发等方面形成自己的自主知识产权，具备建设万吨级规模生产装置的技术储备。当前国际石油价格的剧烈波动使煤炭液化成为中国解决石油安全问题的战略选择。煤炭企业应抓住这个机遇，大力发展此项目。此外，粗放式的以燃烧为主的煤炭利用方式已在全国造成严重的酸雨、粉尘污染。因此，煤炭液化技术的推广将大大缓解中国日益严重的环境问题。

（5）加快资源综合利用电厂建设步伐。以多种形式大力发展坑口电站，积极发展中煤、煤矸石和煤层气发电，实现煤电联合、输煤与输电并举；满足社会经济发展的需求，实现煤炭资源优化配置；要加快资源综合利用电厂建设步伐以及其他坑口电厂的建设和进一步发展工作，实现煤向电转化的飞跃。

（6）发展第三产业，建立物流中心。煤炭企业依靠自身的品牌效应发展第三产业，建立自己的物流中心，可以解决由于煤炭企业的整合所精减下来的人员，使其再就业；可以减轻煤炭企业各种不合理的负担；完善自身的组织结构，提高煤炭配置效率。

4. 加速煤炭企业信息化建设

从促进生产力要素优化配置、产业结构升级，推动生产关系围绕市场、资本、新技术大幅度调整，以及实现国民经济、社会发展的历史转型等意义上讲，网络信息技术开始成为经济发展的新动力。信息经济的出现，将给煤炭企业尤其是传统企业的生产、营销和服务观念带来巨大的冲击和变革。面对经济全球化、数字化、网络化的新形势，煤炭企业只有顺应时代发展潮流，立足实际，用信息化改造和提升传统体制、传统产业，才能在这场全球化的竞争中赢得主动，实现新的更大发展。煤炭企业信息化建设主要是将煤炭的井下生产、安全监察、事务处理、销售管理、资金流动等业务过程数字化。通过各种信息传递方式加工成可以方便了解和使用的信息资源，实现生产的优化组成及企业资源的合理配置。煤炭企业要适应信息技术迅猛发展的需要，将以推广、完善ERP系统为核心，全面实施信息化改造，尽快建立完善的物流、资金流、信息流管理运行体系，实现企业管理人员由日常运作型向管理决策型转变，煤炭企业经营从粗放型管理向集约型管理转变，把企业管理提升到一个更高的档次。结合煤炭行业结构调整和生产建设实际，鼓励煤炭企业，特别是大型煤炭企业集团，重点对煤炭资源开发、煤矿安全、煤炭洁净利用与环境保护、煤矿信息化和管理科学等领域的共用技术、关键技术、前沿技术组织科技攻关，培植具有自主知识产权的核心技术产品。

5. 完善人力资源建设

贯彻以人为本的思想，积极调整政策，创造有利于吸引人才的工作和生活环境，引进优秀人才。鼓励和支持大中专毕业生到煤炭行业工作，提高科技人员比重。省内有关院校要积极为煤炭企业多途径培养急需人才。各煤炭企业要建立和发展面向全体员工的教育培训体系，办好各类职工培训，开展岗位培训和继续教育，利用社会力量培养人才，推行关键岗位持证上岗制度。改革煤矿职工招聘办法，主要技术工人要变招工为招生，关键技术工种人员文化程度要达到中专以上。努力建设一支熟悉煤矿专业知识，掌握煤矿新技术、新工艺、新设备的专业技术人员队伍和有现代化管理水平的优秀企业家队伍。通过各种渠道引进各类人才，并给他们提供良好的环境，使他们能充分发挥自己的潜能。建立合理有效的培训机制，对煤炭产业的各类人员进行培训，增强他们的自身素质。引入竞争机制，优胜劣汰，由此来提高煤炭企业的运作效率和创新能力，实现煤炭资源的优化配置。

（二）煤炭资源综合利用路径选择对策建议

在综合国内外现有对煤炭资源综合开发利用经验成果的基础上，结合中国煤炭资源综合开发利用的现状，基于可持续发展理论，运用管理科学、系统科学和经济学理论与方法，将煤炭资源综合开发利用作为一项系统工程来研究。

1. 加快能源管理体制改革

（1）转变经济发展方式。牢固树立科学发展观，走全面、协调、可持续发展的道路，积极建设资源节约型、环境友好型社会，在合理充分利用自然资源、保护生态环境的基础上，促进经济的发展。一要从法律层面将"节约能源"明确为基本国策，从能源开发使用、生产生活、供给消费等多个环节，贯彻节约原则；二要依据"绿色GDP"核算体系，兼顾GDP和绿色GDP共同增长；三要改进政府绩效考核体系，不能只看"政绩指标"，要从根本上转变一些地方和行业不惜以牺牲能源资源和环境为代价换取GDP增长的错误做法；四要综合运用财政税收等经济手段，引导市场主体自觉转变发展方式。

（2）完善能源管理体制。加强领导，统一管理。改革开放以来，中国能源管理部门经过多次撤并，能源工业战略管理职能比较薄弱。当前，国家体制改革下新成立的能源局，将会消除能源管理职能分散、多头领导、政策随意，将能体现国家在能源战略上的统一意志。因此，应按照"政监分离"的原则，组建职能相对集中的能源管理及监管机构，对能源企业的市场行为实施独立监督管理，并强化省一级的能源监管机构建设，形成中央统一领导下的能源监管体制。

2. 强化能源法制体系建设

（1）完善能源法制体系。当前能源的开发、生产、消费等各环节之间的关系正日益按照市场经济的规律运作，需要尽快建立、健全能源法规体系，一方面保障能源供应的健康有序发展，另一方面维护能源投资者、经营者和使用者的合法权益，同时也需要搞好政策导向，促进煤炭资源管理及综合开发利用健康地发展。

完善能源法制体系有助于解决如下重大问题：一是明确中国能源发展的总体战略，确立能源开发利用的战略思想、方针、目标和措施；二是确立能源行业各单行法律的指导思想和基本原则，协调各单行能源立法；三是确立能源中长期规划的法律地位，为实现能源发展目标提供法律保障；四是建立能源综合利用和能源效率的法律规范，有效推动技术创新和产业结构的调整，形成能源资源节约型的经济增长方式；五是明确能源的市场准入、价格、储备、投资等基本政策；六是建立保障能源安全和能源应急体系的法律制度；七是规范能源的国际合作与交流。

（2）强化能源法制监管。完善矿业权有偿取得制度，严格矿业权审批，规范煤炭矿业权价款评估办法。凡未经国家批准开发规划和矿业权设置方案的，一律不得办理矿业权的设置；鼓励采用先进技术，开采难采煤层和极薄煤层；煤矿新建和改扩建项目必须按照隶属关系，依法取得同级安全生产监管部门的审查批准；建立严格的煤炭资源利用监管制度，对煤炭资源回采率实行年度核查与动态监管相结合的监督办法，对于达不到标准的煤矿，责令其限期整改；逾期不达标的，依法予以查办；对拒不执行管理的，直接吊销其采矿许可证和煤炭生产许可证。

煤炭资源综合开发利用企业大多数从事多元化经营的产业，各企业都需要建立一套具有专业特点的科学管理机制；健全相应的规章制度，形成一套严密有序的管理体系；实行文明生产、清洁生产和安全生产。只有这样，才能使煤炭资源综合开发利用企业不断发展壮大，做到资源循环利用、环境综合治理，实现上下游产业联动的循环经济发展道路。

3. 推进煤炭综合利用科技创新发展

加强煤炭开发生态环境保护，重点研发井下采选充一体化、煤炭地下气化、煤系共伴生资源综合开发利用等绿色高效开采技术；围绕大型火电厂、煤气化联合循环系统关键技术与装备，实施煤的清洁高效利用科技重大项目攻关，提升煤电能效水平，提高污染控制效率，降低污染控制成本和能耗；鼓励产学研合作，围绕二氧化碳捕集、封存及利用技术，煤层气/乏风规模化开发利用技术，大宗工业固废资源化高值利用技术，煤炭及煤化工废水处理及回用技术等开展联合攻关；加快煤层气钻井、压裂、增产、排采及智能化控制关键技术及装备开发应用，着力提升煤层气开采效率和质量。

（1）煤矸石利用对策。煤矸石综合利用要坚持"因地制宜，积极利用"的指导思想，实行"谁排放、谁治理""谁利用、谁受益"的原则，实行减少排放和扩大利用相结合、综合利用与煤矿发展相结合、综合利用和环境治理相结合，实现经济效益与社会效益、环境效益相统一，不断扩大利用面，增加利用量，提高利用率。

加强煤矸石综合利用技术的开发和推广应用，重点发展煤矸石发电、煤矸石生产建筑材料及制品、复垦塌陷区等大宗用量和高科技含量、高附加值的实用技术。大力推广以煤矸石为原料的建筑材料，限制黏土砖生产，严禁占用耕地建设黏土砖厂；已建的黏土砖厂及其他建材企业生产建材产品，以及有关单位在从事筑路、筑坝、回填等工程中，有条件的，应当掺用一定比例的煤矸石。国家鼓励发展煤矸石电厂，并在有条件的地区发展热电联供。鼓励煤矿企业利用煤矸石回填复垦塌陷区，国家和地方各级人民政府煤矸石综合利用主管部门，对从事煤矸石综合利用做出突出贡献的生产、设计、科研单位及个人给予表彰和奖励。

（2）煤层气利用对策。煤层气抽采利用项目建设用地，按国家有关规定予以优先安排。坚持采气采煤一体化，依法清理并妥善解决煤层气和煤炭资源的矿业权交叉问题。煤层中吨煤瓦斯含量高于规定标准且具备地面开发条件的，必须统一编制煤层气和煤炭开发利用方案，并优先选择地面煤层气抽采。煤矿企业利用煤层气发电，可自发自用；多余电量需要上网的，由电网企业优先安排上网销售，不参与市场竞争，发电机组并网前要符合并网的技术要求和电网安全运行的有关标准。

（3）矿井水利用对策。重点发展主要矿区的矿井水利用，特别是国家规划建设的大型矿业生产基地；重点发展大涌水量矿区的矿井水利用；重点发展严重缺水矿区的矿井水利用。

矿井水利用要纳入矿区发展的总体规划中，把提高矿井水的综合利用率作为解决矿区水资源短缺问题的重要措施。矿井水利用规模必须与矿区及周围生产、生活用水结合起来，因需而用，因地制宜。除保证矿区生产、生活和生态用水外，还要尽力满足矿区电厂、化工、冶金等高耗水行业的需要，尽可能多地替代地下水或地表水，保护有限的水资源。加大技术创新力度，加快技术进步，提高利用技术水平，为矿井水利用产业化发展奠定基础。

4. 促进煤炭资源综合利用重点项目建设

发挥重点项目的示范引领作用，鼓励企业开展煤层气、煤矸石、矿井水等煤系共伴生矿产资源多途径开发利用项目建设，加快煤炭资源综合利用先进适用技术的推广应用；结合国家大气污染防治、水污染治理、土壤污染防治一系列政策措施以及环保新标准的贯彻落实，进一步强化政府环境保护监管和企业生态恢复治理主体责任，推进煤炭资源综合利用企业实施煤炭资源综合利用重点项目建设；积极落实建设条件，完善项目手续，加快项目建设，政府性投资要加大对煤炭资源综合利用项目的支持力度。

5. 大力推进煤炭共伴生资源的综合利用

煤系共伴生矿产资源是指在煤系地层中与煤共生或伴生的其他矿产或元

素，赋存于中国多数煤系地层中，是不可再生的资源。要充分发挥其资源优势，提高其开发、加工及综合利用水平势在必行。

积极建立以煤炭企业为主体，产学研联合的技术创新体系，组织关键和重大技术开发，推进煤系共伴生矿产资源开发利用科技成果产业化积极培育和发展技术市场，运用市场机制促进新技术、新工艺、新产品、新设备的推广和应用。

引导煤系共伴生资源开发利用向高技术层次转移，产品向高档次转移，改变中国共伴生矿产技术落后的面貌，扭转原矿和粗加工产品大量出口而精加工制品大量进口的不协调状况，努力使深加工技术朝着粒度超细化、质量高纯化、性能改性化、加工工艺复合化、表面活性化的方向发展。

组织煤系共伴生矿产资源开发利用重大项目示范，选择具有标志性目标和广泛推广前景的先进适用技术，组织实施示范工程项目；重点以煤系高岭土超细、煅烧、增白、改性为突破口，带动煤系铝矾土、耐火黏土、膨润土、硅藻土、硫铁矿和石墨等资源开发利用的技术发展。通过技术政策和技术指南、技术导向目录等引导技术发展方向和投资方向。

第三章
山西省资源型地区转型发展研究

　　山西省是个富煤、贫油、少气的省份，其以煤炭为主的能源结构造就山西为中国第一产煤、运煤和煤碳出口大省，兴盛省内的重工业及化工业。山西不但以巨量的能源生产闻名，又以能源高消费、低品位等特征而著称。在过去的10多年间，全省能源加工等重工业发展所导致的能耗提升迅速，煤炭消费比重提高，单位GDP能耗超出全国平均值。多年以来，煤炭生产造成的采空塌陷区高达23.8万立方米，导致脆弱的环境地质灾害发生率大幅上涨；煤化产品生产引起的大气污染，致使省内城市环境空气中二氧化硫、可吸入颗粒物等剧增。山西省未来经济与社会环境的协调发展刻不容缓，以煤炭为主要能源结构的现状急需转变，从源头上降低碳排放迫在眉睫。国务院在2017年9月印发了《国务院关于支持山西省进一步深化改革促进资源型经济转型发展的意见》，支持山西省建立资源型经济转型发展示范区，打造能源革命排头兵。据此，山西省出台了《贯彻落实国务院支持山西省进一步深化改革促进资源型经济转型发展意见行动计划》，提出了实现资源型经济转型发展示范区和能源革命排头兵的具体举措。故低碳、可持续发展是山西转型的必由之路。

第三章 山西省资源型地区转型发展研究

一、山西省资源型地区低碳化发展

(一) 山西省低碳化发展影响因素分析

明确其低碳发展能力,探析制约低碳化发展的影响因素,为低碳化发展的研究提供现实依据和客观数据,是探究山西省低碳发展的基础。

1. 山西省低碳化发展水平分析

只有在充分地研究山西省目前的低碳化发展现状后,才能更好地发挥山西省的本身优势并选择一条最优路径实现低碳化发展的目标。通过分解法得出影响碳排放量的因素,并对这些因素进行分析,更便于研究山西省目前的低碳化发展水平、了解目前发展模式还未完善的地方。因此,为了更好地研究山西省低碳化发展,影响因素的确立是非常有必要的。

目前,国内外学者针对区域的低碳化发展水平研究还处于初级阶段。其中,国外对于低碳化的研究更侧重于估算碳排放量、降低能源消耗、发展低碳技术、制定低碳政策等。国内对于这个问题的研究有一定的建树,从不同角度对问题进行分析研究。潘家华等在对低碳经济概念的研究中,为其构建了包括低碳生产、低碳消费、低碳能源和低碳政策的指标体系。任福兵等在对低碳社会的指标体系研究中,建立了三层次多指标的评价指标体系,并通过 RAD 使用 Delphi 法确定了指标权重,评价了低碳社会的发展水平。李晓燕等构建了综合评价指标体系并对北京、上海、深圳、重庆四市进行综合评价研究。

从目前的研究成果来看,大部分学者的研究对象为国家的低碳发展或者是低碳城市发展;角度上多从低碳经济内涵、生产消费等入手;方法多采用层次分析法、德尔菲法等。本章在综合借鉴国内外学者的研究基础上,从系统研究的角度出发,以碳排放量为影响低碳化发展的核心构建包括 GDP、人口数量、能耗强度、产业结构、能源结构多角度的影响因素体系,并通过选取相应的数据展开实证研究。

2. 山西省低碳化发展影响因素的甄别

目前,国内外对碳排放的研究已经比较丰富。其中 Wang 等采用 LMDI 法对中国碳排放量的研究中,选用 1957~2007 年的数据进行实证分析,总结得出能源强度、能源结构对碳排放量影响较深,通过降低能源强度、提高经济增速可以降低碳排放量从而实现低碳发展的结论。徐国泉等运用 Divisia 分解法,以模型的方式分解出人均碳排放的影响因素,结果发现其影响因素中包括能源结构、能源效率、经济效应等,通过对选取的中国 1995~2004 年相关数据进行实证分析,得出碳排放量会随经济的增长而降低,能源效率、能源结构和人均碳排放量呈环境库兹涅茨倒 U 形曲线的结论。朱勤等利用 LMDI 分解法对碳排放量的研究中,选取了中国 1980~2007 年的相关数据,发现影响因素中经济、人口和第二产业对碳排放量呈正向增长作用,遏制了低碳化的进展。

通过对文献进行分析研究,发现目前国内外对低碳发展的研究主要围绕碳排放量进行,对碳排放量进行分解,分解出经济发展、人口规模、能源结构、能源效率、产业结构等因素。虽然研究范围较广,但多从国家角度入手,对区域的低碳发展研究较少。

本书理解的低碳化发展是以低排放、低能耗为特性的发展模式,以降低碳排放量为主要目标,包括对产业结构转型发展降低以重工业为主的第二产业在国民经济中的比重、优化能源结构降低山西省对以煤为主的能源消费比重、降低能源强度消耗倡导以清洁能源为主的绿色可持续发展。其内涵主要包括:①低碳化发展强调节能减排,是在保持国民经济不下滑的前提下,实现碳排放量的减少,达到可持续发展的目标。②提高能源转化率并发展低碳技术,降低高碳能源消费比重、高碳产业比重。综上所述,低碳化发展是涉及经济、社会、科学、环境等多领域的新兴学科,同时也是涉及多种因素的复杂系统。因此,本章将采用 LMDI 分解法来分解影响低碳化发展的核心因素碳排放量，并根据文献整理，综合国内外学者对碳排放量的学术研究，分析人口规模、经济增长、产业结构、能源结构、能源强度五个因素对碳排放量的影响效应，从而进行综合研究分析。

3. 碳排放量的测算

由于目前国家缺乏对碳排放量的统计信息的基本数据，在借鉴徐国泉等提出改进的碳排放量分解模型后，对2003~2012年山西省的碳排放量进行预算。

碳排放量估算公式如下：

$$C_t = \delta_j E_j + \delta_k E_k + \delta_p E_p \quad (3-1)$$

其中，C_t 是碳排放量，δ_j 是煤炭的碳排放系数，E_j 是煤炭消耗量（单位标准煤），δ_k 是石油及相关产品的碳排放系数，E_k 是石油及相关产品消耗量（单位标准煤），δ_p 是天然气的碳排放系数，E_p 是天然气消耗量（单位标准煤）。

不同研究机构组织对公式中的指标系数（碳排放转化系数）存在差异，但差异较小。通过查阅相关资料，本章最终选取DOE/EIA、国家发改委能源所、国家科委气候变化项目、日本能源经济研究所提供的碳排放量转化系数数据，将这些研究组织提供的研究系数均值化后得到的数据作为文章的碳排放转化系数，如表3-1所示。

表3-1 煤炭、石油、天然气的碳排放转化系数及平均值

指标系数	煤炭	石油	天然气
DOE/EIA	0.7020	0.4780	0.3890
国家发改委能源所	0.7476	0.5825	0.4435
国家科委气候变化项目	0.7260	0.5830	0.4090
日本能源经济研究所	0.7560	0.5860	0.4490
平均值	0.7329	0.5574	0.4226

资料来源：根据相关资料整理而得。

根据表 3-1 最后得出的碳排放转化系数均值，得到以煤炭、石油、天然气消费量预算碳排放量的公式：

$$C_t = 0.7329E_j + 0.5574E_k + 0.4226E_p \quad (3-2)$$

4. 碳排放量的测算数据的选择

首先，通过式（3-2）计算出 2003~2012 年山西省高碳能源的总碳排放量，原始数据及计算结果如表 3-2 所示。

表 3-2　2003~2012 年山西省煤炭、石油、天然气消耗量及总碳排放量

年份	煤炭消耗量（万吨标准煤）	石油消耗量（万吨标准煤）	天然气消耗量（万吨标准煤）	总碳排放量（万吨）
2003	18829	359.67	257.31	14108.99
2004	19112	418.95	328.10	14379.36
2005	22631	537.46	389.06	17050.25
2006	25514	599.05	493.61	19241.72
2007	27772	634.74	566.35	20947.24
2008	26879	919.76	736.47	20523.52
2009	26149	1211.97	842.72	20196.28
2010	28180	1103.77	908.18	21652.15
2011	30896	1111.05	893.24	23640.46
2012	31085	1129.61	1118.00	23884.31

资料来源：根据山西省统计信息网站数据整理。

随后，通过在国家统计信息网站、山西统计信息网站查询，得到 2003~2012 年山西省的人口规模、第二产业产值、能源消费总量等数据。本章拟用历年 GDP 显示经济增量，用第二产业收入占 GDP 比例显示产业结构，用高碳能源消费量占能源总消费量比例作为能源结构，单位 GDP 的能源消耗作为能源强度。为了使数据具有可比性和科学性，本章将 GDP 数据以 2003 年为不变价格进行折算，综合数据如表 3-3 所示。

表 3 – 3　2003~2012 年山西省碳排放量相关综合数据

年份	碳排放量（万吨）	人口（万人）	GDP（亿元）	产业结构（%）	能源结构（%）	能源强度（万吨/亿元）
2003	14108.99	3314.3	2855.23	51.25	80.13	2.54
2004	14379.36	3335.1	3099.24	53.74	80.37	2.15
2005	17050.25	3355.21	3234.66	55.72	81.15	1.94
2006	19241.72	3374.55	3306.90	56.48	82.06	1.88
2007	20947.24	3392.58	3523.32	57.34	83.56	1.68
2008	20523.52	3410.64	3943.19	57.99	80.68	1.38
2009	20196.28	3427.36	3760.27	54.28	75.62	1.32
2010	21652.15	3574.11	4126.04	56.89	75.90	1.14
2011	23640.46	3593.28	4464.70	59.05	76.40	1.02
2012	23884.31	3610.83	4370.02	55.57	76.19	0.99

资料来源：根据山西省统计信息网站数据整理。

5. 碳排放量的测算数据的处理

对原始数据进行分析处理，是寻求研究问题中证据的过程，是追求逻辑自洽逻辑性的过程，也是体现科学理性的实践过程。数据处理的步骤如下：

（1）明确数据参考数列及比较数列。本章主要以碳排放量作为参考数列，其他次要影响要素作为比较数列（见表 3 – 4）。

（2）数据的无量纲化预处理。通过取平均值的方法对两组数列进行无量纲化处理，目的是降低因为意义不同的原始数据对研究造成的影响。方法是将两组数列以列为单位取平均值，即

$X_i(k) = X_i(1)/\overline{X_i}$, $X_i(k) = X_i(2)/\overline{X_i}$, $X_i(k) = X_i(3)/\overline{X_i}$, …

其中，经过处理后参考数列为：$X_0 = \{X_0(1), X_0(2), \cdots, X_0(10)\}$，长度为 10。另外，将其与数列也经过无量纲化处理后，形成比较数列集，即

$X_i = \{X_i(1), X_i(2), \cdots, X_i(10)\}$，其中，$X = \{X_i | i = 1, 2, 3, 4, 5\}$。

表 3-4 数据无量纲化列表

年份	碳排放量（万吨）	人口（万人）	GDP（亿元）	产业结构（%）	能源结构（%）	能源强度（万吨/亿元）
2003	0.72	0.96	0.56	0.92	1.01	1.58
2004	0.74	0.97	0.64	0.96	1.01	1.34
2005	0.87	0.98	0.73	1.00	1.02	1.21
2006	0.98	0.98	0.82	1.01	1.04	1.17
2007	1.07	0.99	0.95	1.03	1.05	1.05
2008	1.05	0.99	1.03	1.04	1.02	0.86
2009	1.03	1.00	1.09	0.97	0.95	0.83
2010	1.11	1.04	1.24	1.02	0.96	0.71
2011	1.21	1.04	1.40	1.06	0.96	0.64
2012	1.22	1.05	1.54	1.00	0.96	0.62

资料来源：根据山西省统计信息网站数据整理。

（3）计算相同时期内比较数列与参考数列的绝对差。运用公式 $\Delta_i = |X_i(k) - X_0(k)|$，$k = 1, 2, \cdots, 10$；$i = 1, 2, 3, 4, 5$，对表 3-4 内数据进行运算，结果如表 3-5 所示。从表 3-5 中找出最大值与最小值为：$\Delta(\max) = 0.8595$，$\Delta(\min) = 0.0023$。

表 3-5 绝对差计算结果

年份	$\Delta_1(t)$	$\Delta_2(t)$	$\Delta_3(t)$	$\Delta_4(t)$	$\Delta_5(t)$
2003	0.2426	0.1648	0.1968	0.2905	0.8595
2004	0.2348	0.0938	0.2276	0.2797	0.6044
2005	0.1041	0.1438	0.1263	0.1530	0.3379
2006	0.0023	0.1627	0.0281	0.0524	0.1900
2007	0.0842	0.1193	0.0437	0.0159	0.0218
2008	0.0573	0.0168	0.0104	0.0305	0.1918

续表

年份	$\Delta_1(t)$	$\Delta_2(t)$	$\Delta_3(t)$	$\Delta_4(t)$	$\Delta_5(t)$
2009	0.0357	0.0557	0.0603	0.0777	0.2071
2010	0.0675	0.1325	0.0879	0.1486	0.3963
2011	0.1635	0.1920	0.1509	0.2439	0.5732
2012	0.1709	0.3210	0.2255	0.2590	0.6014

资料来源：根据研究内容整理。

（4）计算关联度系数。关联度系数可以充分反映各个时刻中比较数列与参考的关联程度，但它的数量较多，不方便对信息分析整体比较。因此，将各个时期内的关联度系数进行集中，即求其均值，作为比较数列和参考数列的关联程度，公式如下：

$$\xi_{0i} = \frac{\Delta(\min) + \rho\Delta(\max)}{\Delta_{0i}(k) + \rho\Delta(\max)} \quad (3-3)$$

其中，ρ 是分辨系数，且 $\rho > 0$，一般情况下对 ρ 取固定值，为 0.5。计算结果如表 3-6 所示。

表 3-6 关联度系数计算结果

年份	$\xi_{01}(t)$	$\xi_{02}(t)$	$\xi_{03}(t)$	$\xi_{04}(t)$	$\xi_{05}(t)$
2003	0.64262	0.72671	0.68960	0.59985	0.33511
2004	0.65014	0.82518	0.65728	0.60900	0.41777
2005	0.80928	0.75328	0.77693	0.74143	0.56285
2006	1.00000	0.72930	0.94363	0.89606	0.69711
2007	0.84058	0.78687	0.91246	0.96954	0.95670
2008	0.88702	0.96754	0.98152	0.93873	0.69505
2009	0.92817	0.88999	0.88171	0.85139	0.67837
2010	0.86891	0.76841	0.83457	0.74705	0.52301
2011	0.72822	0.69490	0.74408	0.64134	0.43076
2012	0.71929	0.57551	0.65932	0.62727	0.41898

资料来源：根据研究内容整理。

(5) 关联度系数的排序。通过表 3-6 得出的结果，利用式 (3-3) 求影响因素间的关联程度，关联程度由关联度大小顺序决定，公式如下：

$$r_i = \frac{1}{N}\sum_{k=1}^{N}\xi_i(k) \tag{3-4}$$

通过计算得出结果，如表 3-7 所示。

表 3-7　山西省碳排放量影响因素的灰色关联度及灰色关联排序结果

指标	灰色关联度	灰色关联排序
人口总量	0.80742	2
经济增长	0.77177	3
产业结构	0.80811	1
能源结构	0.76216	4
能源强度	0.57157	5

资料来源：根据研究内容整理。

6. 碳排放量的测算结果分析

从表 3-7 可以看出，5 个影响因素与碳排放量的关联程度均在 0.5 以上，说明这些影响因素对碳排放量对山西省低碳化发展存在不容忽视的影响关系。在进行关联度排序后发现，产业结构对碳排放量的影响程度最大，其次是人口总量，随后是经济增长、能源结构和能源强度，表明产业结构、人口总量、经济增长是制约山西省低碳化发展的主导因素。

从产业结构的角度来说，自改革开放以来，山西省能源消费的重点一直是以重工业为主的第二产业，近几年其能源消费比重更是达到 80% 左右，并且逐年提高。所以，产业结构的不协调在影响着山西省低碳化发展。为此，加速省内产业结构优化转型是实现山西省节能减排目标及发展低碳化水平的必经之路。

从人口总量的角度，山西省常住人口在以平均每年 29.653 万人的速度递增。虽然说人口数量的上升可以象征山西省经济能力、生活水平的提高，但是人口的增大必然会增加对资源的需求，加速对环境的破坏。按照人民小康生活水平来计算人均能耗，年人均能耗为 1.55 吨标准煤，那么山西省每年增加的能耗为45.96万吨标准煤,将增加33.68万吨温室气体排放,对资源环境在造成影响。随着人口的增多、城镇化建设的步伐加快、居民生活水平的提高、消费能力的增强,人口因素对低碳化发展的影响不容忽视。

从经济增长的角度来说,经济的迅速发展往往会带来环境的破坏和能耗的增加,同时加速温室气体的排放。又因为目前山西省独特的资源条件、经济基础及产业结构的制约,依赖于能源生产及消费的经济增长激化其与节能减排政策的矛盾。鉴于此,在实现山西省低碳化发展的道路上,就必须考虑经济增长的抑制效果。

综上所述,制约山西省碳减排的因素很多,若继续维持现在这种发展模式,在未来必将对山西省资源环境造成更大的不可修复的损害。因此,研究发展现状、预测未来发展趋势及发展空间以制定相关节能减排措施显得尤为重要。

(二) 基于灰色GM(1,1)模型预测山西省低碳化发展趋势

为便于对复杂系统的研究,往往需要通过系统数学模型对系统的总体性、协调性进行分析,并充分量化研究系统内因素之间的关联、因果等关系。灰色系统的出现可以解决复制系统内不确定信息难以量化的问题。灰色系统的研究方法与概率统计及模糊数学不同,主要针对的是样本小、数据少、部分信息缺乏的不确定性强的系统。灰色系统理论认为,行为模糊、数据杂乱的系统都具有整体性,数据的背后会存在某种规律,所以它从数据出发寻找并研究这些规律。灰色系统理论的提出方便我们更加充分地认识世界,探寻系统行为和规律。

本章在对低碳系统的研究中认为,低碳系统中包含社会、经济、生态、能源等众多因素,其内部结构层次关系模糊,且具有较强的动态变化随机性,同时,指标数据具有不确定性,系统呈现灰色性。因此,本章选用灰色GM(1,1)模型来研究山西省低碳化系统内部连续发展的过程。

目前,以煤炭为主的高碳能源在山西省的能源消费结构中仍占80%以

上，预计到2020年，这一比例仍将维持在60%以上。因此，促进山西省高碳能源低碳化发展具有重要意义，而其影响因素的预测对保障山西省低碳化发展具有重要的现实意义。

根据国家统计局发布的数据，由2003~2012年的相关统计数据，建立GM（1，1）灰色预测模型，使用MATLAB平台，建立原始数据库，并根据算法进行程序设计，从而预测2013~2022年山西省能源低碳化发展影响因素的趋势。

1. 山西省产业结构的趋势分析

2003~2012年，山西省第二产业占GDP的比重总体上处于上行态势，从2003年的51.25%一直攀升至2008年的57.99%。由于受全球经济危机的影响，山西省第二产业占GDP的比在2009~2010年回落至2004年的水平区间，分别为54.28%、56.89%。而在2011年国内经济复苏时，山西省第二产业占GDP的比重迅速涨至59.05%，到2012年受国际煤价下跌、能源收紧、温室效应等因素影响，山西省第二产业占GDP的比重渐渐回落，降至55.57%，如表3-8所示。

表3-8 2003~2022年第二产业收入及占GDP比重

年份	第二产业收入（亿元）	第二产业占GDP比重（%）	年份	第二产业收入（亿元）	第二产业占GDP比重（%）
2003	1463.38	51.25	2013	8260	57.14
2004	1919.40	53.74	2014	9621	57.23
2005	2357.04	55.72	2015	11206	57.33
2006	2755.66	56.48	2016	13053	57.42
2007	3454.49	57.34	2017	15204	57.52
2008	4242.36	57.99	2018	17710	57.61
2009	3993.80	54.28	2019	20628	57.71
2010	5234.00	56.89	2020	24027	57.80
2011	6635.26	59.05	2021	27987	57.89
2012	6731.56	55.57	2022	32599	57.99

资料来源：根据山西省统计信息网站数据整理。

第三章　山西省资源型地区转型发展研究

2013~2022年，山西省第二产业占GDP的比重稳定在57%~58%的区间内小幅度增长，说明山西省未来对优化产业结构，在维持经济增速不变的前提下，抑制住了第二产业的无序发展。从另一个角度说明山西省在未来几年内仍然处于工业化中期向后期转型阶段，第二产业增速已经开始放缓，在完成工业化过程后，第二产业的占比将逐渐下降，第三产业将成为经济发展的增长点。所以，近几年由于第二产业的份额小幅上升仍然会对山西省低碳化发展带来一定的压力。

2. 山西省人口总量的趋势分析

虽然山西省人口总量受计划生育政策的影响，但未来10年仍然会高速增长。经过预测得出，2022年全省人口将突破4000万人，如图3-1所示。山西省经济及城镇化的建设加速带动周围省份人口不断向山西境内迁徙，农村人口向城镇转移。2003~2012年，山西省人口以每年0.86%（每年约30万人口）的速度快速增长，人口的增多势必会增加能源的需求，加大对环境的污染。所以，如何合理控制人口增速以及如何提高对民众的低碳化理念宣传是山西省未来低碳化发展建设中必须考虑的问题。

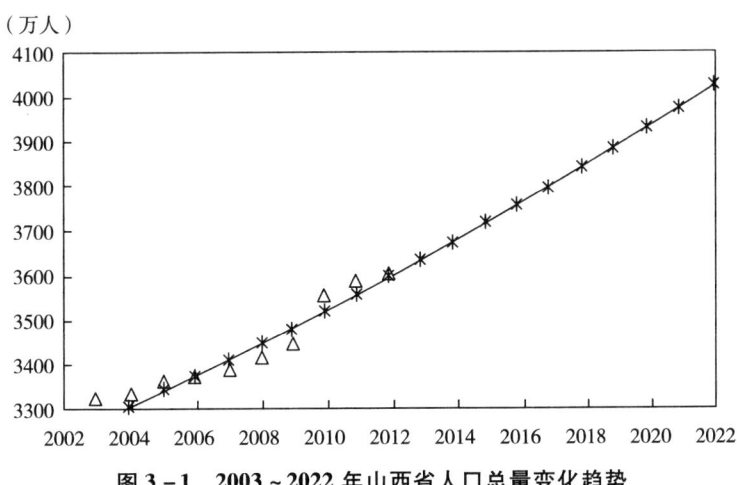

图3-1　2003~2022年山西省人口总量变化趋势

资料来源：根据山西省统计信息网站数据绘制。

3. 山西省经济增长的趋势分析

从图 3-2 可以看出，山西省经济增长趋势十分稳定，预测数据与实际数据吻合较佳，所以具有一定的参考意义。由图 3-2 可知，山西省经济发展在 2022 年将突破 2 万亿元。巨额的经济收入可以带动省内低碳技术创新进步，促进低碳金融发展，为实现低碳化发展作强大的财政后盾。

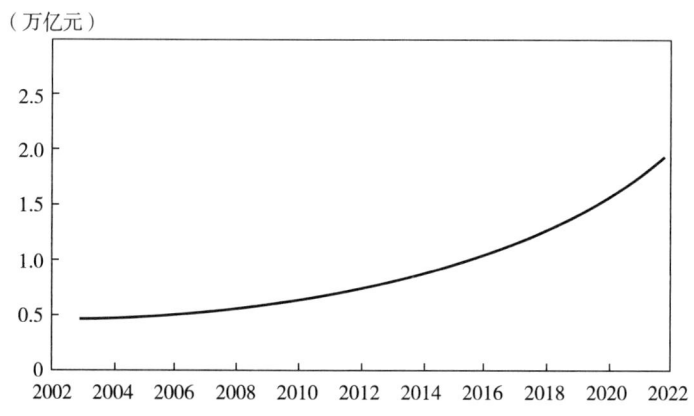

图 3-2　2003~2022 年山西省 GDP 变化趋势

资料来源：根据山西省统计信息网站数据绘制。

4. 山西省能源消费结构的趋势分析

从表 3-9 可以看出，山西省的发展一直依赖于高碳能源的消费，煤炭是山西省最大的能源供给来源。尽管煤炭在煤、油、气三大能源中经济效益最低，但是依照目前资源禀赋的差异，未来很长一段时期内，煤炭依然是山西省的主要能源。从国家层面来看，煤炭资源一直处于中国能源消费的主导地位，占比约为 70%。而国外发达国家以石油、天然气为主的能源结构，其提出的优化能源利用效率上的经验在中国不能得到有效的应用。从长远的角度来看，清洁可再生能源目前虽占比较低，但增速十分迅速，预计 2022 年山西省清洁可再生能源占比将突破 30%。所以，未来山西省优化能源结构、实现低碳化发展应更多考虑提高新能源占比，从提高高碳能源利用效率着手。

第三章 山西省资源型地区转型发展研究

表3-9 2003~2022年山西省高碳能源消费量占比

年份	高碳能源消费量（万吨）	能源总消费量（万吨）	高碳能源占比（％）	年份	高碳能源消费量（万吨）	能源总消费量（万吨）	高碳能源占比（％）
2003	7242.17	9037.51	80.13	2013	12547	16491	76.08
2004	7675.98	9550.58	80.37	2014	13180	17489	75.36
2005	8209.93	10117.06	81.15	2015	13845	18547	74.65
2006	9187.19	11196.06	82.06	2016	14544	19669	73.94
2007	10139.83	12135.45	83.56	2017	15278	20858	73.25
2008	10062.85	12472.37	80.68	2018	16048	22120	72.55
2009	9743.84	12885.85	75.62	2019	16858	23458	71.86
2010	10489.37	13820.47	75.90	2020	17709	24877	71.19
2011	11453.91	14992.59	76.40	2021	18603	26382	70.51
2012	12040.2	15803.31	76.19	2022	19541	27978	69.84

资料来源：根据山西省统计信息网站数据整理。

5. 山西省能源强度的趋势分析

从表3-10可以看出，山西省高碳能源消费量逐年提高，但能源强度却在不断降低。说明随着经济的发展、技术的进步以及相关法规政策的建立健全，山西省在未来发展中逐渐提高能源利用效率，对完成节能减排目标、实现低碳化发展起到至关重要的作用。在目前能源强度计算公式中使用的是能源消费量与国民经济总值的比值，只要经济增速超越能源消费增速，则能源强度一定会反映出下降趋势。所以，用能源强度的概念来反映低碳化发展问题会比较片面，而且高碳能源属于不可再生能源，高碳能源消费量的持续增多不符合山西省未来可持续发展的战略。所以，在山西省未来发展建设的道路上，必须考虑降低高碳能源消费，提升清洁可再生能源在能源消费中的比重。

6. 山西省碳排放量的趋势分析

2003~2007年，山西省碳排放量持续上升，从1.41亿吨升至1.92亿吨，对环境造成了严重的影响。2008~2009年，受全球金融危机等因素的影响，山西省碳排放量出现了小幅度的下降，但在2010年后，山西省碳排放量又出现增长趋势。未来10年内，随着山西省城镇化建设的加速、工

表 3-10　2003~2022 年山西省高碳能源消费量及能源强度

年份	高碳能源消费量（万吨）	能源强度（万吨煤/亿元）	年份	高碳能源消费量（万吨）	能源强度（万吨煤/亿元）
2003	7242.17	2.54	2013	12547	0.87
2004	7675.98	2.15	2014	13180	0.78
2005	8209.93	1.94	2015	13845	0.71
2006	9187.19	1.88	2016	14544	0.64
2007	10139.83	1.68	2017	15278	0.58
2008	10062.85	1.38	2018	16048	0.52
2009	9743.84	1.32	2019	16858	0.47
2010	10489.37	1.14	2020	17709	0.43
2011	11453.91	1.02	2021	18603	0.38
2012	12040.20	0.99	2022	19541	0.35

资料来源：根据山西省统计信息网站数据整理。

业化的中后期发展，碳排放量将继续上升，预计在 2022 年将突破 4 亿吨，如图 3-3 所示。可见，若任由目前发展态势继续发展，山西省将无法完成

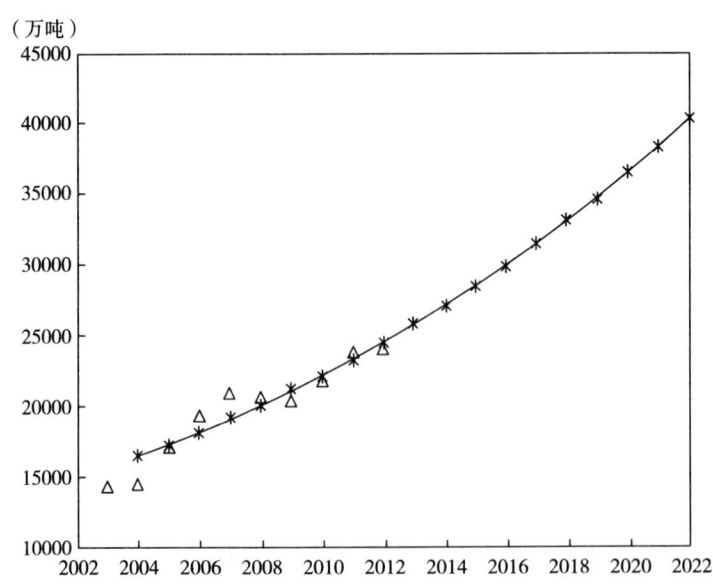

图 3-3　2003~2022 年山西省碳排放量变化趋势

资料来源：根据山西省统计信息网站数据绘制。

国家节能减排目标,实现低碳化发展的道路上将困难重重,因此,制定优化低碳化相关法规政策显得尤为迫切和重要。

二、山西省资源型地区可持续发展

(一)山西省资源型地区发展现状及存在的问题

1. 山西省资源型经济发展现状

山西省作为典型的资源型地区,以矿产资源丰富而闻名,素有"煤海"的美称。新中国成立以来,山西省以其特有的丰富煤炭等矿产资源和优越自然地理条件,背负着中国最大煤炭能源基地的使命,对各个区域经济腾飞及中国综合经济实力增强做出巨大的贡献。研究山西省自然资源约束下的可持续发展状况,不仅是山西经济发展的必然要求,对中国煤炭产业的发展和老工业基地的改造振兴具有指导意义,而且对把握中国所有自然资源区域的可持续发展具有重要借鉴意义。

山西省的煤炭储量位居全国第二,煤炭资源遍布全省91个县(市、区),含煤面积6.48万平方公里,约占全省总面积的40%(柴洪静,2012)。如果以采掘业和原材料生产业作为资源型地区的判断标准,山西则为中国唯一的资源型经济省区。山西省经济发展非常依赖对自然资源的开发利用,在发展过程中呈现出以下特点:

(1)煤炭产业占主导地位。资源型产业(主要是煤炭)很久以来都是山西省的经济主导产业,生产结构以煤矿开采、初加工为经济主线,具备资源效用,煤炭相关行业发展的经济规模较大,是当地的经济建设力量之基、是地区发展的最大优势。

(2)经济增长依赖煤炭产业。煤炭经济是山西省最主要的经济来源,是实现财政、税收收入的最根本动力,每年为省内乃至国家贡献了巨额的经济效益和财政税收，国家和省市的发展已离不开煤炭的经济效用。煤炭经济的开发主要是以煤炭原材料为主的采掘业及初级产品加工业，构成典型的资源型经济。由于国家工业化进程不断加快，对资源的需求不断上升，尤其是不可再生能源原材料及初级加工品等资源型产品。因此，煤炭作为典型的资源型产品，成为国家和企业争相追逐的资源需求。随着对煤炭的需求不断提高，煤炭的供不应求使其价格上涨幅度大，煤炭产业的经济效益不断提升，煤炭产业的发展欣欣向荣，各种经济活动和主体也不断向煤炭产业聚拢，使其发展规模越来越大，作为山西省的经济主导产业，已成为经济增长的强烈依赖。

（3）贸易的主体是煤炭及其初加工产品。山西省的煤炭贸易规模庞大，主要涉及煤炭采掘业及以煤炭为主导的初级加工业。从山西省2015年的煤炭产量及调运量来看，原煤产量的56.54%被调运到省外，达6.24亿吨，焦煤产量的70.25%被调运到省外，达5954万吨，发电量的34.97%被调运到省外，达743.9亿千瓦时，除煤炭外的初级加工业产品如氧化铝、生铁等也大量被调运到省外（任娟娟，2013）。山西省煤炭及初级产品的输出规模非常庞大，在全国经济贸易市场上占有一席之地。

2. 山西省资源型经济存在的问题

山西省以煤炭为主导的资源型经济的快速发展，在市场经济发展前期取得了强大的优势地位，但是随着工业化的不断发展，科技型产业的日益壮大，这种经济模式也遭遇了前所未有的挑战，有关经济发展的主要问题表现在以下几个方面：

（1）产业结构单一，产业转型升级缓慢。山西省以资源型产业为经济主导产业，主要发展以能源采掘业和初级产品加工业为主的第二产业，产业优势集中在煤炭等不可再生能源的产销链上，科技含量不高，产业结构简单，产品的附加值较低，具有较强的可代替性，发展能力较弱，经济转型困难较突出。相对来说，第一产业和第三产业主要集中在传统农业和服务业，在山西的经济结构中属于弱势地位，经济发展对资源的过度依赖使得第二产业在经济总收益中所占的比重很大，而第一、第三产业所占的比重较小，导致三种产业的发展结构失衡，经济产业转型的难度较大，升级缓慢。

（2）生态环境恶化导致资源浪费。由于山西省对煤炭等不可再生资源的依赖性较强，经济结构以煤炭原材料产业及加工业为主，在促进经济发展的同时也以破坏生态环境的方式对社会的可持续发展产生威胁，应当引起全社会的共同关注。主要的生态环境问题有：首先，煤炭及其他不可再生能源的开采利用过程中，由于开采方式粗放、技术水平低，地表植被遭到破坏，对土地和林木资源造成很大影响；其次，在资源的开采利用过程中，会释放废弃物毒素，使空气、水源、地表遭到污染，破坏自然环境的原始生态结构，使生态环境恶化；最后，资源的不合理开采会耗用大量人力、物力资源，环境的治理也要耗用大量的治理成本，对财务资源造成浪费，同时要消耗更多的恢复成本。

（3）科技投入少，创新能力差。由于山西省是资源型经济，主要以煤炭资源的开采和初加工为主，对资源开发的经济投入和依赖度较大，但是缺乏对人才及技术的引进和资金投入，创新方面被严重忽视。同时，经济结构畸形发展及资源开采利用模式粗放，导致经济转型困难，生态环境恶化，人才和技术的流失严重，创新思维缺乏培育环境，新型产业得不到重视和发展。因此，当前资源型经济的弱点使得山西省这个典型的资源型地区科技发展落后，可持续发展步伐缓慢。

（二）可持续发展能力评价指标体系

1. 可持续发展指标体系构建原则

在分析整理国内外有关的理论成果后，本节总结出建立区域可持续发展评价指标体系的以下5个基本原则。

（1）客观性原则。该原则的含义是将经济、生态、社会、政治等子系统的运行和发展走向以及子系统各因素间逻辑关系和各区域的发展情况给出客观非人为的评价和反馈。因此，客观性原则是构建区域可持续发展指标几大原则之中最重要的一项。

（2）可操作性原则。可持续发展的可操作性是指在选取指标的时候应当尽可能用最少、最简单的指标建立最有效、最可行的模型，指标的复杂性和获取难易程度会影响模型的运算及数据的完整，因此做好一个简易又实用的模型必须使指标具备可操作性。

（3）区域性原则。区域性要求我们在建立模型前，应当详细了解待研究区域的地域性特征，例如环境、资源、社会、经济、人口现状等，将可持续发展的一般模型与具体地域特色相结合，使构建的模型更具有实用性、可行性，能够对实践起一定的指导作用。因此，评价指标必须在进行选择的过程中突出区域发展特征和该区域系统自身特性。

（4）层次性原则。在选取指标时，整个系统会被划分为若干个子系统，子系统具有层次性，子系统内的各自变量也有层次性。因此，应综合考虑各子系统的特点及其与总系统的相关性，在选取指标时，注重评价指标所应该具有的层次性。

（5）可比性原则。国际上对可持续发展有一个公认的标准，促使国内的指标体系可以对照国际先进体系进行必要的比较和改进。因此，应将可持续发展的各指标体系进行合理对比，寻找缺陷并积极改进。

2. 山西省可持续发展能力评价指标体系的构建

为了使资源型地区的可持续发展能力得到客观合理的评价，必须从理论和实践体系中寻找影响资源型地区可持续发展的关键因素。因此，本章运用适合判断可持续发展能力的指标体系对其影响因素进行分析评价。

为了找到影响可持续发展能力的因素，经过对各种方法的比对，最终使用内容分析法。内容分析法是一种将非量化或文字性的信息转化为量化后的数据，对数据进行类目分解以确定信息具体特征，具有客观性、系统性的定量分析法。

分析的步骤为：首先，根据关键词"可持续发展能力"，确定内容分析的目标——找到可持续发展能力的影响因素；其次，搜索相关文献和国内外理论成果，并将其中记录可持续发展影响因素的词句进行整理；最后，将收集到的可持续发展影响因素归类得到影响因素集，如表3-11

第三章 山西省资源型地区转型发展研究

所示。

从表 3-11 可以归纳出，这 23 个影响因素可以分别归类到人口、经济、环境、资源、科技教育等子系统。

表 3-11 可持续发展能力关键影响因素

编号	因素	编号	因素	编号	因素
1	总人口数	9	土地资源	17	基础研究成果储备量
2	出生率	10	电力资源	18	应用研究成果储备量
3	死亡率	11	矿产资源	19	初等教育在校人数
4	GDP 值	12	水利资源	20	中等教育在校人数
5	重工业固定资产	13	废气污染	21	高等教育在校人数
6	轻工业固定资产	14	固体废弃物污染	22	研究生在校人数
7	农业	15	废水污染	23	职业培训在校人数
8	第三产业	16	科技和人力资源		

因此，通过对资源型地区发展特征的分析，结合资源型地区经济社会发展的实际情况，本章将资源型地区的可持续发展能力评价指标体系分为人口子系统、经济子系统、资源子系统、环境子系统、科技教育子系统 5 个子系统。5 个子系统之间通过相关变量参数连接，只有各子系统都实现可持续发展，各子系统间才能相互优化、相互促进，实现整体上的可持续发展。在构建指标体系时，各子系统应当进一步细化，分成四个层次的结构体系，分别为总体目标层、系统层、状态层、变量层，如表 3-12 所示。

（三）资源型地区可持续发展系统动力学模型构建

1. 资源型地区可持续发展系统动力学模型仿真思路

资源型地区的可持续发展是在自然条件、经济基础、社会与环境等多

表3-12 山西省可持续发展能力评价指标体系

总体目标层	系统层	状态层	变量层
可持续发展能力	人口子系统	总人口数	出生人口
			死亡人口
			人口迁入数
			人口迁出数
			人口自然增长率
		出生率	基年出生率
			家庭计划乘数
			教育水平
		死亡率	老年人口比例
			人均生活标准
			人口经济容量
	经济子系统	资源开发工业固定资产	资源开发工业投资
			资源开发工业固定资产增加
			资源开发工业固定资产折旧
			资源开发工业固定资产产出率
		非资源开发工业固定资产	非资源开发工业投资
			非资源开发工业固定资产增加
			非资源开发工业固定资产折旧
			非资源开发工业固定资产产出率
		GDP	工业增加值
			服务业增加值
			农业增加值
	资源子系统	电力资源	电力资源开发投资
			电力资源供给量
			电力资源消耗量
			单位GDP能耗

续表

总体目标层	系统层	状态层	变量层
可持续发展能力	资源子系统	矿产资源	矿产资源开发投资
			矿产资源回收利用率
			矿产资源折旧
			矿产开发率
			矿产消耗量
		水利资源	水利资源开发投资
			水利资源增加量
			水利资源消耗量
	环境子系统	废气污染	废气排放量
			废气处理量
			废气处理投资
			单位GDP废气排放量
		固体废物污染	固体废物排放量
			固体废物处理投资
			单位GDP固体废弃物排放量
		废水污染	废水排放量
			废水处理量
			废水处理投资
			废水处理成本
			单位GDP废水处理量
	科技教育子系统	科技人力资源	科技人力资源增加
			科技人力资源减少
		基础研究成果储备量	基础研究成果产出率
			基础研究成果淘汰率
			基础研究经费
		应用研究成果储备量	应用研究成果产出率
			应用研究成果淘汰率
			应用研究经费

续表

总体目标层	系统层	状态层	变量层
可持续发展能力	科技教育子系统	初等教育在校人数	初等教育入学速率
			初等教育毕业速率
			初等教育经费
		中等教育在校人数	中等教育入学速率
			中等教育毕业速率
			中等教育经费
		高等教育在校人数	高等教育入学速率
			高等教育毕业速率
			高等教育经费
		研究生教育在校人数	研究生教育入学速率
			研究生教育毕业速率
			研究生教育经费
	可持续发展协调性	子系统协调性	子系统间同步率
			子系统间的相互协调度

种因素的共同约束下，寻找最优的长期发展资源分配组合。其发展过程需要兼顾经济发展、社会和谐和生态保护，各子系统之间相互联系、相互制约，且子系统内部各要素呈现动态非线性的相互作用关系，任意一个参数的改变都会引起整个系统效益的变化。本章根据系统动力学的相关理论，结合资源型地区的发展特点，构建资源型地区可持续发展系统动力学模型。

（1）建模目的。构建资源型地区可持续发展的系统动力学模型主要有以下目的：

1）研究资源型地区经济可持续发展问题，针对资源型地区经济发展的特点寻找可持续发展所需的内部资源分配与外部环境需求。

2）通过分析资源型地区可持续发展各子系统之间的动态关系，研究长期规划中应注意协调的各个环境，找出影响该环节的关键因素。

3）对资源型地区可持续发展的长期发展趋势做出预测，并根据仿真模拟结果，提出相应的发展意见。

（2）模型系统构成。根据本章研究分析，资源型地区可持续发展系统由人口子系统、资源子系统、经济子系统、环境子系统和科技教育子系统构成。这5个系统之间相互作用、相互制约，子系统之间的影响方式和影响系数，反映整个资源型地区可持续发展系统的发展特征。每个子系统的模拟仿真运行结果不仅取决于其内部变量之间的动态关系，同时又受其他子系统的影响，其自身也在不断地对其他子系统的运行结果构成影响。

1）经济子系统与资源子系统的相互影响。经济总量的发展需要资源消耗作为支持，经济总量的发展加快资源开发的速度，丰富的资源供给对经济发展有促进作用，资源供给短缺会制约经济发展。

2）经济子系统与环境子系统的相互影响。良好的环境可以促进经济发展，经济总量的提高可以增加环境保护投入，经济的发展会对环境造成一定的污染。

3）经济子系统与科技教育子系统的相互影响。经济的发展可以为科技教育事业的发展提供充足的资金，一方面可以提高人口的基本素质；另一方面可以得到先进的科技成果，科技进步可以提高经济投入产出比，提高经济效益。

4）科技教育子系统与资源子系统的相互影响。科技的发展使得资源回收率提高，资源节约技术能够有效降低资源的消耗量；同时科技的发展还可以寻求替代能源，利用可再生资源替代不可再生资源，降低经济发展对自然资源的破坏程度。

5）科技教育子系统与环境子系统的相互影响。增加科学教育投入可以提高人口素质，减少生活垃圾的排放。同时，节能减排技术的发展能够很大程度上减少工业污染物对环境的破坏。

6）人口子系统与环境子系统的相互影响。日常生活中，人类排放的生活垃圾（废气、废水、固体废弃物等）会造成环境污染，同时环境的改善有助于人口的迁入、居民生活质量的改善。

2. 资源型地区可持续发展系统动力学模型参数的确定方法

本章将资源型地区可持续发展系统动力学模型的运行时间范围设定为 2005~2020 年，主要历史数据来自 2005~2011 年的《山西统计年鉴》《中国环境统计年鉴》《中国科技统计年鉴》《中国教育统计年鉴》《中国城市统计年鉴》等，以 2005~2010 年的平均数据作为仿真模拟的基年数据，模型参数的计算方法如下：

（1）趋势外推法。线性趋势外推法是一种根据过去和现在的发展趋势判断未来发展方向的方法。它根据时间序列与历史数据，构建一个线性发展公式，把要研究的对象作为因变量 Y_t，它是一个时间序列函数。其基本公式为

$$Y_t = a + bt \tag{3-5}$$

其中，Y_t 为预测值，t 为时间自变量。

通过求解联立方程式

$$a = \frac{\sum t^2 \sum Y - \sum t \sum tY}{n \sum t^2 - (\sum t)^2} \tag{3-6}$$

$$b = \frac{\sum tY - \sum t \sum tY}{n \sum t^2 - (\sum t)^2} \tag{3-7}$$

a、b 两参数求出后，就可以得到以 t 为时期序数自变量的预测方程。

用上述方法确定老年人口死亡比率为 0.1183，家庭计划乘数减少率为 0.0812，旅游业增长率为 0.04，环境污染对经济的影响修正系数为 1.41。

（2）算数平均法。用算数平均法计算初始年出生率为 0.1087，基年死亡率为 0.07049，基年矿产资源储量为 3360 亿吨，应用研发经费比例为 0.80，基年迁入人数约为 150000 人，为保持模型的平衡，将基年迁出人数设置为 150000 人。

（3）回归分析。回归分析输入历史数据，确定固定资产总投资系数为 0.1784，工业投资系数为 0.7605，服务业投资系数为 1.0284，基年单位 GDP 废气排放量为 $3.5 \times e^{-5}$ 万立方米，基年单位 GDP 固体废弃物排放量为 $5 \times e^{-4}$ 吨，CPI 的修正系数为 0.83。

第三章 山西省资源型地区转型发展研究

(4) 灰色系统预测模型。用此模型分别修正相关参数工业产值、服务业产值、矿产资源回收率、研发经费修正系数、应用研究成果修正系数、基础研究成果修正系数、科技教育水平对经济的影响系数、单位 GDP 消耗矿产资源修正系数、单位 GDP 耗水量修正系数、单位 GDP 耗电系数等。

(5) 静态协调度公式。静态协调度测算公式如下

$$u(i/j) = \exp\left[-\frac{(X-X')^2}{S^2}\right] \tag{3-8}$$

$$C_S(i,j) = \frac{\min\{u(i/j), u(j/i)\}}{\max\{u(i/j), u(k/i)\}} \tag{3-9}$$

其中，$C_S(i,j)$ 为资源型地区 i 指标与 j 指标的发展水平静态协调度；$u(i/j)$ 表示 i 指标相对于 j 指标的发展适应度；$u(j/i)$ 表示 j 指标相对于 i 指标的发展适应度，X 为 i 指标的发展指数，S 为 i 指标发展指数的均方差。

再通过各系统之间的静态协调度 $C_S(i,j)$ 加总，得出整个系统的静态协调度 F，公式如下

$$F = \sum_{i=1}^{m} F_i \times p'_i \tag{3-10}$$

其中，F_i 为各子系统主要指标两两之间的静态协调度，p'_i 为其对应的权重。本章将各子系统主要参数之间两两相互关系的权重设定为统一数值，即 15 个两两相互静态协调度的权重完全相同，为 0.0667。

运用静态协调度计算公式计算各子系统的主要指标：GDP、总人口数、资源盈缺对经济的影响、环境污染指数、全民综合教育水平、科技技术水平这 6 个指标之间的相互协调性。由于该公式仅适用于静态协调度的测算，所以抽取各模拟政策的最终态进行分析验证。

以基年的数据运行作为静态协调度 X' 的初值，则此时 F 取值为 1。若政策模拟结果 F 值大于 1，则说明子系统之间的协调度有所提升，若政策模拟结果 F 值小于 1，则说明子系统之间的协调程度减弱，整个系统可持续发展能力受到一定程度的制约。

3. 资源型地区可持续发展模型整体结构因果关系

上述 5 个子系统通过相互影响和不断冲突与耦合，形成整个资源型地

区可持续发展系统的整体构架。资源型地区可持续发展系统的整体因果关系如图3-4所示。

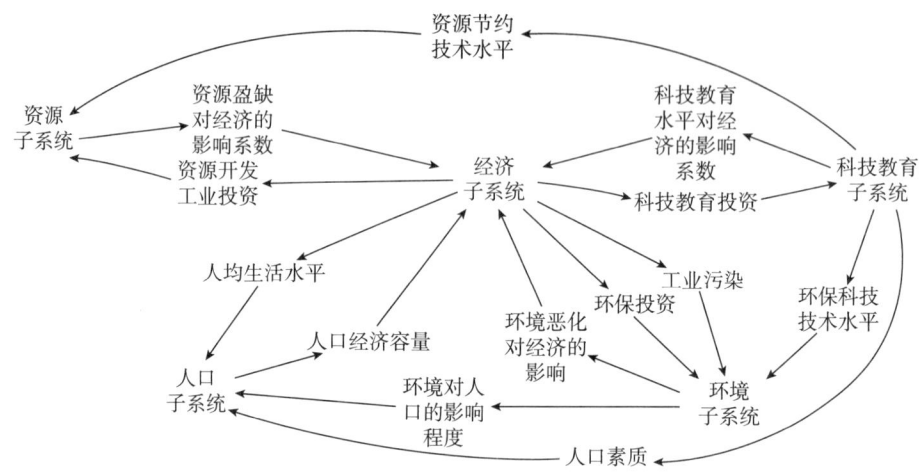

图3-4 资源型地区可持续发展系统的整体因果关系

这5个子系统之间相互制约、相互影响，构成一个复杂的巨系统。它不仅具有一般系统的特征，而且各子系统之间相互作用，子系统内部亦相互作用。若想实现该系统可持续发展，不仅要考虑各子系统内部的协调发展，更取决于子系统之间的相互协调程度。

（1）人口子系统。一个地区的人口数量及其受教育程度会影响该地区的经济发展规模、环境污染程度等，一个地区的人口环境承载力是有限的，人口的数量过多会造成该地区的生态资源不堪重负。地区人口数量对经济子系统的发展影响巨大，人口的质量也不可忽视，人口质量的上升将为地区可持续发展提供源源不断的动力与竞争优势。

人口子系统模型的核心是总人口数。总人口数的变化不仅取决于人口出生率和死亡率的差值变化，也取决于人口的迁入和迁出。出生率和死亡率的差值构成地区人口的自然增长率。为了突出经济环境与自然环境变化对人口迁移的影响，特将人均生活标准系数和环境污染影响引入人口变化

第三章 山西省资源型地区转型发展研究

的因素中，增加该子系统模拟的真实性。资源型地区可持续发展人口子系统的 SD 流图如图 3-5 所示。

从长期来看，资源型地区的人口流动性是比较大的，大量的外来人员参与资源开发利用，但当资源枯竭之后，随着经济的下滑、环境的破坏，大量人口迁出；要实现资源型地区的可持续发展，必须保证人口总数的相对稳定及人口素质的持续提升。资源型地区可持续发展人口子系统的主要方程如表 3-13 所示。

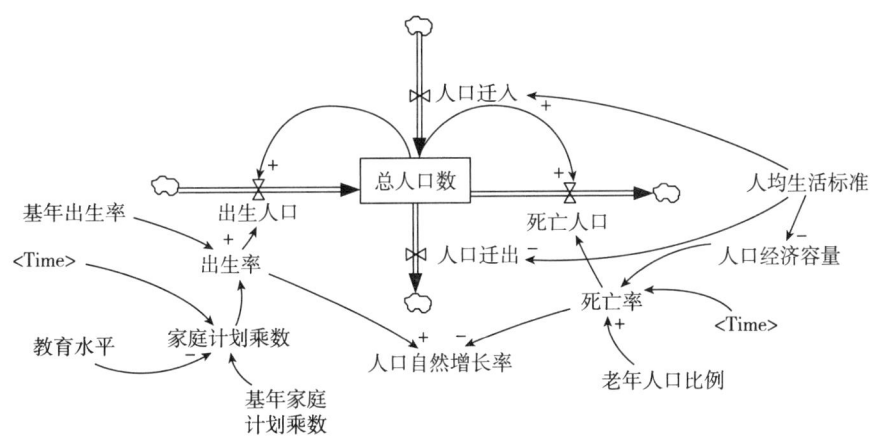

图 3-5 资源型地区可持续发展人口子系统的 SD 流图

表 3-13 资源型地区可持续发展人口子系统的主要方程

因变量	变量类型	模型方程
总人口数（万人）	水平变量	基年人口数量 + 出生人口 - 死亡人口 + 人口迁入 - 人口迁出
出生人口（万人/年）	速率变量	人口总数 × 当年人口出生率
死亡人口（万人/年）	速率变量	人口总数 × 当年人口死亡率
死亡率	常量	死亡率基数 + 老年人口比例 × 0.12 + 经济容量影响系数
家庭计划乘数（人）	辅助变量	1 - 家庭计划乘数减少率 × DEALY3［教育水平（Time），8］

续表

因变量	变量类型	模型方程
人口自然增长率	常量	当年人口出生率－当年人口死亡率
出生率	常量	MAX（0，家庭计划乘数×基年出生率）
基年出生率（%）	常量	11
人口经济容量	辅助变量	DELAY3（国民消费投资，8）/DELAY3（人均生活标准，8）

（2）经济子系统。其为各子系统中最大的一个，该子系统在整个系统框架中居于核心位置。经济增长是一个地区可持续发展的动力与保障，只有实现地区经济水平的长期稳定发展，整个地区系统的可持续发展才有意义。但过去追求经济发展速度，反而适得其反。长期以来，人类在自身利益的驱动下，不断地对所处的自然环境进行过度开发，使得自然环境不堪经济发展的重负，日益严重的自然资源短缺与环境污染严重影响地区经济的可持续发展能力；同时，为了保持社会经济长期增长，就要付出资金对环境损坏进行修复，在短期来看或多或少地会制约经济的发展，这就要求我们在经济发展速度与自然环境保护之间找到适当的平衡点，能够兼顾两者的同时实现地区经济可持续发展。

资源型地区的经济以资源开发为主，经济发展对资源型产业的依赖度很高。由于大量的矿产资源是不可再生的，或者再生速度相对于消耗速度来说是非常缓慢的，若想实现资源型地区可持续发展，必须提高资源的利用率，减少资源浪费，转变经济发展方式。本章通过加入环境污染对经济的影响系数模拟环境变化对经济的影响力；通过构建工业、农业、服务业的投资分配，资源开发类工业和非资源开发类工业的投资分配，环境、科教与社会总投资之间的投入分配变化，来调整相关系数，模拟资源型地区的经济发展特征；通过增加资源短缺对经济的影响系数模拟资源约束对经济系统的影响力；通过增加工业技术系数模拟科学技术发展对经济系统的影响力。资源型地区可持续发展经济子系统的SD流图如图3-6所示。

第三章 山西省资源型地区转型发展研究

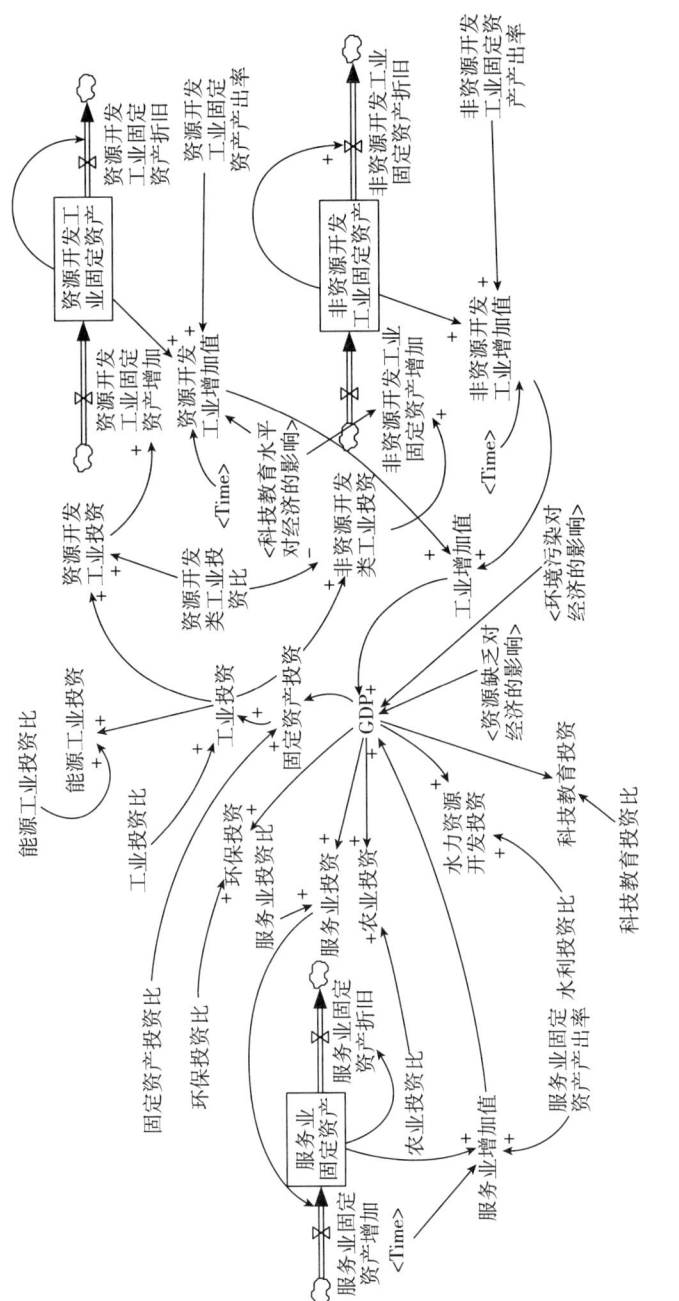

图 3-6 资源型地区经济子系统 SD 流图

在资源型地区经济子系统模型中，影响经济发展的主要因素是投资，不同种类的投资对经济系统的影响效果也不同。本章将投资主要分为服务业投资、农业投资、固定资产投资、能源工业投资、水利保护投资、科技教育投资、环保投资、资源开发工业投资和非资源开发工业投资。经济子系统分别通过水利保护投资、环保投资、能源工业投资、资源开发工业投资、科技教育投资与资源子系统、环境子系统、科技教育子系统相互耦合。资源型地区经济子系统的主要方程如表3-14所示。

表3-14 资源型地区经济子系统主要方程

因变量	变量类型	模型方程
工业投资（万元）	辅助变量	GDP×工业投资比
能源工业投资（万元）	辅助变量	重工业投资×能源工业投资比
资源开发工业投资（万元）	辅助变量	工业投资×资源开发工业投资比
非资源开发工业投资（万元）	辅助变量	工业投资×非资源开发工业投资比
服务业投资（万元）	辅助变量	GDP×服务业投资比
服务业固定资产增加（万元）	辅助变量	DELAY3［服务业投资，4］
资源开发工业固定资产增加（万元）	速率变量	DELAY［资源开发工业投资，1］
非资源开发工业固定资产增加（万元）	速率变量	DELAY［非资源开发工业投资，3］
资源开发工业固定资产（万元）	水平变量	基年资源开发工业固定资产 + 资源开发工业固定资产增加 - 资源开发工业固定资产折旧
非资源开发工业固定资产（万元）	水平变量	基年非资源开发工业固定资产 + 非资源开发工业固定资产增加 - 非资源开发工业固定资产折旧
资源开发工业固定资产折旧（万元/年）	速率变量	资源开发工业固定资产/6
非资源开发工业固定资产折旧（万元/年）	速率变量	非资源开发工业固定资产/10

续表

因变量	变量类型	模型方程
固定资产投资（万元）	辅助变量	GDP×固定资产投资比
资源开发工业增加值（万元/年）	速率变量	资源开发工业固定资产×资源开发工业固定资产产出率（Time）
水利资源开发投资（万元）	辅助变量	GDP×水利投资比
农业投资（万元）	辅助变量	GDP×农业投资比
工业增加值（万元）	辅助变量	资源开发工业增加值+非资源开发工业增加值
环保投资（万元）	辅助变量	GDP×固定资产投资比

（3）资源子系统。资源是经济发展的重要源泉，各种资源都具有一定的稀缺性，不能无节制地对其进行开发利用。能源资源在经济发展过程中的作用尤甚，中国的最主要能源是煤炭，大量资源型地区又多与煤炭开采相关，这就造成中国资源型地区大多陷入高污染、高排放、资源储量后劲不足的境况。本章将资源子系统划分为水资源、矿产资源和电力资源3个小模块，每个小模块又分为两个方面，即资源生产部分和资源消耗部分，两部分的持续运营和扩大生产力都需要资金的投入。为了达到经济的可持续发展与资源的高效利用，需要平衡资金在资源回收、资源生产、经济建设投资三方面的投入，以达到长期效益最大化。资源型地区可持续发展资源子系统SD流图如图3-7所示。

在资源子系统之中的三个模块相互关联、相互影响，其中加入了科技教育水平对经济的影响系数，从而将科技教育子系统与资源子系统连接了起来。该子系统中有两个水平变量，分别是水资源总量和矿产资源总量。由于电力资源无法转化为水平变量，将电力资源作为辅助变量。子模块中有4个速率变量，分别为水资源年消耗量、水资源年补给量、矿产资源年消耗量、矿产资源年供给量。资源子系统的主要方程如表3-15所示。

（4）环境子系统。环境污染根据排放对象划分，可分为生活污染排放与工业污染排放两种，同时根据环境污染的来源划分，可分为废气、废水

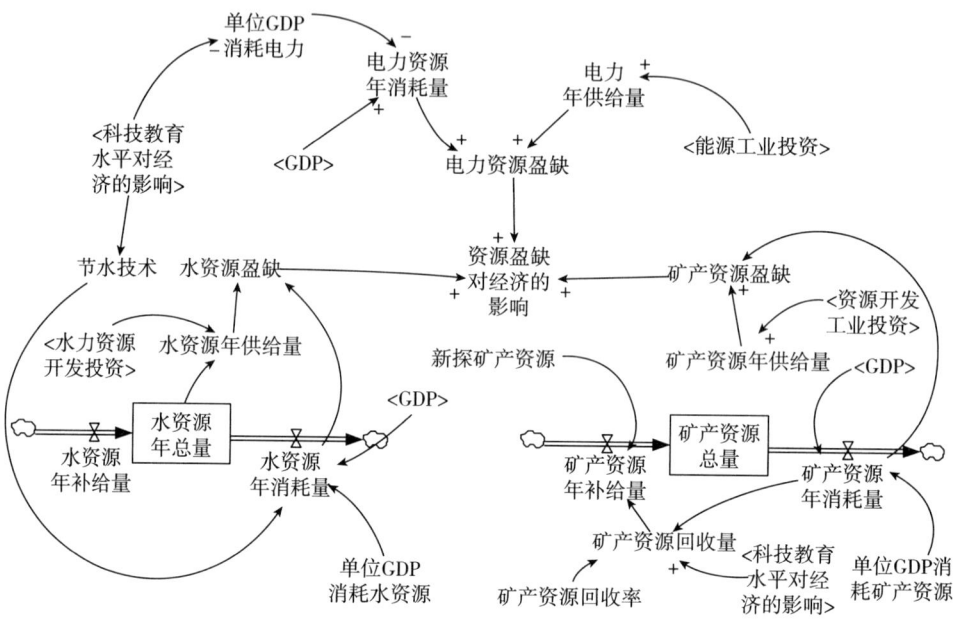

图 3-7 资源子系统的 SD 流图

表 3-15 资源子系统的主要方程

因变量	变量类型	模型方程
电力资源盈缺（万瓦）	辅助变量	电力资源年消耗量 - 电力年供给量
单位 GDP 消耗电力（万瓦）	辅助变量	科技教育水平对经济的影响×耗电技术修正系数×基年单位 GDP 耗电量
电力资源年消耗量（万瓦/年）	速率变量	GDP×单位 GDP 消耗电力
电力年供给量（万瓦/年）	辅助变量	能源工业投资 $\times 8 \times e^{-4}$
水资源年总量（万吨）	水平变量	水资源初始值 + 水资源补给量 - 水资源消耗量
水资源年补给量（万吨/年）	速率变量	水资源开发投资 $\times 3.22 \times e^{-6}$
水资源年消耗量（万吨/年）	速率变量	GDP×单位 GDP 耗水量
单位 GDP 耗水量（万吨）	辅助变量	科技教育水平×耗水技术修正系数×基年单位 GDP 耗水量

续表

因变量	变量类型	模型方程
矿产资源盈缺（万吨）	辅助变量	矿产资源年供给量 - 矿产资源年消耗量
矿产资源总量（万吨）	水平变量	矿产资源初始值 - 矿产资源年消耗量 + 矿产资源年补给量
矿产资源年供给量（万吨/年）	速率变量	资源开发工业投资 $\times 0.4 \times e^{-5}$
矿产资源年消耗量（万吨/年）	速率变量	GDP $\times$ 单位 GDP 消耗矿产资源
单位 GDP 消耗矿产资源（万吨）	辅助变量	科技教育水平对经济的影响 $\times$ 矿产资源消耗技术修正系数 $\times$ 基年单位 GDP 矿产资源消耗量
水资源盈缺（万吨）	辅助变量	水资源年供给量 - 水资源年消耗量
矿产资源回收率	辅助变量	科技教育水平对经济的影响 $\times 5 \times e^{-3}$

和固体废弃物3种。工业污染主要影响因素为工业产值和环保技术发展水平；工业产值越高，污染排放量越大，环保技术发展水平可以有效地降低单位工业产值的污染排放量，促进资源的有效利用。生活垃圾的排放主要影响因素为人口总数与人均受教育程度；随着人均受教育水平的不断提升、个人素质的不断提高，个人生活废弃物的排放量必然下降。资源型地区可持续发展环境子系统 SD 流图如图 3-8 所示。

经过上述对资源型地区环境子系统的分析，可以确定该子系统的水平变量有 3 个，分别是水污染、固体废弃物污染、废气污染；速率变量有 6 个，分别是污水排放量、污水处理量、固体废弃物排放量、固体废弃物处理量、废气排放量和废气处理量；其他变量为辅助变量，各变量通过加总得到环境污染指数，环境污染对经济的影响系数是环境污染指数通过系数修正后得来的，本系统通过环境污染对经济的影响系数同经济子系统产生影响。环境子系统的主要方程如表 3-16 所示。

表 3-16 环境子系统的主要方程

因变量	变量类型	模型方程
废气污染（万立方米）	水平变量	前一年废气污染值 + 废气排放量 - 废气处理量

续表

因变量	变量类型	模型方程
废气处理量（万立方米/年）	速率变量	（废气处理投资/单位废气处理成本）×污染物处理技术系数+废气自然净化×废气排放处理技术修正系数
废气处理投资（万元）	辅助变量	废气处理投资比×环保投资
废气排放量（万立方米/年）	速率变量	（工业废气+生活废气）×污染物处理技术系数
工业废气排放量（万立方米/年）	辅助变量	工业增加值$\times 3.5 \times e^{-6}$
生活废气排放量（万立方米/年）	辅助变量	总人口数×人均废气排放量
固体废弃物处理投资（万吨）	辅助变量	固体废弃物处理投资比×环保投资
固体废弃物处理量（万吨/年）	速率变量	（固体废弃物处理投资/单位固体废弃物处理成本）×污染物处理技术系数×固体废弃物处理技术修正系数
固体废弃物污染（万吨）	水平变量	前一年固体废弃物污染值+固体废弃物排放量-固体废弃物处理量
固体废弃物排放量（万吨/年）	速率变量	（生活固体废弃物+工业固体废弃物）×污染物处理技术系数
生活固体废弃物排放量（万吨/年）	辅助变量	总人口数×人均固体废弃物排放量
工业固体废弃物排放量（万吨/年）	辅助变量	工业增加值$\times 5 \times e^{-4}$
环境污染指数	常量	废气污染指数+废水污染指数+固体废物污染指数
环境污染对经济的影响	常量	环境污染指数×环境污染对经济影响修正值（1.41）
污水处理量（万吨/年）	速率变量	污水自然净化+（污水处理投资/单位污水处理成本）×污染物处理技术系数×污水处理技术修正系数
水污染（万吨）	水平变量	前一年水污染值+污水处理量-污水排放量
污水排放量（万吨/年）	速率变量	（生活污水+工业污水）×污染物处理技术系数
工业污水排放量（万吨/年）	辅助变量	工业增加值$\times 3.2 \times e^{-4}$
生活污水排放量（万吨/年）	辅助变量	总人口数×人均污水排放量

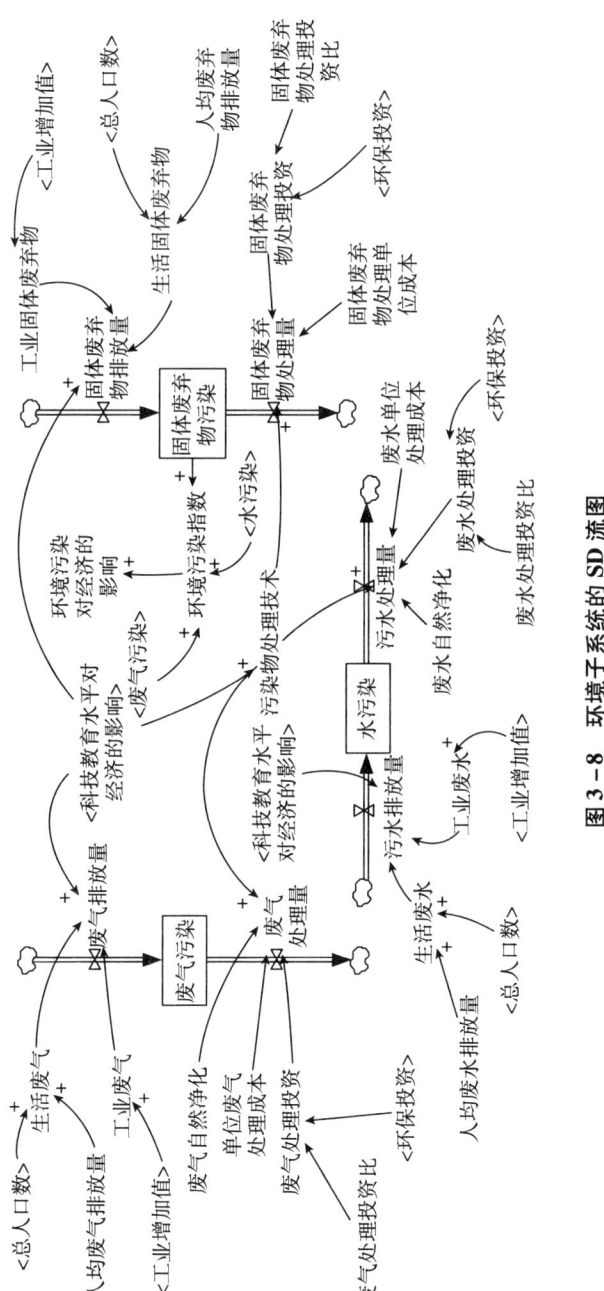

图 3-8 环境子系统的 SD 流图

(5) 科技教育子系统。科技教育与可持续发展关系密切。第一，一个地区的科技教育发展水平，如人均受教育程度、科学技术的研究成果数、科技人才在总人口中的比例等，最能体现一个地区的社会全面协调可持续发展的能力；第二，一个地区可持续发展的重点、难点很大程度上也在科技教育领域，只有通过提高技术水平，增加就业人员的平均受教育程度，才能转变"高耗能、高污染、高排放"的三高型经济发展模式，实现低排放、低污染、低耗能的经济可持续发展模式。

本章将科技教育子系统分为两个模块，分别是科技子模块和教育子模块。教育子模块为科技子模块提供人才支持，科技子模块通过提高技术发展对经济的影响系数间接地促进教育子模块发展。资源型地区可持续发展科技教育子系统 SD 流程如图 3-9 所示。

经过上述对资源型地区科技教育子系统的分析，可以确定该子系统有 3 个水平变量：科技人力资源、应用研究成果储备、基础研究成果储备；速率变量有 6 个，分别是科技人力资源增加、科技人力资源减少、应用研究成功数量、应用研究淘汰数量、基础研究成功数量、基础研究淘汰数量，其他变量为辅助变量，其中 CPI 折算系数 = 基年人均生活标准/当期人均生活标准 × CPI 修正系数。科技教育子系统的主要方程如表 3-17 所示。

表 3-17 科技教育子系统的主要方程

因变量	变量类型	模型方程
应用研究成果储备量（个）	水平变量	上期应用成果储备量 + 应用研究成果成功数 - 应用研究成果淘汰数
研发经费（万元）	辅助变量	科技教育投资 × 研发经费投资比例
应用研究经费（万元）	辅助变量	研发经费 × 应用研发经费比例
基础研究经费（万元）	辅助变量	研发经费 × (1 - 应用研发经费比例)
技术引进（个/年）	辅助变量	应用研究经费 × (1 - 技术自主开发率) × $2.1 \times e^{-6}$
自主开发（个/年）	辅助变量	DELAY（应用研究经费 × 技术自主开发率 × $2 \times e^{-5}$, 3）

续表

因变量	变量类型	模型方程
应用研究淘汰数量（个/年）	速率变量	应用研究成果储备/30×0.48
应用研究成功数量（个/年）	速率变量	（技术引进＋自主开发）×科技人力资源×$2.2×e^{-4}$
科研技术水平	辅助变量	（技术引进×0.5＋应用成果储备×2.3＋基础研究成果储备×3）×科技人力资源×$2×e^{-4}$
基础研究成功数量（个/年）	速率变量	DELAY（基础研究经费×$2×e^{-5}$,6）
基础研究成果储备量（个）	水平变量	上期基础研究成果储备量＋基础研究成功数量－基础研究淘汰数量
基础研究淘汰数量（个/年）	速率变量	基础研究成果储备/30×0.22
教育经费（万元）	辅助变量	科技教育投资×教育经费投资比×0.99
初等教育经费（万元）	辅助变量	初等教育投资比×教育经费
中等教育经费（万元）	辅助变量	中等教育投资比×教育经费
高等教育经费（万元）	辅助变量	高等教育投资比×教育经费
初等教育毕业人数（人）	辅助变量	总人口数×初等教育入学率
中等教育毕业人数（人）	辅助变量	初等教育毕业人数×初等教育升学率
高等教育毕业人数（人）	辅助变量	中等教育毕业人数×中等教育升学率
研究生毕业人数（人）	辅助变量	高等教育毕业人数×高等教育升学率
初等教育升学率	辅助变量	基年初等升学率＋（初等教育经费/基年初等教育经费×CPI折算系数）
中等教育升学率	辅助变量	基年中等教育升学率＋（初等教育经费/基年初等教育经费×CPI折算系数）
高等教育升学率	辅助变量	基年高等教育升学率＋（初等教育经费/基年初等教育经费×CPI折算系数）
人才引进（人）	辅助变量	科技教育投资×（1－教育经费投资比）×$1.5×e^{-6}$
科技人力资源	水平变量	科技人力资源增加－科技人力资源减少
科技人力资源增加（人）	速率变量	研究生毕业人数×$8×e^{-3}$＋人才引进
科技人力资源减少（人）	速率变量	科技人力资源×$3.4×e^{-2}$
社会综合教育水平	辅助变量	（初等教育毕业人数＋中等教育毕业人数×3＋高等教育毕业人数×8＋研究生毕业人数×12）/总人口数
科技教育水平对经济的影响	辅助变量	DELAY3（社会综合教育水平,3）＋DELAY3（科研技术水平,5）×$2×e^{-2}$

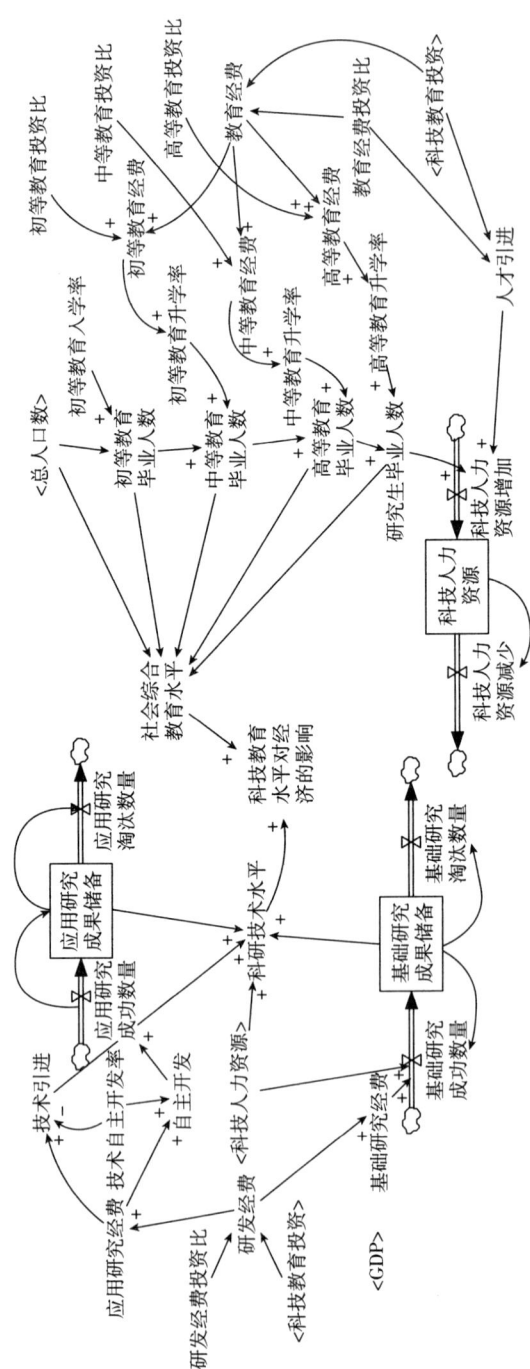

图 3-9 科技教育子系统的 SD 流图

（四）山西省资源型地区可持续发展系统动力学模型仿真

1. 模型检验

为了验证山西省可持续发展系统动力学模型进行政策仿真模拟的有效性，必须在系统仿真模拟之前对模型进行有效性检验。模型有效性检验主要分为两部分，即理论性检验与历史数据仿真检验。理论性检验的主要内容包括系统边界合理性检验、变量因果关系检验、反馈环逻辑检验、表函数和常量值合理性检验等；通过理论性检验，确定模型整体结构设计无误。历史数据仿真检验的主要内容为，将仿真模拟的结果与历史数据相比对，计算两者的相对误差，若相对误差低于5%，则认为通过历史数据仿真检验，相对误差越低，则模型与真实情况弥合度越高。

（1）模型结构一致性检验。通过对资源型地区进行系统分析，对比其他区域可持续发展系统动力学模型，结合其他作者对区域可持续发展的研究成果，本章对山西省可持续发展系统进行客观的分析与详细的论证，基本做到与山西省的现实情况相契合。

（2）单位检验。利用系统动力学软件 Vensim PLE 中的 Model Check 功能，检验模型结构与方程错误；用 Units Check 功能检验模型单位的一致性；当两种检验没通过时，软件无法开始仿真模拟。Vensim PLE 也提供了指出 Error 项所在位置的功能，提高了模型修正效率。

（3）历史性仿真检验。本章将总人口数与GDP总量作为历史性仿真检验的对象，将仿真模拟的数据与《山西省统计年鉴》中的历史数据进行对比，倘若模拟仿真结果与历史数据的相对误差绝对值在5%以内，则证明该模型与现实的弥合度良好，模型通过了历史性仿真检验。

（4）总人口数。通过系统仿真模拟山西省2005～2020年的人口总数变化，将仿真得到的数据与《山西省统计年鉴》中的历史数据作比较，发现其相对误差控制在5%以内，证明该模型与历史数据的弥合度良好，如表3-18所示。

表3-18　总人口数模拟值与实际值比较

年份	人口模拟值（万人）	人口实际值（万人）	相对误差（%）
2005	3355.28	3355.21	0.0000
2006	3380.70	3374.55	0.08916
2007	3407.84	3392.58	0.07848
2008	3429.40	3410.64	-0.0341
2009	3461.67	3427.36	0.26785
2010	3498.59	3574.11	-0.40894
2011	3550.99	3593.28	-0.3566
2012	3601.00	3610.83	-0.1176

（5）GDP总量。通过系统仿真模拟山西省2005～2020年的经济总量变化，将仿真得到的数据与《山西省统计年鉴》中的历史数据作比较，发现其相对误差控制在4%以内，证明该模型与历史数据的弥合度良好，如表3-19所示。

表3-19　GDP模拟值与实际值比较

年份	GDP模拟值（万元）	GDP实际值（万元）	相对误差（%）
2005	42903496.94	42305300	1.4140
2006	50590697.84	48786100	3.6990
2007	61113225.69	60244500	1.4420
2008	74068425.00	73154000	1.2500
2009	74499945.43	73583100	1.2460
2010	92539673.64	92008600	0.5772
2011	113297541.00	112375500	0.8205
2012	121851314.80	121128300	0.5969

通过计算对比山西省可持续发展系统动力学模型中总人口、GDP总量这两个主要变量的仿真模拟结果和历史数据之间的相对误差，可以看到平均误差不超过1.5%。由此可见，本章构建的资源型地区可持续发展模型

可应用于山西省,模型有效。

2. 基于山西省数据的动态仿真

系统动力学策略大致上可以分成三个层面来阐述,分别是系统边界层、系统结构层和系统变量参数层。系统边界层策略主要通过修改系统基本结构单位,导致系统边界发生变化,从而使系统的绩效得以提高,具体主要涉及系统状态变量的增加、删除和修改。系统结构层策略主要通过改变模型结构中相关变量之间的关系来改善系统绩效。系统变量参数层主要通过寻找关键敏感变量并确定其合适的参数值来改善系统绩效,关键敏感变量及其合适或较优的参数值即是系统要找寻和涉及的策略。变量参数层策略及行为一般不与系统结构产生互动,也就是说对结构基本没有影响。本章通过调整系统变量参数层策略,即改变关键变量的状态值,以得到各种不同条件下的仿真结果,进一步帮助政策制定者做出最优决策。

(1) 经济子系统输出结果分析。通过查询《山西省统计年鉴》中的数据,可知资源产业是山西省 GDP 的重要来源,且资源产业的投资比例与其产出之间存在着显著的正相关关系;服务业是一个可持续发展的行业,服务业的发展不仅本身能够提供产值贡献,还能提高地区经济系统的综合效率,对工业、农业都有很好的促进作用。因此,本章选取 GDP、资源产业投资比和服务业投资比作为经济子系统政策模拟的代表,通过改变三者的数值来观察不同政策方向下经济的可持续发展能力。

根据本章的研究分析结果,模拟了四个政策状态,分别为:①现行政策,通过计算近 10 年山西省的平均数据得到现行政策方案为资源产业投资比为 0.4,固定资产投资比为 0.45,服务业投资比为 0.4;②方案 1,增加非资源产业的投资额,此时的资源产业投资比为 0.3,固定资产投资比为 0.65,服务业投资比为 0.25;③方案 2,增加资源产业的投资额,此时资源产业投资比为 0.8,固定资产投资比为 0.65,服务业投资比为 0.25;④方案 3,增加服务业投资额,此时的资源产业投资比为 0.4,固定资产投资比为 0.25,服务业投资比为 0.7。如表 3-20 所示。

表 3-20　经济子系统的政策模拟

方案	资源产业投资比	固定资产投资比	服务业投资比
现行政策	0.4	0.45	0.40
方案 1	0.3	0.65	0.25
方案 2	0.8	0.65	0.25
方案 3	0.4	0.25	0.70

根据表 3-20 的策略，以 2005 年为基期，将不同政策的方案参数输入 VENSIM PLE 中，得到不同政策的模拟结果如图 3-10 所示。

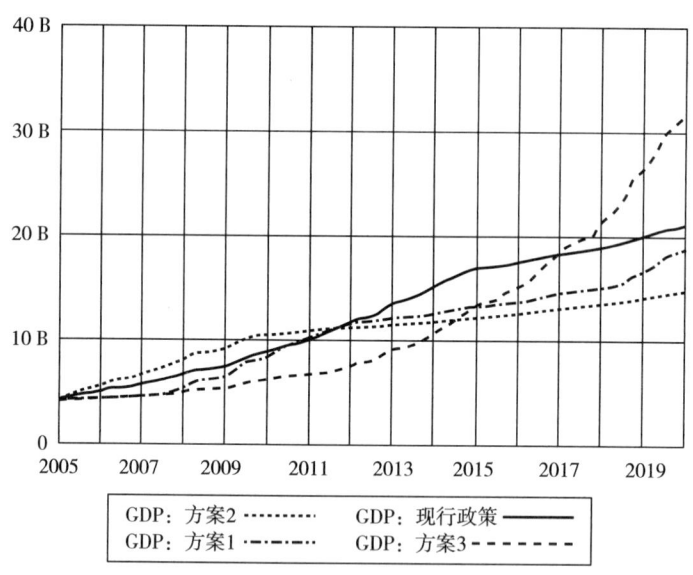

图 3-10　三种方案下山西省 GDP 仿真曲线

从图 3-10 可以看到，当仿真采取现行的经济政策时，GDP 在 2005～2015 年稳定增长，但随着时间的推移，发展速度逐渐减缓，经济发展后继乏力。采用方案 1 时，增加了各种非资源开发类工业的投资额；由于工业投资产生经济效益需要一个时间周期，在 2005～2008 年会减缓 GDP 增长率，待投入的资金产生经济效益后 GDP 快速增长，但因工业排放造成环境污染加重，GDP 增长率快速回落，系统协调度为 1.05，经济发展不可持续。按方案 2 的计划，重点增加资源产业的投资，使 GDP 在早期保持快速增长，但随着资源开采难度加大，环境污染加剧，GDP 增长速度回落至不足 3%，系统协调度小于 1，为 0.66，说明方案 2 的政策方针不可行。按方案 3 的计划，重点投资第三产业，第三产业需要一系列经济体系做基础，使得初期 GDP 增长相较其他方案缓慢，随着时间的推移、居民生活质量的提高和生存环境的逐渐好转，增加了本地对人才的吸引力，经济增速稳步提升，系统协调度上升为 1.7，为可持续发展方案。

（2）环境子系统输出结果分析。众所周知，一个地区的环保投资比，将会影响该地区的环境保护水平，而环境污染又会对经济发展造成负面影响，所以环保投资的多少直接关系着经济发展的上限及经济的可持续发展能力。同时，科技教育水平对环境子系统影响很大，首先，全面教育水平的提高可以减少生活废气、生活废水和生活固体废弃物的排放；其次，科技水平的提高可以有效减少工业污染物的排放量，增加废气、废水、固体废弃物的处理量。根据本章研究模型设计，科技教育发展水平都依赖于科技教育投资比。工业污染是环境污染的最主要原因之一，工业投资比对工业污染影响很大。因此，本章选取环保投资比、工业投资比、科技教育投资比三项为环境子系统政策模拟的代表，通过改变三者的数值来观察不同政策方向下环境的可持续发展能力。

根据本章研究分析结果，模拟了四个政策状态，分别为：①现行的环保政策，通过计算近 10 年山西省的平均数据得到现行政策方案为环保投资比为 0.02，工业投资比为 0.45，科技教育投资比为 0.13；②环境方案 1，增加环保投资额，此时的环保投资比为 0.06，工业投资比为 0.45，科技教育投资比为 0.13；③环境方案 2，增加工业的投资额，此时环保投资比为 0.02，工业投资比为 0.60，科技教育投资比为 0.13；④环境方案 3，增加对科技教育事业的投资，此时的环保投资比为 0.02，工业投资比为 0.45，科技教育投资比为 0.38。如表 3-21 所示。

表 3-21 环境子系统的政策模拟

方案	环保投资比	工业投资比	科技教育投资比
现行政策	0.02	0.45	0.13
环境方案 1	0.06	0.45	0.13
环境方案 2	0.02	0.60	0.13
环境方案 3	0.02	0.45	0.38

根据表 3-21 的策略，以 2005 年为基期，将不同政策的方案参数输入 VENSIM PLE 中，得到不同政策的模拟结果如图 3-11 所示。

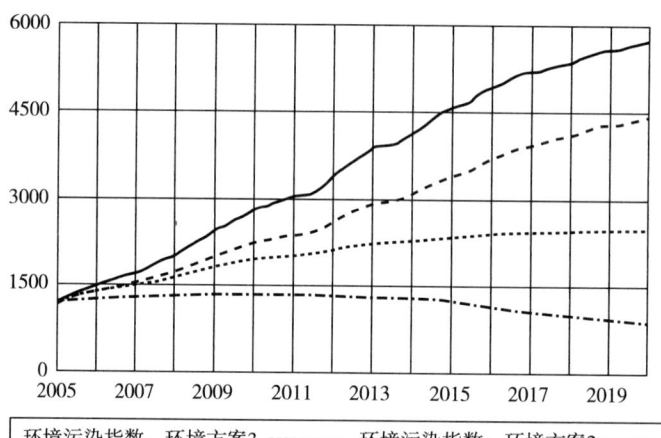

图 3-11 三种环境方案下山西省环境污染指数仿真曲线

从图 3-11 可以看到，当仿真采取现行的环保政策时，环境污染指数在 2005~2020 年不断攀升，环境污染日益加剧。采用环境方案 1 时，增加了环保投资额，环境改善效果明显，在 2005~2011 年环境污染指数缓慢上升，随着 GDP 的上升，投资额也在按比例不断加大，在 2011~2020 年环境状况明显好转，环境污染指数快速下降，系统协调度为 1.05，子系统之间协调发展，环境发展可持续。按环境方案 2 的计划，重点增加工业的投资，使环境污染指数快速飙升,地区环境急速恶化,倘若坚持该项政策到 2020 年,则会造成大量的环境破坏和资源流失,子系统协调度为负值,说明环境发展方案 2 不可取。按环境方案 3 的计划,增加对科技教育的投资比重,该项政策使得环境污染指数的增长速度在 2005~2015 年不断减慢,并最终保持在一定数值之内。根据环境方案 3 的仿真结果我们可以看到,随着科技教育水平的不断提高,全民教育水平逐渐提高,居民的生活废气、生活废水和生活固体废弃物的排放逐渐减少;同时,科技教育水平的提高可以有效地减少工业污染物的排放量,增加废气、废水、固体废弃物的处理量,说明环境方案 3 也是一种环境可持续发展的环保政策,但相较环境方案 1,其执行效果还不够理想。

(3) 资源子系统输出结果分析。山西省作为典型的资源型地区,其经济发展与资源的开发利用息息相关,山西省资源型经济转型发展也是立足于依靠煤炭资源从而跳出资源经济的战略。想要避免陷入"资源诅咒"的怪圈,首先要学习资源系统,了解资源系统并更好地利用资源系统,使山西得天独厚的资源优势真正转化为竞争优势。以煤炭资源为例,一方面,要在生产的过程中"吃干榨净",提高煤炭资源综合利用化水平;另一方面,积极发展循环经济与低碳经济,切实提高资源回收利用率,在消费过程中将资源循环利用。无论是将废弃物回收"变废为宝",还是提高资源开发利用效率"吃干榨净",都需要相关的技术和资金支持。因此,本章选取资源回收利用率、资源开发投资比、科技教育投资比三项为资源子系统政策模拟的代表,通过改变三者的数值来观察不同政策方向下环境的可持续发展能力。

根据研究分析结果,本章模拟四个政策状态,分别为:①现行的资源政策,通过计算近 10 年山西省的平均数据得到现行政策方案为资源回收利用率为 0.3,资源开发投资比为 0.45,科技教育投资比 0.13;②资源政策 1,增加资源回收利用率的方案(为了与通过技术改进提升资源回收利用率相区分,这里将资源回收价格 ×160%),此时的资源回收利用率为 0.6,资源开发投资比为 0.45,科技教育投资比为 0.13;③资源政策 2,增加资源开发的投资额,此时资源回收利用率为 0.3,资源开发投资比为

0.65，科技教育投资比为 0.13；④资源政策 3，增加对科技教育事业的投资，此时的资源回收利用率为 0.3，资源开发投资比为 0.45，科技教育投资比为 0.38。如表 3-22 所示。

表 3-22 资源子系统的政策模拟

方案	资源回收利用率	资源开发投资比	科技教育投资比
现行政策（资源政策0）	0.3	0.45	0.13
资源政策1	0.6	0.45	0.13
资源政策2	0.3	0.65	0.13
资源政策3	0.3	0.45	0.38

根据表 3-22 的策略，以 2005 年为基期，将不同政策的方案参数输入 VENSIM PLE 中，得到不同政策的模拟结果如图 3-12 所示。

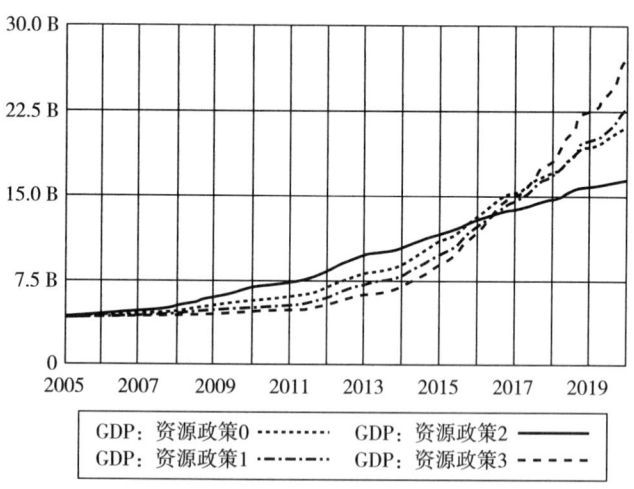

图 3-12 三种资源政策方案下山西省 GDP 仿真曲线

从图 3-12 可以看到，当仿真采取现行的资源政策时，GDP 在 2005~2020 年稳步提升，由于山西省已经开始重视资源的利用效率并为之制定了相应的政策，以此来看，当前的资源政策方案符合可持续发展的要求。采用资源政策1时，可以增加资源的回收利用率，但因增加资源回收的价格，前期会增加经济建设的成本，从而拉低经济增速，但随着环境的好转和资源成本的逐渐降低，最终与现行政策相当，由于系统协调程度上升为1.12，说明该方案仍然优于现行政策即资源政策0。按资源政策2的计划，重点增加资源开发的投资额，使环境污染指数快速飙升，GDP增速提高明显，随着地区环境急速恶化，倘若坚持该项政策到2020年，则会造成大量的环境破坏和资源流失，经济发展不可持续，子系统协调度降为0.85，说明资源政策2不可取。按资源政策3的计划，增加对科技教育的投资比重，该项政策明显见效时间长，有延迟效果；增加对科技教育的投资挤占原本对工业服务业的投资额，使得GDP值在2005~2017年是4种方案中最低的。随着全民教育水平逐渐提高，居民生活垃圾的回收率提高，可以减少资源消耗；同时，科技水平的提高可以有效减少工业污染物的排放量，保持环境的可持续发展，并最终促进经济进步，说明资源政策3是一种可持续发展的资源政策。对比达到可持续发展要求的三种资源政策的运行结果，可知资源政策3为最佳方案，其子系统之间的协调程度也最高。

（4）科技教育子系统输出结果分析。众所周知，一个地区的科技教育水平，将会影响该地区的科技发展水平、人口素质和环境质量，并间接地影响资源领域和经济发展领域，可以说科技教育水平的高低是一个地区保持发展竞争力的关键。在科技教育发展的过程中，科技教育投资影响重大，可以从对科技教育投资的比例中看出该地区对科技教育的重视程度。科技教育系统内的资源分配也对科技教育发展有很深的影响，教育系统内资金的分配比例也是本章要讨论的对象。因此，本章选取科技教育投资比、教育经费投资比、应用技术自主开发率作为科技教育子系统的代表因子，通过改变三者的数值来观察不同政策方向下科技教育的可持续发展能力。

根据研究分析结果，本章模拟四个政策状态，分别为：①现行的科技教育政策，通过计算近10年山西省的平均数据得到现行政策方案为科技教育投资比为0.06，教育经费投资比为0.85，应用技术自主开发率为0.70；②科技教育政策1，增加科技教育投资比，此时的科技教育投资比为 0.15，教育经费投资比为 0.85，应用技术自主开发率为 0.70；③科技教育政策 2，增加教育经费中引进人才的资金分配，此时的科技教育投资比为 0.06，教育经费投资比为 0.70，应用技术自主开发率为 0.70；④科技教育政策 3，增加应用技术的自主开发率，此时的科技教育投资比为 0.06，教育经费投资比为 0.85，应用技术自主开发率为 0.9。如表 3-23 所示。

表 3-23 科技教育子系统的政策模拟

方案	科技教育投资比	教育经费投资比	应用技术自主开发率
现行政策（科技教育政策 0）	0.06	0.85	0.70
科技教育政策 1	0.15	0.85	0.70
科技教育政策 2	0.06	0.70	0.70
科技教育政策 3	0.06	0.85	0.90

根据表 3-23 的策略，以 2005 年为基期，将不同政策的方案参数输入 VENSIM PLE 中，得到不同政策的模拟结果如图 3-13 所示。

从图 3-13 可以看到，当仿真采取现行的科技教育政策时，科技教育水平对经济的影响系数在 2005～2020 年稳步提升，系数增长率保持稳定，说明该政策在现有经济条件下符合可持续发展需求。采用科技教育政策 1 的科教政策，重点增加科技教育投资比，发现科技教育水平对经济的影响系数按更快的速度提升，提升幅度较大，作用效果明显，可以显著地增加全民受教育水平和科研发展水平，其系统协调程度也有一定程度的上升，为 1.10。按科技教育政策 2 的科技教育政策，重点增加科技教育经费中的人才引进经费分配，这种政策可以立即提升地区的科研技术水平，但因为挤占原有的教育经费与科研经费，科研投资比相应下降，从长久来看，最终与现有政策步调一致。按科技教育政策 3 的科技教育政策，增加对自主研发率的政策进行仿真模拟，发现该项政策明显见效时间长，有延迟效果，随着时间的推移，自主研发技术拥有的知识积累发挥作用，使得应用技术研发周期缩短，应用技术积累速率提高，其子系统之间的协调程度对比现行政策未发生大的变动。虽然四种方案都体现了可持续发展的能力，但科技教育政策1明显优于其他三种方案，其不仅可以促进经济状况的好转，同时整个社会系统的协调程度也有明显的改善，应优先选择科技教育政策1为资源型地区可持续发展的科技教育政策。

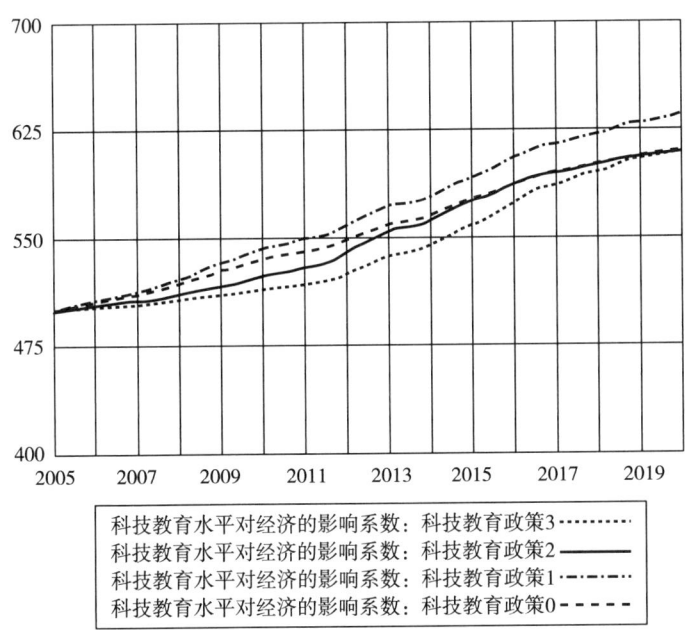

图3-13 三种科技教育政策方案下科技教育水平对经济的影响系数仿真曲线

三、山西省资源型地区转型发展对策建议

（一）加快产业结构的优化升级

据研究结果显示，山西省作为一个典型的资源型地区，经济结构相对

失衡，第二产业相对于第一、第三产业占省总经济产量的比重过高，对资源型经济的依赖过重，因此给省内的经济发展带来诸多困扰，经济转型难度较大。所以，目前当务之急是降低山西省经济发展对工业尤其是重工业的依赖，使三大产业结构趋于合理，改变先污染后治理的经营模式；由粗放型的资源型经济向人才培养、科技创新的知识推动型经济转变，构造一个新的适应于资源型地区的可持续发展模式。

1. 改造提升资源型产业

坚持以经济可持续发展为转型的主导思想，将保证经济效益和环境效益的和谐统一作为改造资源型产业的前提。在扩大环境效益时，应做到提高煤炭等资源的回收利用率，合理利用不可再生资源；使用清洁技术，减少废弃物的排放，积极响应国家节能减排的号召，积极推广低碳经济、绿色经济；积极治理生态环境污染，履行社会责任。提升资源型产业经济效益的措施有：引进新型科学技术和创新型人才，加强技术改造，将粗放型的资源采掘和资源初加工为主的经济模式向高科技勘探资源技术及煤炭原材料及初级产成品的产销链一体化模式转变；控制不可再生资源的产量，将资源数量优势转移到资源高效利用及循环使用上来；加大对科技创新相关技术的投资力度，实施低碳节能工程，改造落后的生产线，加强资源经济各环节的有效产出率，在提高产量的同时提升资源型产品的质量；在利用科技提高资源生产效率和利用率的同时，提高清洁技术发展能力，保护生态环境，实现经济社会效益的可持续发展。

2. 积极发展替代产业

资源型地区对资源的过度依赖性造成产业结构畸形、发展方式落后的现状，因此在不断提升传统第二产业的生产模式的同时，积极探索经济转型，发展高效、低碳、环保的替代产业，如生物科技、高新能源等新型尖端产业。这就需要政府和企业的协调配合，在政府大力引导、企业积极引进、扩大科技人才投入的措施下，培养壮大新型替代产业，改变山西对资源开发及初级加工等产业的过度依赖，将新型高端的科技能源产业打造成替代低端能源产业的主导产业，促进新一轮的经济转型和产业结构调整。

3. 大力发展现代服务业

当前，山西省第二产业的比重过大，造成产业结构的失衡，使资源型地区大部分处于不协调的发展状态下，因此大力发展第三产业成为经济转型、结构调整升级的重点环节。发展第三产业的具体措施有很多，例如，山西省应当利用其历史文化和自然环境优势，积极打造旅游业及相关服务业；利用山西的交通优势和资源优势，积极发展现代物流业，打造煤炭、化工等能源的一体化产销链，创建专业性、信息化、高效性的现代物流体系；利用山西的商务优势和文化优势，发展商务交流、贸易往来、文化服务等相关服务业；同时立足中国（太原）煤炭交易中心，大力发展煤炭相关服务产业，将其建设成立足山西资源优势，服务全国煤炭市场的新型信息、物流、金融、贸易综合服务平台（冯雨，2011）。

（二）重视科技创新与人才培养

当前，山西省的资源型经济可持续发展能力较低，经济转型迫在眉睫，转型发展应当积极响应"科技是第一生产力"的号召，重视科技创新和人才培养，大力发展高新科技，促进技术、人才及资本的融合，增强经济可持续发展能力。因此，山西省需要在以下方面着重下功夫：

1. 大幅增加研发投入

政府、社会和企业应当协调配合，在政府的大力引导、社会的思想驱动、企业的积极引进下，扩大对科技与人才的投资，积极探索资源型经济转型发展的技术路径；发展高效、低碳、环保的新型高端产业，使当前落后的劳动、资源密集型产业向技术密集型的新型产业过渡。政府和企业应当增加科技研发，引进先进投资，设立科研创新基金，鼓励创业投资；深化科技与金融之间的连接纽带，增加对知识产权和科学技术的创新型金融支持；改造投融资体系，拓宽投资渠道，提升融资方式，使山西的投融资体系更加系统化、多元化、科学化和特色化。

2. 加大对技术创新的扶持力度

引进创新型人才和先进设备，加强对原有传统行业进行技术改造，加大对科技创新技术的投资力度，鼓励在生产制造的各环节进行技术创新，提高经济效益，促进企业创新发展；加强企业、政府、高校和科研院所的科技创新合作，打通人才、技术、资金之间联合的渠道，打造创新产业的研发中心，组建颇具实力的创新战略联盟；实施低碳节能工程，大力发展清洁技术和低碳经济，加强资源经济各环节的有效产出率和循环利用率，在提高产量的同时提升资源型产品的质量，将科技创新的成果转化为有效的能源产品；完善激励型政策措施，落实专业性、信息化、高效性的现代服务体系，打造政策扶持型科技创新体系。

3. 加强人才培养

优化人才培养结构，大力培养理论与实践相结合，集创新性、综合性、应用性为一体的人才体系，使人才培养和引进体系与资源型地区的经济转型发展相适应。增强教育扶持力度，加大对科技型和创新型教育的资金技术人才投入，为国家培养实用型高科技高素质人才；发挥创新型人才的带头及推动作用，在科技创新领域大显身手，引导企业对复合型人才的培养和引进，从而实现人才战略计划。

（三）加大环境保护力度

山西省较为落后的经济发展模式，不仅制约经济效益的提高，而且破坏生态环境体系的健康发展，环保问题成为山西省经济转型协调发展的重中之重。应当坚持以经济可持续发展为转型的主导思想，保证经济效益和环境效益的和谐统一，加大环境治理力度，保护生态环境，加强环保监督是当务之急。

1. 加强生态环境保护

在治理环境的同时也要加强保护，以防为主，防治结合。建立节能减排指标体系，引导企业减少污染排放，鼓励企业增加绿色环保技术的运用，淘汰落后高能耗的技术和设备，严格控制破坏环境生产与开发活动；开展植被、动物、空气、水源和不可再生资源的保护工程，推进如森林公园、动植物自然保护区以及生态资源保护区等环保项目的生态建设；加大科技创新产业的投资力度,实施低碳节能工程,防护与治理并行,不断改善生态环境质量。

2. 加大环境污染治理力度

面对日益严重的生态环境问题,山西省反思先污染后治理的错误思想,在此基础上施行大范围的生态环境保护措施,但是问题只是得到初步控制,因此加大治理力度迫在眉睫。企业应当积极履行社会责任,治理生态环境污染,主要加强大气和水源污染的治理,运用新型环保科技减少碳废弃物的排放,净化水源和大气,控制废水废气对周围居民区的污染;政府应加大治理投入,合理运用资金改造工业废水废气的排放与回收设备,将工业区搬离居民区,加强城区的环境治理和市容建设。

3. 强化环境制度监管

山西省当前关于环保的法律法规还不够健全,环境监管的力度也较薄弱。因此,完善法律法规体系、健全环保监管机制是当前生态环境保护领域的重要目标。生态环境建设必须在相关法规的引导下,遵循生态环境保护体系的实施标准,制定保护和破坏环境的奖惩措施,鼓励公众和企业提高对环保的认识;构建环保监测和评价指标体系,加强和完善社会、政府、舆论的共同监督机制,协调发挥监管作用。将法律约束与监管制度结合运行,在全社会创造一个有效、全面的生态环境监督管理体系。

(四)建立资源收益分配的相关机制

资源开发过程中的收益分配不合理以及资源开发收益转化不合理,是导致资源型地区经济社会发展问题的主要因素。针对山西省资源型经济在长期发展过程中遇到的诸多问题,应建立一系列配套的资源收益分配相关机制,从而促进产业结构优化升级,改善地区环境,促进山西省资源型经济转型与可持续发展。

1. 完善资源产权与资源开发的收益分配机制

矿产资源的价格应体现其在开发过程中的完全成本,完全成本包括资源开发过程中的负外部性、资源开发的生产成本、转型成本、安全成本、外部成本、资源租金等。传统的资源开发方式会带来严重的环境污染、生态破坏并严重影响该地区经济社会的可持续发展能力。在资源开发过程中，资金投入量大、资产专用性强，而资源开发总量是有限的，不可避免地会产生相应的转型成本。应当建立合理的资源产权与资源开发的收益分配机制，体现完全的资源开发过程中的完全成本，从而改善因资源开发收益分配、转化不合理导致的社会经济发展问题，提高山西省的可持续发展能力。

2. 完善资源生态环境的补偿机制

资源开发过程中不可避免地存在相应的生态环境破坏，山西省的诸多企业在以往的资源开采过程中往往采用粗放式的开采模式，对生态环境破坏严重。政府应当对企业在资源开发过程中的预计生态环境破坏和资源开发后的生态环境恢复计划进行一系列激励与监督。要求企业在资源开发过程中采用环境破坏力小、易于生态恢复的生产方式；在企业进行生态环境恢复时，严格按照相关的规章制度履行，并对生态环境受损地区的居民给予相应的经济补偿；针对资源开发过程中可能造成的生态环境破坏，建立"废弃矿山生态恢复治理基金"，专项支持当地的生态环境的修复。

3. 建立合理的资源财富转化机制

资源型地区发展过程的早期，财富积累迅速且财富来源单一，及至资源枯竭时，往往面临的是经济可持续发展能力匮乏，经济转型压力巨大且社会经济发展矛盾突出。矿产资源的不断开发导致山西省的自然资源财富迅速减少，但由于长期漠视对社会经济的可持续能力的培育，山西省的物质资本、人力资本、社会资本财富增加量未能弥补其自然资源财富的损失。山西省急需建立一套合理的资源财富转化机制，实现一种内生化的物质资本、人力资本、社会资本财富积累机制，从而实现社会经济的可持续发展。建立相应的资源型经济转型发展基金，统筹全省的资源型经济转型发展。

4. 创新绿色产业的激励机制

绿色产业往往是知识密集型产业，应通过产业升级，提高资源的利用效率，增加资源加工过程中的附加值，减少废弃物的排放；在金融政策、政府财政支持、政策支持上对绿色产业提供支持与优惠，对绿色产业的发展提供相应的激励，从而鼓励更多的企业投身于环境友好、经济发展可持续的领域。

第四章
煤炭资源综合利用与资源型地区转型发展研究结论

山西省是中国重要的能源基地和老工业基地，是国家资源型经济转型综合配套改革试验区，在推进资源型经济转型改革和发展中具有重要地位，而山西是煤炭大省，是重要的能源供应基地，未来一个时期，煤炭作为主体能源的地位不会发生根本性改变。基于此背景，本篇做了煤炭资源综合利用和资源型地区转型发展这两方面研究。

一、煤炭资源综合利用研究结论

首先，本篇采用系统分析方法，从社会经济可持续发展、资源供给、市场化水平与支持水平四大方面构建了煤炭资源优化配置指标体系，并给出煤炭资源优化配置评价方法。其次，本篇采用系统分析及线性规划方法，构建了煤炭资源综合利用路径选择及评价模型。最后，本篇针对目前煤炭资源优化配置及综合利用中存在的问题，对煤炭资源优化配置提出加快煤炭资源资产化管理、完善煤炭资源市场经济制度体系、推动煤炭产业结构调整、加速煤炭企业信息化建设及完善人力资源建设五条建议；对煤炭资源综合利用提出加快能源管理体制改革、强化能源法制体系建设、推进煤炭资源综合利用科技创新发展、促进煤炭资源综合利用重点项目建设及大力推进煤炭共伴生资源的综合利用五条建议。

二、资源型地区转型发展研究结论

由于过分依赖煤炭等资源开发，山西经济发展正面临严峻的形势，资源型地区转型是目前山西省战略发展的重中之重，以可持续发展理论为指导研究山西的经济和产业转型，更能找到山西转型发展的出路。基于此，本篇主要研究了山西省资源型地区低碳、可持续发展路径。首先，利用分解法对山西省低碳发展影响因素进行识别，并基于灰色GM（1，1）模型用Metlab软件对山西省低碳化发展影响因素发展趋势进行预测，分析了人口规模、经济增长、产业结构、能源结构、能源强度五个因素对碳排放量的影响效应，发现制约山西省低碳化发展的因素很多，需考虑通过调整产业结构、控制人口增速、提高民众低碳理念、发展绿色低碳经济、改善能源消费结构、提高新能源消费占比等方法促进山西低碳化发展。其次，采用系统动力学方法，从系统的角度，构建了资源型地区的可持续发展能力评价指标体系和系统模型，并用Vensim软件对山西省可持续发展进行仿真模拟，对资源型地区转型发展及可持续发展提出了四点建议：通过改造提升资源型产业、发展替代产业和现代服务业，促进和加快产业结构的优化升级；通过增加研发投入、加大对技术创新的扶持力度及加强人才的培养与引进，以进一步促进科技创新与人才培养；通过加强生态环境保护、加大环境治理力度及强化环境制度监护，"防、治、监"三管齐下加大环境保护力度；通过完善资源产权与资源开发的收益分配机制及资源生态环境的补偿机制、建立合理的资源财富转化机制、创新绿色产业的激励机制，健全资源收益分配的相关机制。

中篇 煤炭企业绿色低碳发展研究

第五章
煤炭企业绿色低碳发展研究现状

一、煤炭企业绿色低碳发展研究背景

20世纪中后叶,工业化和城市化以较快的速度向前发展,基础设施不断完善,日常出行变得便捷,人们的生活、消费水平和幸福指数不断提高;但气候变暖、雾霾等环境问题也越发严重,并在很大程度上扰乱了人们的工作和生活。于是,人们开始探索和寻求新的发展模式,以摆脱原来低效的生产、发展方式;这时,可持续发展的意识才在人们脑海中慢慢形成,随后,绿色发展、循环发展、低碳发展等一系列可持续发展范式相继出现,成为各国经济发展的导向。

经济新常态下,绿色、循环、可持续的发展理念深入人心,使得山西省这一以煤炭资源为经济发展支撑的省份陷入了困境。长期以来,山西省高能耗的粗放型经济发展模式,带来了生态环境赤字问题,这也使得山西经济的长远发展面临着较大挑战;但是,煤炭"黄金十年"过后,煤炭资源仍然是支撑山西经济发展的重要资源,在山西现在和未来的发展中仍占据重要地位。所以,加快转变发展方式,实现绿色低碳转型,可以使山西经济占领新的制高点，也可以助力中国节能减排目标的实现。在山西省产业结构中，煤炭产业占据举足轻重的位置，将循环经济理论和绿色低碳发展理念真正运用于煤炭企业的发展之中，使煤炭企业发展的短期行为转化为一种长期的战略眼光，达到企业的可持续发展，是山西省煤炭企业所面临的迫切任务。但近年来，山西省煤炭企业已经不能达到经济效益和环境效益的双重目标。所以，本书对煤炭企业绿色低碳发展进行研究具有重要的理论与实践意义。

二、煤炭企业绿色低碳发展研究综述

（一）煤炭企业绿色循环发展研究综述

1. 煤炭企业绿色循环发展对策研究综述

对于煤炭企业绿色循环发展对策研究的文献很多，主要是从管理、技术和制度三个层面来研究的。

第一，管理层面。张麟（2000）认为，煤炭企业实施循环经济应致力于技术上的不断创新，并应该延伸产业作为发展重点，使企业将来不受资源枯竭的影响，保持发展的态势。韩超（2005）从战略管理的理论基础出发，认为煤炭企业应该实施绿色发展战略，即推行清洁生产以及绿色管理，在企业运作的各个过程中，施行绿色营销，形成绿色文化。只有绿色发展，才能使煤炭企业可持续发展下去。马仁明（2006）指出，煤炭企业资源性生产特点持续的技术创新是提高中国煤炭企业核心竞争力的关键所在，也是煤炭企业走向持续健康稳定协调发展的基本策略。袁媛（2012）从提升核心竞争力的角度对煤炭企业循环经济发展提出建议，她认为核心竞争力是异质能力的培养，煤炭企业提升核心竞争力应培养创新能力，包括技术创新和管理体系的创新。王太星（2014）认为，在新常态下煤炭企业应该努力寻找其核心竞争力，要基于社会责任对其发展模式进行转型，实施社会责任战略。

第二，技术层面。杨建林（2000）认为，通过技术改进提高煤炭质量对国有煤炭企业可持续发展有重要作用。牛泰山（2000）认为，对煤矸石的综合利用有利于煤炭企业的循环经济发展。程乐团（2002）从煤炭综合利用的更多方面阐述了煤炭企业的循环经济发展策略：一是煤炭深加工获得化工原料、燃料；二是煤炭附产品的利用，煤矸石、煤灰、沼气等；三是煤炭开采附带的其他有用矿物的利用。郭兴红（2004）从清洁生产的角度分析了企业的可持续发展。赵国浩（2007）得出了从推进洁净煤技术方面有利于推动煤炭企业可持续发展。

第三，制度层面。叶柏青（2001）认为，煤炭资源的资本化即煤炭资源的有偿开采是对煤炭企业管理的有效方法。赵国浩（2007）认为，规范煤炭矿业权价款评估办法，逐步形成矿业权价款市场发现机制，实现资产化管理煤炭矿业权能够有效管理煤炭企业。他还指出，必须有一套煤炭资源市场管理制度和市场管理体系，才能够使煤炭资源得到充分开采和利用，有利于煤炭企业可持续发展。

2. 煤炭企业绿色循环发展评价研究综述

循环经济理论是美国经济学家波尔丁在20世纪60年代提出生态经济时谈到的。20世纪80年代末90年代初，循环经济的理论体系和实践模式在西方主要工业国家成熟和完善起来，关于循环经济指标体系的基本框架分析模式也日益丰富。许多国际机构、非政府组织以及一些国家纷纷提出各自的可持续发展指标体系。例如，在国际机构层面上，联合国可持续发展委员会（UNCSD）提出了驱动力—状态—影响（DSR）指标体系，主要是从实施循环经济的目标出发，寻找其影响目标的重要因素和驱动力，从而构建出指标体系，它同时从另一个角度提出基于环境—经济—社会—制度理论架构的可持续发展指标体系。随后联合国统计局（UNSTAT）也提出了可持续发展指标体系框架（FISD）。另外，国际科学联合会环境问题科学委员会（ACOPE）也不断修正可持续发展指标体系。对于评价方法，国际机构也提出很多。例如，1994年，经济合作与发展组织（OECD）运用PSR（Pressure – Sate – Response）模式确立了环境系统指标架构以及基于系统论的系统层次架构和基于归纳法和物质流分析法的循环经济基本架构；20世纪90年代，Rees等提出了"生态足迹"概念和模型，它可以通过计算区域生态足迹总供给与总需求之间的差值——生态赤字或生态盈余，准确地反映不同区域对于全球生态环境现状的贡献。

自20世纪"循环经济"概念引入中国以来，中国学者也进行了大量的理论和实践研究。国家层面上《循环经济促进法》的颁布实施，标志着中国循环经济进入法制化轨道。循环经济评级指标体系作为评价、监督、管理和考核的工具是循环经济实施的一项重要内容。目前国内学者对循环经济评价指标体系做了很多的研究，如于冰和石磊（2007）从企业、政府以及环境的关系出发，构建了企业清洁生产、循环经济、环境友好评价指标体系，指出应把生产者责任延伸和消费者付费思想体现在循环经济指标中。陈晓丹和王斌会在《基于DEA模型的中国循环经济效率评价》中运用DEA模型中的C2R模型和Malmquist指数模型分别评价中国各省循环经济静态和动态效率，分析各省循环经济的发展效果和发展趋势。王茂祯和冯之俊（2012）依据中国循环经济发展和创新情况，提出了构建循环经济创新评价指标体系，包括绿色发展理念指标、科技支撑指标、制度及组织保障指标等9个一级指标和52个二级指标体系，利用层次分析法和主成分分析法确定各个指标权重，通过定量分析从宏观层面对循环经济创新情况进行判断。谢园园和傅泽强通过循环经济的系统论解析，认为可以从物质流动过程来分析、考察循环经济产生的生态效率和经济效应，即基于过程—效应原理来评价循环经济实施效果，得出结论：从2000年以来，中国循环经济发展水平基本上呈上升趋势，主要是减量化和循环利用起了推动作用。但只从硬性指标上来反映，并没有全面把握，从战略角度来评价。

（二）煤炭企业低碳发展研究综述

1. 碳排放影响因素综述

国外学者对碳排放影响因素的研究经历一个逐步发展的过程，其中人口结构、地区GDP、技术水平、碳排放强度、单位GDP能耗、产业结构是主要影响因素。

Ramakrishnan（2006）借助数据包络模型，以曲线图的形式形象地展示出能源消耗量对碳排放量的影响；Kawase等（2006）、Michael等（2008）的研究分别表明碳排放强度和单位GDP能耗、人口结构也是影响碳排放的重要因素。

Braunlund（2007）指出，技术水平对碳排放量的降低作用通过提高能源利用效率的方式来实现。此外，Mikhail等（2009）则提出提高清洁能源占比也是降低CO_2排放量的重要因素。

Ying等（2006）指出，除了人口规模、技术水平和经济发展水平是造成不同发展水平国家碳排放量不同的因素之外，国际贸易的发展状况也是导致不同国家发展水平有差异的一大因素。Salvador等（2008）与Michael等（2008）的研究结论均指出，GDP、人口规模、人口结构以及能源消耗是影响CO_2排放量的重要因素。

在前述研究成果的基础上，可以较为全面地指出影响碳排放量的主要因素是人口数量、人均收入、产业结构、单位GDP能耗（Richar，2013）。

国内学者对影响碳排放因素的研究非常具有针对性，符合中国的国情和现状。研究成果表明，影响CO_2排放量的因素有GDP、人均GDP、人口规模、产业结构、能源结构等。

宋涛等（2007）、杜立民（2010）分别在对中国和各省碳排放影响因素的分析中指出人均GDP对人均CO_2排放量的影响呈先上升后下降的倒U形关系。王锋等（2010）的研究则指出，影响中国CO_2排放量的最大因素就是人均GDP。而温景光（2010）采用Divisia因素分解法对江苏省CO_2排放量进行因素分解的结果表明，人均GDP是促进其碳排放不断增加的关键因素。朱勤等（2010）对人口规模、技术水平及消费和CO_2排放量间关系的研究结果表明，人均消费和能源强度分别是影响碳排放量最大和最小的因素。

胡初枝等（2008）、孙建卫等（2010）分别在平均分配余量分解法和因素分解法的基础上,通过研究指出中国碳排放的影响因素为经济规模、产业结构和技术水平。岳超等(2010)以省区为研究范围的研究结果也支持上述结论。

随着研究的不断深入,国内学者对影响碳排放因素的研究逐步完善,列举部分研究成果如下:陈英姿和李雨潼(2009)在前述影响因素的基础上增加了能源消费结构这一因素。林伯强和刘希颖(2010)对Kaya恒等式进行了改进,并将城市化水平引入其中,通过数据处理发现,能源强度和碳排放强度是决定CO_2排放量的最大因素。

陈万龙和侯军岐(2010)以中国能源消费的CO_2排放量为对象的研究结果表明,能源强度比能源消费结构对碳排放的弹性更大。王凌黎等(2010)在改进的Kaya模型的基础上提出,经济发展状况、能源结构、能源使用效率及资源禀赋会影响CO_2的排放量。

综上可知,碳排放受经济发展水平、技术水平、能源结构、产业结构等因素的影响及制约(蒋金荷,2011;贾林娟,2014)。

2. 煤炭企业低碳发展对策研究综述

为使对相关低碳发展对策的列示更具条理性,本书在对国外相关学者的文献进行阅读和分析的基础上,整理绘制出表5-1。

表5-1 国外学者对低碳发展对策的研究

作者	低碳发展对策
Shukla等(2008)	采用可持续发展模式以及与其他模式的综合运用是减少CO_2排放量的有效措施。此外,采用碳税和减少碳交易可以从短期和长期两个层面减少碳排放
Abdeen(2008)	建立可再生能源市场体系、研发低碳技术可助力节能减排目的的实现
Andrew(2009)	推广使用低碳交通设施是减少CO_2排放量比较务实的可用措施
Charles(2010)	通过使用碳捕获技术以提高能源利用率、发展碳金融以降低碳足迹属于低碳发展的范畴,可以有效降低温室气体排放
Toshihiko(2010)	开发替代能源或新能源是降低碳排放的手段

资料来源:根据相关文献整理而得。

第五章 煤炭企业绿色低碳发展研究现状

通过上述梳理可以看出，国外学者对低碳发展的研究大多停留在国家层面，缺乏对地区低碳发展的研究成果，且对对策的研究都较为独立，没有形成一个全面的体系，但都分别从各个角度和层面提出不同但具有借鉴意义的发展对策。对碳排放影响因素的研究成果颇多且涉及众多方面，可以为本书研究因素的选取提供参考。

国内学者有关低碳发展对策的研究成果颇多。本书在对相关文献进行阅读和分析的基础上，总结梳理出如表5-2所示的发展对策及每个方面具有代表性的学者，以防止重复罗列的繁杂。

表5-2 国内学者对低碳发展对策的研究

作者	低碳发展对策
庄贵阳（2005）、何建坤和苏明山（2009）、刘传江（2010）	加大技术创新力度，提高能源利用率，开发清洁能源以改善能源结构是降低碳排放、实现低碳经济的有效路径
胡兆光（2009）	调整能源使用方式、改善能源的消费结构、提高资源利用效率等可以减少 CO_2 的排放量，实现节能减排的目标
郭朝先（2010）、李艳等（2010）	降低碳排放强度可以减少碳排放，而经济的增长必然带来碳排放的增加
刘海滨和郭正权（2010）、杨芳（2010）	开发低碳技术是实现低碳发展的路径之一
赵贺春和刘丽娜（2012）、李文峰（2013）	低碳发展要从提高自主研发力度、调整产业结构、优化能源结构等方面入手
赵国浩等（2012）	在对山西省1995~2010年相关数据处理的结果之上提出采取"以煤为基、循环高端、多元发展"的路径，可推动山西经济低碳转型目标的实现
姚俊鲜和梁丽萍（2016）	基于低碳发展下政府与煤炭企业的演化博弈模型的研究指出：政府的碳排放奖惩力度和监管成本、煤炭企业低碳转型成本和低碳收益都会对演化博弈结果产生影响
崔宁（2017）	低碳发展从优化能源结构、发展低碳技术等方面入手的基础上，也要贯彻低碳发展战略理念，从意识层面强调低碳发展的重要性

资料来源：根据相关文献整理而得。

通过对国内外相关文献的整理，可以看出国内外学者对低碳化发展的研究范围大多停留在国家层面，没有更具针对性地聚焦在某个地区或行业；提出的一些低碳化发展策略也都"各自为政"，从不同角度和层面提出，并没有形成一个全面的系统，这为本文的研究提供了方向。但是，国内外学者对有关碳排放影响因素的研究都经历了一个循序渐进的过程，均较为完善地提出了影响碳排放的重要因素，这可以为本书的研究提供借鉴。综上而言，本书研究山西煤炭企业低碳发展，既具有理论的研究意义，又具有现实指导意义。

三、煤炭企业绿色低碳发展研究内容

本书在对相关研究梳理的基础上，立足山西省煤炭企业，首先，对山西省煤炭企业绿色低碳发展现状进行分析。其次，基于循环经济理论，建立煤炭企业绿色循环发展评价指标体系，并对山西省煤炭企业绿色循环发展评价进行实证检验；基于低碳发展理论，对煤炭企业低碳发展影响因素进行筛选，构建评价模型，并对山西省煤炭企业低碳发展进行实证分析。最后，基于山西省煤炭企业绿色低碳发展现状与实证分析结果，对山西省煤炭企业绿色低碳发展提出对策建议。

（1）现状分析。首先，本书从山西省煤炭企业绿色循环发展一般模式、循环利用和污染物排放治理、技术创新能力三个方面对山西省煤炭企业绿色循环发展现状进行分析，并提出山西省煤炭企业绿色循环发展面临的挑战；其次，本书基于低碳发展理论，从优势、劣势两个层面，对山西省煤炭企业低碳发展的现状进行分析。

（2）实证分析。首先，本书基于循环经济理论，结合平衡计分卡模型，构建了煤炭企业绿色循环发展评价指标体系，并以山西省 A 煤为例，对其进行绿色循环发展效果的实证检验；其次，在现状分析的结果之上，结合低碳发展理论，提出山西煤炭企业碳排放影响因素，借助 LMDI 因素分解模型，找到影响山西煤炭企业碳排放量的正向因素和负向因素，并对山西省煤炭企业低碳发展情况进行实证分析。

（3）对策研究。基于现状分析和实证研究的结果，本书分别对山西省煤炭企业绿色循环发展和低碳发展提出对策建议，以为山西省煤炭企业绿色低碳发展提供借鉴。

四、山西省煤炭企业绿色低碳发展现状分析

（一）山西省煤炭企业绿色循环发展现状

1. 山西省煤炭企业绿色循环发展一般模式

如图 5-1 所示。山西建立在循环经济理论基础上，将企业的经济活动形成封闭式流程，在符合生态效率的前提下，有利于提高资源环境的配置效率，达到经济效益、社会效益和环境效益的统一。一方面，通过在不同的工业企业、不同类别的产业之间形成类似于自然生态链的产业生态链，从而达到资源充分利用、废物产生减少、物质循环利用、环境破坏降低的效果，达到提高经济发展规模和质量的目的。另一方面，它通过两个或两个以上的生产体系或环节之间的系统耦合，使物质和能量多级利用、高效产出并持续利用。它也顺应产业发展的集群化和生态化，大量企业的集群，使集群内经济要素和资源的配置效率得以提高，达到效益的极大化。符合循环经济的基本原则——"3R"原则，即减量化（Reduce）、再利用（Reuse）、再循环（Recycle）。

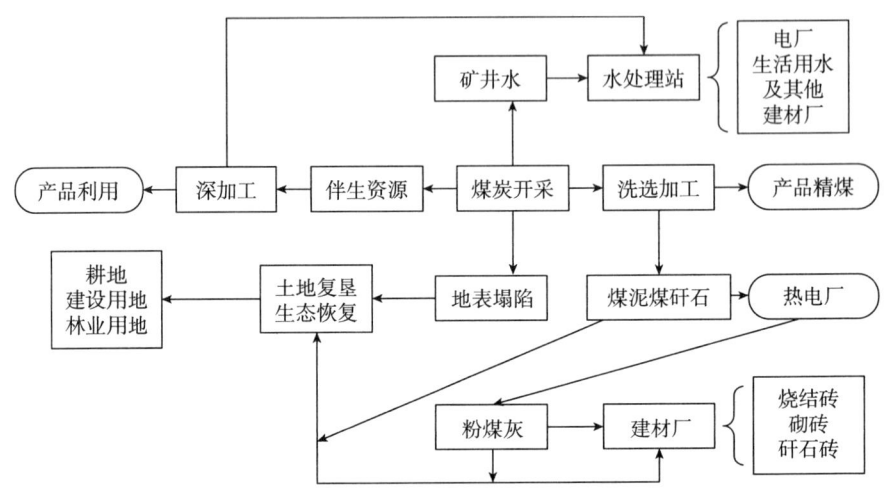

图 5-1 山西省煤炭企业绿色循环发展的一般模式

该模式从煤田开采开始,在煤炭开采的过程中会产生几种共生产品,包括原煤、共伴生矿、掘进矸石、焦化气、煤层气,但同时会造成地表塌陷、矿井废水以及 SO_2、NO_x、粉尘颗粒、废气污染等环境问题。

对矿井废水通过机械加速澄清过滤处理,可用于供应地面、井下消防、井下生产、电厂冷却等需水点。对于生活污水,可采用氧化塘处理工艺等处理后,用于补充绿水工程和水产养殖业。

煤炭直接燃烧会产生 CO_2、SO_2、NO_x 以及粉尘颗粒等污染物,会造成大气污染和气候变暖,目前山西省煤炭燃烧所排放的 SO_2 和 NO_x 分别约占工业排放总量的 74% 和 60%,且煤的结构属性主要是高碳氢比,所以单位质量的煤燃烧排放的 CO_2 要比同质量石油或天然气燃烧的 CO_2 排放水平高。减排 CO_2、SO_2、NO_x 等废气是煤炭企业绿色循环发展的重要任务。

在煤田开采中所导致的土地破坏,如地表塌陷、废弃矿井、露天开采破坏等,可通过矸石回填、土地复垦等方式恢复生态,并用作建设用地、林业用地和耕地。

2. 山西省煤炭企业循环利用与污染物排放及治理

(1) 山西省煤炭企业循环利用。2004 年 5 月,山西省做出煤炭资源整合的决策，采矿权之后要进行规范管理，无偿使用变为有偿使用，即要收取矿业权价款，实现所有权、采矿权、经营权的统一。山西省政府于2005年6月正式出台《关于推进煤炭企业资源整合和有偿使用的意见》。在其后短短一年多的时间内，山西省原有的4400座乡镇煤矿陡然削减了近40%，保留下来的煤矿只有2700座。全省60个主要产煤县（区、市）不再保留年生产能力9万吨以下的煤矿。资源回收率由以往的20%提高到了40%~60%。到2010年，大型煤炭基地内的小型煤矿数量减少70%；整合后的煤矿全部实现壁式开采，厚煤层采区回收率不低于75%，中厚煤层不低于80%，薄煤层不低于85%。

近年来，山西省煤炭企业按照高效、清洁、充分利用的原则，积极开展煤矸石、煤层气、矿井水以及其他与煤共伴生资源的综合开发与利用，变废为宝，减轻了对矿井安全生产造成的压力和对环境造成的污染，促进了山西煤炭工业持续、快速、健康发展。

1）"十二五"以来，在国家和山西省一系列鼓励资源综合利用政策引导和税收优惠政策的激励下，山西煤矸石利用率逐年上升，2010年为22.24%，2014年达到60%。

2）煤层气是一种优质的新型能源，是中国能源发展战略的重点之一。目前，山西凭借独特的资源、区位、技术及市场优势，煤层气产能建设取得了重要突破，不仅从井下抽取利用煤层气技术成熟，而且地面开采煤层气已逐步形成产业规模，煤层气管线建设亦进入实质性运行阶段。2014年，山西省抽采瓦斯（煤层气）20.90亿立方米，利用5.71亿立方米（其中民用2.71亿立方米），利用率为27.3%。煤层气已广泛应用于发电、民用燃气与采暖、汽车燃料、工业燃料等领域。随着抽采利用技术不断成熟和国家扶持政策逐步到位，煤层气开发利用将成为前景广阔的新兴能源产业。

3）山西省每年因采煤生产排放的矿井水达到6亿立方米左右，净化率很低，大多白白排放掉，不仅浪费了大量的水资源，造成了污染，影响了环境，而且还不得不承担排污罚款，增加了企业经济负担。

矿井水经过处理后可实现回用,作为井下防尘降温洒水,选煤厂洗煤用水、电厂循环冷却水、锅炉房用水等工业用水。经过进一步处理,还可以作洗浴用水、洗衣房用水、地面绿化用水等生活用水。目前,山西省国有重点煤炭企业的矿井水总利用率为60%,其中净化率已达到80%以上。

(2) 山西省煤炭企业污染物排放及治理。

1) 山西省煤炭企业污染物排放现状主要体现在以下几个方面:

①水污染物。据调查统计,2005年产煤5.6亿吨,排放废水为173万吨,到2014年原煤年平均产量为9.78亿吨,排放废水为775万吨,约占工业废水排放量的15%。一方面,煤炭工业水体污染物的主要污染物成分为SS、PH、CODcr、石油类和部分金属、非金属元素,这些废水的排放,对农业、土地以及森林等资源会造成不同程度的破坏;另一方面,煤炭开采已造成山西省水位下降2~4米,造成的经济损失年均为400亿元。

②大气污染物。煤炭企业每年自用煤炭500万吨,消耗煤矸石、煤泥等低热值燃料1000万吨,排放烟尘38万吨,二氧化硫57万吨;为安全生产,煤矿每年抽瓦斯70亿~90亿立方米。

③固体废弃物。山西省原煤产量从2005年的5.6亿吨到2014年的9.78亿吨,年平均增产0.42亿吨,据统计,采煤和选煤每年产生固体废弃物1.23亿吨,是固体工业废物排放第一大户。

2) 山西省煤炭企业污染物治理投资情况。山西省煤炭企业为改善环境质量,在治理污染物的项目上投入了很大财力和物力,由于废气排放量大是煤炭企业最大的污染问题,煤炭企业在治理废气项目上的投资一直最多,2014年废气治理投资占总投资的60%,治理废水投资占总投资的14%,而由于煤炭企业固体废物综合利用率不断提高,其治理投资只占到总投资的2%。

3. 山西省煤炭企业技术创新能力

表5-3是2010~2014年山西省煤炭企业的工业产值与研发数据统计。从2010~2014年,山西省煤炭企业对于研发的投入及工业产值均呈上升

趋势，2010年企业的研发投入为24.07亿元，2014年达到了48.89亿元，煤炭企业的工业产值在2010年是1956.91亿元，2014年增长到了3648.51亿元。而且我们可以看到，研发经费的投入与工业生产总值的比值逐年上升。也就是说，工业生产总值的增长与研发投入的增长呈正相关关系。这一方面说明随着煤炭企业工业产值的增加，投入到煤炭企业的研发费用也在逐年增加，企业工业产值对研发费用的增减起到关键作用；另一方面也说明，山西省煤炭企业对研发费用的投入重视程度越来越高。但从研发占工业产值的比重来看，尽管企业对研发投入的金额在逐年增加，但研发投入金额占企业工业产值的比率仍然很小，在今后还需要企业的继续努力和提高。

表5-3 2010~2014年山西省煤炭企业的工业产值R&D经费及R&D/工业产值

年份 指标	2010	2011	2012	2013	2014
R&D（亿元）	24.07	28.87	33.94	39.58	48.89
增长（%）	18.38	19.94	17.56	16.62	23.54
工业产值（亿元）	1956.91	2309.61	2571.21	3664.81	3648.51
R&D/工业产值（%）	1.23	1.25	1.32	1.08	1.34

资料来源：笔者根据历年《山西省统计年鉴》整理绘制。

4. 山西省煤炭企业绿色循环发展面临的挑战

山西省传统经济增长模式的根深蒂固，以及煤炭企业技术设备的落后，造成煤炭资源的严重浪费，环境污染与生态失衡问题日益严重。自2005年实施循环经济试点以来，山西省煤炭企业在绿色循环发展方面做了一些理论和实践探索，取得了一定成绩，但还存在不少的问题。

（1）山西省煤炭企业出现财务危机。山西煤炭企业最近几年利润相比前几年出现大幅下降，受煤炭价格下跌影响，部分集团下属矿井出现亏损。为了应对当前煤炭形势，不少煤炭企业通过降本增效的方式来压缩成本,以求实现企业利润最大化。因此,需要找出煤炭企业所面临财务挑战最根本的原因,推进企业绿色循环发展。

(2) 煤炭企业消费结构单一,产业链短。从山西省煤炭企业绿色循环发展一般模式以及消费结构现状来看,煤炭主要用于生产建设、发电、炼焦工业企业以及用于出口,即构成煤—电、煤—焦化等产业链。但产业链比较短,所以市场比较单一,灵活性不高,竞争激烈。为了提高资源的综合利用率,煤炭产业链应不断重组与延伸,将过去单一的煤炭资源开采过渡到不断深化煤炭资源综合利用,大力发展非煤产业,通过产业之间的横向和纵向耦合,把有关联的产业聚集起来,更利于实现企业绿色循环发展。

(3) 煤炭产品科技含量小,附加值增值程度低。单纯从煤炭产品而言,由于大多数企业出于眼前利益考虑,只做煤炭的生产与销售,而不愿在煤化工、煤炭液化、煤层气开发利用等方面进行资金与技术的投入,同时煤炭加工程度和精细化程度很低,洗煤与选煤效率低下,煤炭在生产和使用过程中对环境、水资源、地表层造成了一系列污染和破坏。

(4) 资源循环利用效率较低。由山西省煤炭资源循环利用以及污染物排放治理情况可以看出,虽然山西省煤炭企业废气治理投资占比一直很高,但企业废气排放总量仍在持续增加,而固体废物综合利用率在 5.7%~9.5% 波动,废水排放总量也持续增加,山西省煤炭企业污染物处理的压力依然很大。山西省煤炭企业资源循环利用效率的平均水平较国外以及国内先进企业低,生产工艺设备不先进,固废处理设备和技术比较落后。这些都将是煤炭企业绿色循环发展战略实施面临的重大挑战。

(5) 技术创新能力不足。山西省煤炭企业虽然注重技术创新,但多通过购买技术然后进行改进的方式实现,因为技术研发是一个漫长且复杂的过程,短期内很难看到成果,所以由于没有足够的资金保证,自主研发就变得力不从心;同时,山西省政府对山西煤炭企业技术创新的扶持力度相对较低,这进一步影响山西省煤炭企业技术创新动力。

(6) 绿色循环发展管理水平不高。山西省煤炭企业是山西省的支柱性企业,除了应该投入技术研发,更换落后的高耗能设备外,还应该有配套的管理机制。从山西省煤炭企业现状来看，尽管整体企业单位经济附加值不断提高，污染物治理投资加大，技术人才投资也不断加大，但是资源的循环利用率以及污染物的处理率仍不高，其中最重要的原因就是管理水平不高：一是缺乏管理人才，不能系统地统筹规划循环经济的措施；二是员工环保意识薄弱，循环经济意识只流行于企业上层，并没有深入到每个基层员工的内心深处，更没有落实到企业经营的每个环节；三是管理机制不健全，没有合理的循环经济激励机制和约束机制，使其落实不到位。

（二）山西省煤炭企业低碳发展现状

1. 山西省煤炭企业低碳发展优势

（1）煤炭储量及种类多且市场需求量大。山西素来以煤著称，其煤炭资源储量非常丰富、分布广泛、种类繁多。2015年，中国探明的煤炭资源储备量为15663亿吨，其中山西省占比高达17.3%，为2970亿吨。山西省煤炭资源的分布整体广泛，局部集中统一。就整体广泛性而言，山西省118个县内有94个县区内探明有煤炭资源；就局部集中性而言，自北向南依次分布三大煤种，分别为动力煤、炼焦煤和无烟煤。三大煤种的聚集也形成以某些煤田为代表的煤炭生产基地。此外，山西煤炭资源种类众多，包含有无烟煤、焦煤、肥煤等9大煤种，可以为山西乃至中国的经济发展提供充足的煤炭资源。

新常态在带动中国经济结构不断优化升级的同时必然会使中国经济转向中高速发展。煤炭资源作为推动中国经济发展的主要能源，降增速和调结构必然会使煤炭资源的消费量和需求量有所降低；统计数据也证实了中国煤炭资源的消费量在逐步降低，如表5-4所示。

表5-4 2012~2016年中国及山西煤炭消费量统计　　　单位：万吨

年份	2012	2013	2014	2015	2016
中国煤炭消费总量	275464.53	280999.36	279328.74	273849.49	270320.00
山西煤炭消费总量	31085	33062	32056	29428	30061

资料来源：根据相关数据而得。

表 5-4 显示经济进入新常态后中国经济发展对煤炭资源的消耗量整体呈下降趋势，但总量仍较大。此外，表 5-4 也表明，山西作为煤炭资源大省，其煤炭资源消耗量虽然有所波动，但是消耗量居高不下，基本持续在 3 亿吨左右。所以，不论是从中国经济发展的需求还是山西省自身经济增长的需要来讲，山西煤炭企业仍具有良好的发展空间。

近年来，中国居民经济水平不断提高，对生活质量的要求也逐步提高，基础设施配备便是之一。为了满足人们的需求，中国不断扩大铁路、排水供气管道、城市桥梁等基础设施的建设，也带动钢铁、建材的需求增长，这也表明山西煤炭企业的市场前景仍然良好。

（2）配套和完善的工业体系。山西作为煤炭资源大省，具有长久的煤炭资源开采历史，并在多年的发展过程中形成一套完善的工业配套体系。从前期的煤炭资源勘探到开采洗选、运输，再到后期数据录入处理，整个流程都具备配套的设施。在进行煤炭的开采过程中，通过采用先进的开采设备，减少了资源的浪费和安全事故的发生。在后续环节中建立了"煤—铁路—电厂""煤—焦—化工"等相匹配的产业链条，加快了煤炭资源的低碳化转化，增加了煤炭产业的附加值。煤炭产业作为传统产业，伴随着互联网和大数据的进程，也逐步实现了自动化办公系统的建立。通过自动化办公系统可以实现下属各公司间的互联互通，并对反馈的供销数据、价格变动数据进行分析，以预测未来市场需求，合理把握开采量，防止库存的积压。此外，2016 年煤炭运销平台的上线可以充分整合潜在客户信息、煤炭企业供给信息、运输及物流等信息，实现线上和线下的融合互通，为山西省煤炭企业的低碳转型发展提供信息平台。

（3）生产率逐步提高。山西煤炭企业经过多年的发展和经验积累，具备高效的劳动生产效率。从员工角度来讲，经过多年的发展，山西煤炭企业已经聚集大批具备一定技术水平的从业人员；据统计，2017 年底煤炭采掘业从业人数达到 115 万人。此外，矿区周围凝聚了大量从业人员及其家属，为矿区提供了潜在的劳动力。从技术创新角度而言，全球范围内倡导低碳发展使煤炭企业不断加大科研投入并取得了丰硕的成果，如两柱式综采放顶煤液压支架专利技术达到世界级垂直高度的机械化长壁综采技术。这些技术创新成就提高了煤炭企业的机械化程度和开采效率，降低了开采成本，提高了市场竞争力，推动了山西煤炭企业低碳化发展的进程。从企业兼并重组角度而言，以2018年9月19日，阳煤集团与德国布朗开展国际并购为例，这次收购能够使煤炭企业利用国际、国内两个市场及两种资源，充分发挥其规模作用和聚合效应。总而言之，山西煤炭企业生产效率的提高是内外部多种因素作用的结果，为煤炭企业的低碳转型发展夯实了根基。

（4）政策法律支持。为了推动煤炭行业快速转型发展，国家相关部门和山西省政府等出台了众多政策法律文件，可以为山西煤炭企业的低碳转型发展保驾护航。从税收的角度来讲，中国煤炭资源税由从量计征改变为从价计征，使得煤炭企业应缴税额与价格相关联，从而减轻了煤炭企业的税收负担。2018年9月，财政部和国家税务总局发布《关于去产能和调结构房产税城镇土地使用税政策的通知》，指出将对部分去产能调结构煤炭企业免征房产税和城市土地使用税，这同样减轻了煤炭企业的税负。

从去产能的角度来讲，国家和山西省出台的去产能政策文件和环境保护法律文件对"僵尸企业"起到了法律约束和技术准入约束的作用，使得大量"僵尸企业"的落后产能退出市场。产能的减少使得煤炭供给和库存积压均减少，进而抬高了煤炭企业的市场价格，激活了市场。从政府性补助角度来讲，在煤炭企业债台高筑、资金匮乏的情形下，政府在不断增加政策性补助资金发放的同时，可以积极引导市场资金流向，为煤炭企业的转型发展续航。

（5）科技文化环境优越。《山西打造全国能源革命排头兵行动方案》的发布，在为山西煤炭企业低碳转型发展提供政策支持的同时，可以使其先于其他煤炭企业率先探索新的发展方式并积累相关经验，也可以使其优先引进国外的先进技术。计算机技术的飞速发展催生了煤炭大数据平台V2.0，其借助互联网、云计算和大数据，对煤炭行业有关信息进行深度挖掘，分析出煤炭行业的价格变动、产销数据变动规律和走势。大数据平台的这种优势可以为山西煤炭企业的低碳发展提供指引,更好地适应市场需求变化,减少库存积压,增强风险抵御能力。

山西煤炭企业经过多年的粗放发展,雾霾、地表塌陷等环境问题早已显现。因而,居民要求提高空气质量的呼声越来越高涨,环保意识也逐步增强,这有利于政府、企业和居民之间达成对低碳发展模式的共识,可以基本消除低碳转型过程中政策措施实施的阻力,为山西煤炭企业低碳发展消除后顾之忧。

2. 山西煤炭企业低碳发展的劣势

(1) 煤炭综合利用水平较低。山西煤炭企业长期以来采用"高能耗、低产出"的发展方式,是其实现低碳转型道路上的"痼疾"。具体体现在两个方面:其一,山西煤炭企业主要通过出售原煤或粗加工煤创收,综合利用水平和经济附加值低。此外,在开采过程中没有充分发挥伴生矿产,如煤矸石的经济价值;"煤矸石—电厂"就不失为解决煤矸石堆放和污染问题的良策。同样,"三废"的利用率和煤炭的回采率低也是山西煤炭企业在发展过程中出现的一大弊病。其二,山西煤炭企业仍较多,没有充分实现规模效应,如图5-2所示。

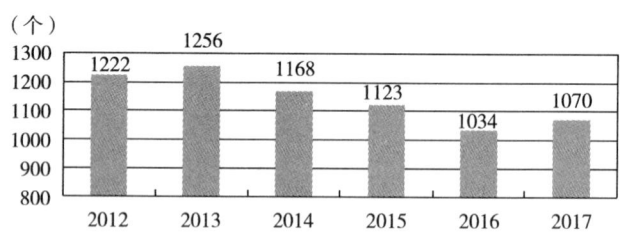

图 5-2 2012~2017 年山西煤炭企业数量

资料来源:笔者根据《山西统计年鉴》(2013~2018)数据绘制。

从图5-2可以看出,尽管受近年来去产能趋势的影响,山西煤炭企业数量整体呈下降趋势,但是绝对数量仍在1000家以上。这就不免存在决策主观、缺乏整体战略规划的问题,进而难以发挥规模经济在技术共享、信息共享和基础设施共享等方面的优势，也更加凸显其低投入产出率、低综合利用率的劣势。

（2）资金链条断裂风险高。煤炭行业是固定资产投入高和投资回报周期长的行业，所以其资产负债率一般较高。特别是在新常态背景下，整个市场经济增速呈现降中求稳趋势及煤炭企业结束10年黄金期进入寒冬阶段等都在不断挤压山西煤炭企业的成长空间。首先，受经济下行的影响，山西煤炭企业销量减少，库存积压并造成资产流动性降低和资金周转困难；其次，迫于压力，山西煤炭企业在逐步寻求转型的过程中需要在科研、骨干接替项目和产业等方面投入大量资金；最后，在缩减落后产能、发展优质产能的过程中，因辞退大批从业人员而造成人员安置费高企。为了稳步度过寒冬期，山西众多煤炭企业开始不断借入资金以防止资金链断裂。

从图5-3可以看出，2012~2017年山西煤炭企业的利息支出逐步增长，增长率达到87.78%。从图5-4可以看出，5年间山西煤炭企业的资产负债率也呈现逐年增长的趋势。此外，居高不下的债务数据势必影响其偿债能力，因而其银行融资成本高、弹性低，也从侧面加剧了山西煤炭企业资金链的断裂风险。

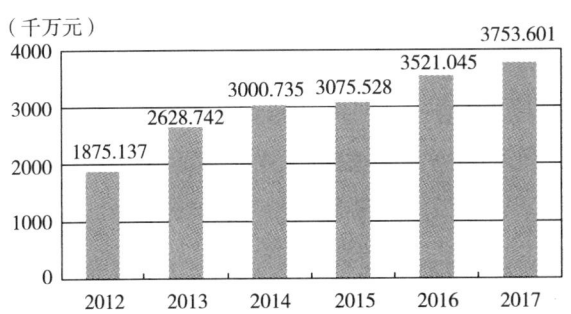

图5-3 2012~2017年山西煤炭企业利息总支出

资料来源：笔者根据《山西统计年鉴》（2013~2018）数据绘制。

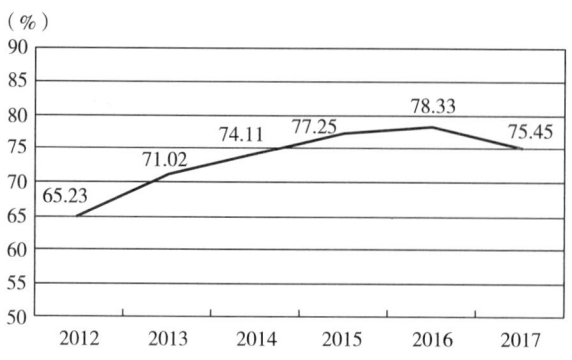

图 5-4 2012~2017 年山西煤炭企业总体负债率

资料来源：笔者根据《山西统计年鉴》（2013~2018）数据绘制。

（3）安全事故多发。煤矿地下开采本身就属于高危作业，对地下开采环境的安全系数要求极高，但是山西煤炭企业仍然存在安全意识薄弱的问题，并造成安全事故的频繁发生，2013~2017 年山西煤炭企业安全事故数据如表 5-5 所示。

表 5-5 2013~2017 年山西煤炭企业安全事故数据

年份	2013	2014	2015	2016	2017
安全事故数（件）	7	1	5	19	29
死亡人数（人）	39	3	40	44	64

资料来源：根据百度文库相关资料而得。

表 5-5 显示，除了 2014 年数据呈现差异性外，安全事故数量和造成的死亡人数都在增长，2017 年安全事故数和死亡人数更是分别比 2016 年上升 52.6% 和 45.5%。安全事故的多发主要是前期安全意识淡薄，矿井水、测风仪和瓦斯监控设备失效。此外，事故发生前异常情况上报审批程序繁杂造成误时、事故发生时应急预案失效和营救失利也是造成事故多发的重要原因。

（4）煤炭市场受到挤压。近年来山西煤炭企业因市场受到各方的挤压,销量逐年降低。其一,澳大利亚、俄罗斯等国凭借自身技术、高端设备等优势生产成本不断降低,而且受全球煤炭市场低迷、产能过剩等影响,各煤炭资源生产国急需扩大国际市场以消化过剩产能,因而造成煤炭出口价格严重倒挂,使得山西煤炭企业的出口量连年降低,如图5-5所示。除此之外,河北、河南、内蒙古等省区的煤炭企业与山西煤炭企业之间竞争趋于白热化,使得山西煤炭企业的发展举步维艰。其二,受国内经济进入新常态的影响,煤炭产业的下游产业增长缓慢,进而造成煤炭需求疲软,不断挤压着山西煤炭企业的市场范围。其三,政府政策不断引导国内外企业和资金流向清洁能源项目和公司,使得风能、太阳能等清洁能源在中国近年的能源市场中飞速发展,市场份额快速扩大。另外,近年来山西居民受雾霾天气的不利影响,在排斥煤炭产业相关产品的同时,大力提倡和使用清洁能源,这都在很大程度上缩小了山西煤炭企业的市场份额。

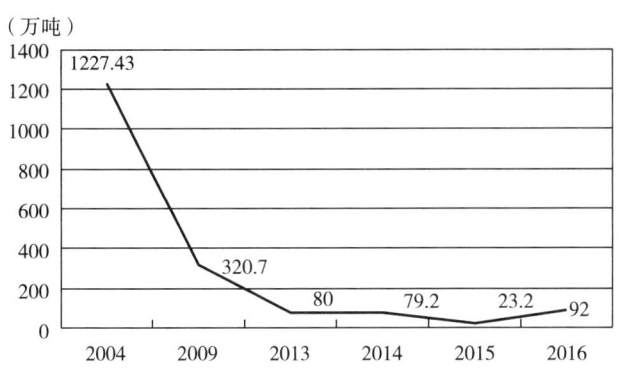

图5-5 2004~2016年山西煤炭出口量折线图

资料来源:笔者根据武睿(2017)、张慧(2017)等学者的期刊文章数据绘制。

(5)政府简政放权未切实落实。山西煤炭企业的低碳转型之路已进入瓶颈期,为了克服发展中的种种困难,需要各相关方相互配合,共同努力,为转型发展扫除障碍。其中,政府作为国家机关应积极引导改革方向,切实履行相关职能,为山西煤炭企业的转型发展提供有序的市场环境，但在现实情况下，山西省政府的相关政策和职能有待进一步落实。

煤炭行业进入寒冬期后，一大批山西煤炭行业中的"僵尸企业"和连年亏损企业逐渐显现出来，但是受政府政策和财政等的扶持而并未被市场淘汰；尽管迫于国家简政放权的要求出台了放权政策，但是在实际运行中并未得到切实落实。政府仍然干预煤炭市场的运行，无法让市场配置资源，从而无法发挥市场淘汰落后产能的作用。此外，山西省政府一般都在问题出现之后再制定相关政策，具有政策滞后性，无法及时处理市场经济状况，适应性较差，错过了最佳过失弥补期，使得煤炭企业处境雪上加霜。除此之外，一个地区经济的发展离不开大环境的支撑，但是山西省内政府、企业等主体之间经济利益关系盘根错节，缺乏对政府机关的有效监管，滋生腐败。

（6）环境压力越来越大。自 2007 年开始，中国超过美国成为全球 CO_2 排放量最多的国家，也因此面临着来自其他国家和国内居民的双重压力。此外，《哥本哈根协议》的目标也督促中国的节能减排进程。在此过程中，山西作为煤炭资源产销量最大的省份，必须为国家节能减排目标的实现承担应有的责任。

在长期的发展过程中，因采取粗放型的经济发展方式，出现了过度开采、地表荒漠化、地表塌陷、空气粉尘污染等问题，严重地降低了居民的生活品质和煤炭企业的长远发展。山西煤炭企业因资金短缺问题，加之山西省政府为了使煤炭企业适应市场化的环境，不断减少对其官方补助，因而煤炭企业难以投入大量资金进行矿区周围环境的修复和重建，造成废弃矿区逐步荒漠化和现有矿区植被覆盖率降低。为了实现山西煤炭企业发展的可持续性，转变原本落后的生产、发展方式，逐步向低碳化转型，提高对前期环境保护和后期环境修复的关注度是必由之路。

第六章
煤炭企业绿色低碳发展评价与实证检验

一、煤炭企业绿色循环发展评价研究

(一) 绿色循环发展评价指标体系构建

本书基于前人的研究成果构建了山西省煤炭企业绿色循环发展效果评价的指标体系，使其能够更全面地反映煤炭企业循环经济措施的实施效果，旨在广泛地应用于所有煤炭企业，而不是仅适用于某个企业。为更全面系统地对煤炭企业绿色循环发展进行评价，本书借鉴平衡计分卡构建评价指标体系。传统经济是线性的"资源—产品—废物"的模式，而循环经济的内涵就是"资源—产品—再生资源"的闭环模式，它们本质的区别就是"废物"的资源化，从而提高资源利用的效率，增加收益，实现企业经济效益、社会效益、环境效益协调发展。根据平衡计分卡评价指标，结合循环经济的内涵、特点、设置原则，采用层次结构模型，将指标体系分为总体层、纬度层、管理层、变量层4层。在指标的选取上，将循环经济融入各个变量层指标,充分吸收他人的相关研究成果。本书筛选出具有代表性的 31 个 3 级指标,力求使所构建的指标体系更具科学性,如表 6-1 所示。

表 6-1 煤炭企业循环经济效果评价指标体系

总体层	纬度层（一级指标）	管理层（二级指标）	变量层（三级指标）
企业绿色循环发展评价	财务状况 U_1	盈利能力指标 U_{11}	净资产收益率 X_1
			销售利润率 X_2
			成本费用利润率 X_3
		营运能力指标 U_{12}	总资产周转率 X_4
			应收账款周转率 X_5
			存货周转率 X_6
		发展能力指标 U_{13}	营业收入增长率 X_7
			总资产增长率 X_8
			资本保值增长率 X_9
		环保收益指标 U_{14}	环保收益率 X_{10}
	客户状况 U_2	市场占有情况 U_{21}	市场占有率 X_{11}
		客户满意情况 U_{22}	客户满意率 X_{12}
		客户获利情况 U_{23}	客户获利率 X_{13}
	内部业务流程状况 U_3	资源效率情况 U_{31}	吨煤综合能耗 X_{14}
			吨煤新水消耗 X_{15}
			吨煤电耗量 X_{16}
		资源回收情况 U_{32}	水资源循环利用率 X_{17}
			废气回收利用率 X_{18}
			工业固体废物回收利用率 X_{19}
		环境污染及耗费情况 U_{33}	吨煤废水排放量 X_{20}
			吨煤废气排放量 X_{21}
			吨煤工业废物排放量 X_{22}

续表

总体层	纬度层（一级指标）	管理层（二级指标）	变量层（三级指标）
企业绿色循环发展评价	学习与成长状况 U_4	绿色管理理念 U_{41}	员工满意度 X_{23}
			员工循环经济意识 X_{24}
			企业社会责任 X_{25}
			法律法规保障程度 X_{26}
			执行人员素质 X_{27}
			危险废物安全处置水平 X_{28}
			执行 ISO14001 环境管理体系 X_{29}
		高新技术应用程度 U_{42}	申请专利个数 X_{30}
			研发投入强度 X_{31}

（二）绿色循环发展评价方法

1. 绿色循环发展评价指标权重确定原则

指标权重是指某被测对象各个考察指标在整体中价值的高低和相对重要的程度以及所占比例的大小量化值。在指标体系一致的情况下，权重的不同将会影响评价的结果。一般来说，权重确定应遵循以下原则：

（1）系统优化原则。在评价指标体系中，每个指标对系统都有它的作用和贡献，所以在确定权重时不能只从单个指标出发，应对各评价指标进行分析对比，权衡它们各自对整体的作用和效果，然后对它们的相对重要性作出判断，确定各自的权重，不能片面强调某个或单个指标，也不能草率地进行平均分配。

（2）主观意图和客观情况相结合的原则。评价指标权重反映了评价者对人员工作的引导意图和价值观念，当他们觉得某项指标很重要时，就会赋予较大的权重，但客观情况有时不与主观意愿相一致，所以在确定循环经济评价指标的权重时，应将经济效益和社会效益以及对环境保护同时考虑进来。

（3）民主与集中相结合的原则。对于权重的判断，往往受个人主观因素的影响，不同的人有不同的看法，所以应先让专家个人对其进行独立自主的赋权，然后实行群体决策，集中专家的意见形成统一的分配方案。这样可以避免片面性和主观性，使结果更全面和充分。

2. 采用层次分析法与德尔菲法相结合确定各指标权重

（1）层次分析法简介。层次分析法（Analytic Hierarchy Process，AHP）是将与决策有关的元素分解成目标、准则、方案等层次，在此基础上进行定性和定量分析的决策方法。该方法是美国运筹学家匹茨堡大学教授萨蒂于20世纪70年代初在为美国国防部研究"根据各个工业部门对国家福利的贡献大小而进行电力分配"课题时应用网络系统理论和多目标综合评价方法，提出的一种层次权重决策分析方法。具体步骤如下：

1）在深入分析实际问题的基础上，将有关的各因素按照不同属性自上而下地分解成若干层次，同一层的诸因素从属于上一层的因素或对上层因素有影响，同时又支配下一层的因素或受下一层因素的作用影响。最上层为目标层，通常只有1个因素，最下层通常为方案或对象层，中间可以有一个或几个层次，通常为准则层或指标层。当准则过多时应进一步分解出子准则层。

2）从层次结构模型的第2层开始，对于从属于（或影响）上一层每个因素的同一层诸因素，用成对比较法和1~9比较尺度构造成对比较矩阵，直到最下层。

3）通过计算，检验成对比较矩阵的一致性，必要时对成对比较矩阵进行修改，以达到可以接受的一致性。

4）在符合一致性检验的前提下，计算与成对比较矩阵最大特征值相对应的特征向量，确定每个因素对上一层次因素的权重，计算各因素对于系统目标的总排序权重并决策。

（2）权重确定步骤。

步骤1：建立层次结构模型。建立一个多层次的递阶结构，按目标的不同、实现功能的差异，将系统分为几个等级层次。根据上一部分的研究，煤炭企业绿色循环发展水平评价的模型结构如图6-1所示。

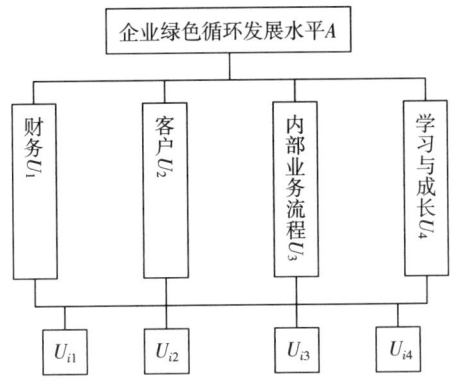

图 6-1　煤炭企业绿色循环发展水平评价的模型结构

步骤 2：构造成对比较矩阵。确定递阶结构中相邻层次元素间相关程度。对于递阶结构上一层次的指标而言，本层次的各个元素进行两两比较其重要性。成对比较矩阵中 a_{ij} 的取值按 1~9 的标度进行赋值，如表 6-2 所示。

表 6-2　标度列表

相对比值（标度 a_{ij}）	含义
$a_{ij} = 1$	元素 i 与元素 j 对上一层次因素的重要性相同
$a_{ij} = 3$	对上一层次因素，元素 i 比元素 j 略重要
$a_{ij} = 5$	对上一层次因素，元素 i 比元素 j 重要
$a_{ij} = 7$	对上一层次因素，元素 i 比元素 j 重要得多
$a_{ij} = 9$	对上一层次因素，元素 i 比元素 j 极其重要
$a_{ij} = 2n$ （$n = 1, 2, 3, 4$）	元素 i 比元素 j 的重要性介于 $a_{ij} = 2n - 1$ 与 $a_{ij} = 2n + 1$ 之间
$a_{ij} = 1/n$ （$n = 1, 2, \cdots, 9$）	若元素 i 与元素 j 的重要性之比为 a_{ij}，那么元素 j 与元素 i 的重要性之比为 $a_{ji} = \dfrac{1}{a_{ij}}$

构造两两比较判断矩阵，针对不同层次的指标分别进行判断。现针对目标层 A，对财务 U_1、客户 U_2、内部业务流程 U_3 以及学习与成长 U_4，运

用专家评价法进行两两比较,得到如表 6 – 3 所示的结果。

表 6 – 3 $A \sim U$ 判断矩阵基本形式

A	U_1	U_2	U_3	U_4
U_1	1	3	1/3	3
U_2	1/3	1	1/5	1/3
U_3	3	5	1	1
U_4	1/3	3	1	1

用矩阵表示为

$$A = \begin{bmatrix} 1 & 3 & 1/3 & 3 \\ 1/3 & 1 & 1/5 & 1/3 \\ 3 & 5 & 1 & 1 \\ 1/3 & 3 & 1 & 1 \end{bmatrix} \tag{6-1}$$

步骤 3:权重的计算及一致性检验。通过计算,检验成对比较矩阵的一致性,必要时对成对比较矩阵进行修改,以达到可以接受的一致性。计算步骤如下:

1)将 $A \sim U$ 判断矩阵的每一列的元素进行归一化处理。

$$\sum_{i=1}^{n} U_{i1} = 1 + 1/3 + 3 + 1/3 = 4.7$$

$$\sum_{i=1}^{n} U_{i2} = 3 + 1 + 5 + 3 = 12$$

$$\sum_{i=1}^{n} U_{i3} = 1/3 + 1/5 + 1 + 1 = 2.5$$

$$\sum_{i=1}^{n} U_{i4} = 3 + 1/3 + 1 + 1 = 5.3 \tag{6-2}$$

则

$$\overline{U}_{11} = 1/4.7 = 0.213 \quad \overline{U}_{21} = 0.3/4.7 = 0.064$$

$$\overline{U}_{31} = 3/4.7 = 0.638 \quad \overline{U}_{41} = 0.3/4.7 = 0.064 \tag{6-3}$$

同理

$\overline{U}_{12}=3/12=0.25 \quad \overline{U}_{22}=1/12=0.083$

$\overline{U}_{32}=5/12=0.417 \quad \overline{U}_{42}=3/12=0.25$ (6-4)

同理

$\overline{U}_{13}=0.3/2.5=0.12 \quad \overline{U}_{23}=0.2/2.5=0.08$

$\overline{U}_{33}=1/2.5=0.4 \quad \overline{U}_{43}=1/2.5=0.4$ (6-5)

同理

$\overline{U}_{14}=3/5.3=0.566 \quad \overline{U}_{24}=0.3/5.3=0.057$

$\overline{U}_{34}=1/5.3=0.189 \quad \overline{U}_{44}=1/5.3=0.189$ (6-6)

2) 将归一化后的判断矩阵按行相加。

$$\begin{bmatrix} 0.213 & 0.25 & 0.12 & 0.566 \\ 0.064 & 0.083 & 0.08 & 0.057 \\ 0.638 & 0.417 & 0.4 & 0.189 \\ 0.064 & 0.25 & 0.4 & 0.189 \end{bmatrix}$$

$\overline{W}_1=0.213+0.25+0.12+0.566=1.149$

$\overline{W}_2=0.064+0.083+0.08+0.057=0.284$

$\overline{W}_3=0.638+0.417+0.4+0.189=1.644$

$\overline{W}_4=0.064+0.25+0.4+0.189=0.903$ (6-7)

3) 对向量 $\overline{W}_4=(1.149 \quad 0.284 \quad 1.644 \quad 0.903)^T$ 进行归一化处理。

$\sum_{j=1}^{n} W_i = 1.149+0.284+1.644+0.903=3.98$

则

$\overline{W}_1=1.149/3.98=0.289$

$\overline{W}_2=0.284/3.98=0.071$

$\overline{W}_3=1.644/3.98=0.413$

$$\overline{W}_4 = 0.903/3.98 = 0.227 \tag{6-8}$$

即特征向量 $W = (0.289 \quad 0.071 \quad 0.413 \quad 0.227)^T$。

4）计算 λ_{max}。

$$AW = \begin{bmatrix} 1 & 3 & 1/3 & 3 \\ 1/3 & 1 & 1/5 & 1/3 \\ 3 & 5 & 1 & 1 \\ 1/3 & 3 & 1 & 1 \end{bmatrix} \times \begin{bmatrix} 0.289 \\ 0.071 \\ 0.413 \\ 0.227 \end{bmatrix}$$

$(AW)_1 = 1 \times 0.289 + 3 \times 0.071 + 1/3 \times 0.413 + 3 \times 0.227 = 1.321$

$(AW)_2 = 1/3 \times 0.289 + 1 \times 0.071 + 1/5 \times 0.413 + 1/3 \times 0.027 = 0.259$

$(AW)_3 = 3 \times 0.289 + 5 \times 0.071 + 1 \times 0.413 + 1 \times 0.027 = 1.662$

$(AW)_4 = 1/3 \times 0.289 + 3 \times 0.071 + 1 \times 0.413 + 1 \times 0.227 = 0.949$

$$\because \lambda_{max} = \sum_{i=1}^{n} \frac{(AW)_i}{n \times W} \quad (n = 4)$$

$$\therefore \lambda_{max} = \frac{1.321}{4 \times 0.289} + \frac{0.259}{4 \times 0.071} + \frac{1.662}{4 \times 0.413} + \frac{0.949}{4 \times 0.227} = 4.106$$

又 $\because CI = \dfrac{\lambda_{max} - n}{n - 1}$

$$\therefore CI = \frac{4.106 - 4}{3} = 0.035 \tag{6-9}$$

5）一致性检验。根据 $CI = 0.035$，查表得知 $n = 4$，$RI = 0.89$。

所以，一致性比例 $CR = \dfrac{CI}{RI} = \dfrac{0.035}{0.89} = 0.039 < 0.1$，一致性检验通过，说明 $A \sim U$ 判断矩阵具有可以接受的满意一致性。因此，4 个指标的权数分配如表 6-4 所示。

表 6-4 一级指标权数分配

U_1	U_2	U_3	U_4
0.289	0.071	0.413	0.227

同理可得二级、三级绩效评价指标的判断矩阵及 λ_{max}、CI、RI、CR 等值。

根据以上结果，可得各评价指标的权数分配，如表 6-5 所示。其一致性检验由 $CR_{总} = CI_{总}/RI_{总}$ 给出。

表 6-5 各级指标权重计算结果

总体层	纬度层（一级指标）	管理层（二级指标）	权重 W_i	变量层（三级指标）	
A	U_1 0.289	U_{11}	0.210	X_1	0.417
				X_2	0.250
				X_3	0.333
		U_{12}	0.210	X_4	0.333
				X_5	0.333
				X_6	0.334
		U_{13}	0.348	X_7	0.313
				X_8	0.250
				X_9	0.437
		U_{14}	0.130	X_{10}	1.000
	U_2 0.071	U_{21}	0.500	X_{11}	1.000
		U_{22}	0.300	X_{12}	1.000
		U_{23}	0.200	X_{13}	1.000
	U_3 0.413	U_{31}	0.450	X_{14}	0.357
				X_{15}	0.214
				X_{16}	0.429
		U_{32}	0.302	X_{17}	0.385
				X_{18}	0.308
				X_{19}	0.307
		U_{33}	0.233	X_{20}	0.402
				X_{21}	0.289
				X_{22}	0.309

续表

总体层	纬度层（一级指标）	管理层（二级指标）	权重 W_i	变量层（三级指标）	
A	U_4 0.227	U_{41}	0.280	X_{23}	0.177
				X_{24}	0.129
				X_{25}	0.091
				X_{26}	0.229
				X_{27}	0.198
				X_{28}	0.103
				X_{29}	0.073
		U_{42}	0.372	X_{30}	0.596
				X_{31}	0.404

（三）煤炭企业绿色循环发展效果评价

1. 采用德尔菲法确定各指标的最优值和最差值

针对煤炭企业各个层级的指标按优（A）、良（B）、中（C）、低（D）、差（E）5个水平档次进行评分，而后通过模糊评价方法确定煤炭企业的具体绩效水平档次。本书设计的绩效评价方法的评价标准是采用德尔菲法，由一定数量的专家组成评价小组逐项确定各个指标的最优值和最差值，而后通过阈值法对各指标进行无量纲化，将指标的实际值转化为评价值。

2. 采用无量纲化将指标的实际值转化为评价值

在多指标综合评价中涉及两个基本变量，一是各评价指标的实际值，二是各评级指标的评价值。由于各指标所代表的物理含义不同，因此存在着量纲上的差异。这种差异性是影响对事物整体评价的主要因素，那么指标的无量纲化处理就是解决这一问题的关键，无量纲化也称为数据的规格化，假设实际指标和评价指标存在着线性关系，常用的方法有阈值法、标准化法和比重法。此处采用阈值法进行无量纲化处理，即以评价标准的最优值和最差值作为阈值。设指标实际值为 V_j，该指标评价值的最差值为 V_L 和最优值为 V_H，指标得分为 X_j，则

$$X_j = \begin{cases} 0, & \text{当 } V_j \text{ 差于 } V_L \\ \dfrac{V_j - V_L}{V_H - V_L}, & \text{当 } V_j \text{ 介于 } V_L \text{ 和 } V_H \text{ 之间} \\ 1, & \text{当 } V_j \text{ 优于 } V_H \end{cases} \quad (6-10)$$

也就是说，当指标实际值优于或等于最优值时，该项指标得分为1，当指标实际值差于或等于最差值时，该项指标得分为0，当指标实际值介于最优值和最差值之间时，指标为（指标实际值－指标最有效期值）／（指标最优值－指标最差值）×100%。

3. 计算企业循环经济绩效总得分

计算公式为

$$Z = \sum_{j=1}^{m} W_j X_j \quad (6-11)$$

其中，m 为评级系统中的指标个数；W_j 为第 j 个指标的权重；X_j 为第 j 个指标的得分。

二、煤炭企业绿色循环发展评价实证分析

（一）山西 A 煤基本情况

本书以山西 A 煤为例，对其绿色循环发展情况进行评价。

煤炭工业是一个典型的资源消耗型产业，山西 A 煤作为山西省最大的炼焦煤生产基地、全国首批循环经济试点单位，拥有全国最大的煤电厂。山西 A 煤从 2006 年开始陆续实施矿井废水资源化工程、古交矿区生活污水厂改造和深度污水处理厂建设等工程，使矿井污水和矿区生活污水经净化处理后，回用于井下喷淋、选煤厂闭路循环补水、地面清洁和绿化，并

有部分净化处理后的污水再经深度处理后,供给古交发电厂作为锅炉冷却循环补水水源,节约了宝贵的地下水资源。同时通过对煤矸石等煤炭开采过程中产生的废弃物进行再利用,不仅是传统产业优化提升的推动力,也是新兴产业加快发展的催化剂。企业新建和改造了6座煤矸石综合利用电厂,年利用矸石量约130万吨,并对矸石山植树绿化,种植瓜果蔬菜133.3公顷,有效地改善了矿区的环境。对于煤气层建立瓦斯抽放系统,利用率达60%以上,每年可减少120万吨二氧化氮排放。到2014年,山西A煤万元产值综合能耗降至1.94吨标准煤,固废达标处置率为100%,废气排放达标率为99.8%,废水排放达标率为98.33%。

(二)山西A煤2014年相关指标数据

山西A煤2014年相关指标数据如表6-6至表6-9所示。

表6-6 财务指标数据统计　　　　　　　　　　　单位:%

序号	名称	2014年
1	净资产收益率	0.79
2	销售利润率	0.057
3	成本费用利润率	0.06
4	总资产周转率	0.65
5	应收账款周转率	10.6
6	存货周转率	9.30
7	营业收入增长率	5.54
8	总资产增长率	2.29
9	资本保值增长率	10.89
10	环保收益率	1.43

资料来源:根据上市公司财务数据整理。

表6-7 客户纬度情况统计　　　　　　　　　　　单位:%

序号	名称	2014年
1	市场占有率	22.3

第六章 煤炭企业绿色低碳发展评价与实证检验

续表

序号	名称	2014 年
2	客户满意率	76.3
3	客户获利率	53.6

资料来源：根据调查结果汇总整理。

表 6-8 内部流程指标统计

序号	名称	2014 年
1	吨煤综合能耗	542
2	吨煤新水消耗（立方米）	1.45
3	吨煤电耗量（千瓦时）	138.1
4	水资源循环利用率（%）	28.7
5	废气回收利用率（%）	89
6	工业固体回收利用率（%）	94.09
7	吨煤废水排放量（立方米）	4.09
8	吨煤废气排放量（千克）	2.293
9	吨煤工业废物排放量（千克）	320

资料来源：根据企业内部资料整理。

表 6-9 学习与成长情况统计

序号	名称	2014 年
1	员工满意度	8
2	员工循环经济意识	60
3	企业社会责任	0.7
4	法律法规保障程度	1
5	执行人员素质（%）	60.48
6	危险废物安全处置水平	100
7	执行 ISO14001 环境管理体系	1
8	申请专利个数（项）	433
9	研发投入强度（%）	1.88

资料来源：根据调查结果汇总整理。

（三）山西 A 煤绿色循环发展效果评价

山西 A 煤循环经济绩效评价的具体计算步骤如下：

步骤 1：根据《煤炭行业清洁生产评价指标体系》和德尔菲专家评价法确定各变量层指标的最优值和最差值。

步骤 2：对各评价指标实际值进行无量纲化处理，将指标实际值转换成指标评价值。

步骤 3：根据各指标评价值及其权重计算指标单项得分。

步骤 4：对各单项指标求和计算企业循环经济绩效总得分。

1. 三级指标评分值

表 6 – 10 至表 6 – 21 反映了各个三级指标实际值、评价值、评价得分及综合得分等信息，我们可以看出，企业盈利能力的效果只有 0.161，发展能力的效果为 0.368，说明企业盈利能力下降，发展能力不足，企业注重财务方面的缺陷，企业的存在就是应该经济效益和环保效益并存的，过分注重环境资源的保护而不关心企业盈利性，将会使企业失去存在的根本。资源效率、资源回收以及污染物耗费分别为 0.716、0.489、0.738，说明企业实施绿色循环发展已经起到可持续发展的作用。绿色管理理念的效果为 0.757，说明企业的绿色管理理念在企业发挥的作用比较大。但高新技术应用程度只有 0.311，需要进一步加强创新发展。

表 6 – 10　2014 年山西 A 煤盈利指标绩效得分计算结果

三级指标	权重	评价标准最优值	评价标准最差值	企业指标实际值	企业指标评价值	加权得分	总得分
X_1	0.417	23.39	-3.23	6.79	0.383	0.161	
X_2	0.250	9.05	0.32	0.057	0.000	0.000	0.161
X_3	0.333	11.55	0.046	0.06	0.001	0.0003	

表 6-11 2014 年山西 A 煤营运指标绩效得分计算结果

三级指标	权重	评价标准最优值	评价标准最差值	企业指标实际值	企业指标评价值	加权得分	总得分
X_4	0.333	1.45	0.33	0.65	0.28	0.095	
X_5	0.333	23.62	2.62	10.56	0.378	0.126	0.517
X_6	0.334	10.42	0.83	9.30	0.885	0.296	

表 6-12 2014 年山西 A 煤发展能力指标绩效得分计算结果

三级指标	权重	评价标准最优值	评价标准最差值	企业指标实际值	企业指标评价值	加权得分	总得分
X_7	0.313	23.68	0.78	5.54	0.026	0.207	
X_8	0.250	8.78	1.03	2.296	0.164	0.041	0.368
X_9	0.437	245.82	50.78	106.89	0.288	0.126	

表 6-13 2014 年山西 A 煤环保收益指标绩效得分计算结果

三级指标	权重	评价标准最优值	评价标准最差值	企业指标实际值	企业指标评价值	加权得分	总得分
X_{10}	1.000	7.56	0.00	2.57	0.340	0.340	0.340

表 6-14 2014 年山西 A 煤市场占有指标绩效得分计算结果

三级指标	权重	评价标准最优值	评价标准最差值	企业指标实际值	企业指标评价值	加权得分	总得分
X_{11}	1.000	35.4	2.5	23.1	0.626	0.626	0.626

表 6-15 2014 年山西 A 煤客户满意指标绩效得分计算结果

三级指标	权重	评价标准最优值	评价标准最差值	企业指标实际值	企业指标评价值	加权得分	总得分
X_{12}	1.000	100	0	88.6	0.886	0.886	0.886

表 6 – 16　2014 年山西 A 煤客户获利指标绩效得分计算结果

三级指标	权重	评价标准最优值	评价标准最差值	企业指标实际值	企业指标评价值	加权得分	总得分
X_{13}	1.000	100	0	64.7	0.647	0.647	0.647

表 6 – 17　2014 年山西 A 煤资源效率指标绩效得分计算结果

三级指标	权重	评价标准最优值	评价标准最差值	企业指标实际值	企业指标评价值	加权得分	总得分
X_{14}	0.357	318.26	1913.13	539	0.862	0.308	
X_{15}	0.214	0.93	5.38	1.46	0.881	0.189	0.716
X_{16}	0.429	1037.4	1728.9	1376.2	0.510	0.219	

表 6 – 18　2014 年山西 A 煤资源回收指标绩效得分计算结果

三级指标	权重	评价标准最优值	评价标准最差值	企业指标实际值	企业指标评价值	加权得分	总得分
X_{17}	0.385	56.28	19.79	28.83	0.248	0.095	
X_{18}	0.308	100	65.00	96	0.886	0.273	0.489
X_{19}	0.307	100	84.00	94.26	0.395	0.121	

表 6 – 19　2014 年山西 A 煤环境污染及耗费指标绩效得分计算结果

三级指标	权重	评价标准最优值	评价标准最差值	企业指标实际值	企业指标评价值	加权得分	总得分
X_{20}	0.402	3.48	5.98	4.01	0.788	0.317	
X_{21}	0.289	1.489	4.384	2.259	0.734	0.212	0.738
X_{22}	0.309	247	380	290	0.677	0.209	

表 6-20 2014 年山西 A 煤绿色管理理念指标绩效得分计算结果

三级指标	权重	评价标准最优值	评价标准最差值	企业指标实际值	企业指标评价值	加权得分	总得分
X_{23}	0.177	100	0	78	0.780	0.138	
X_{24}	0.129	100	0	62	0.620	0.079	
X_{25}	0.091	1	0	0.7	0.7	0.064	
X_{26}	0.229	1	0	1	1	0.229	0.757
X_{27}	0.198	84.38	50.39	62.50	0.356	0.071	
X_{28}	0.103	100	94	100	1	0.103	
X_{29}	0.073	1	0	1	1	0.073	

表 6-21 2014 年山西 A 煤高新技术应用程度指标绩效得分计算结果

三级指标	权重	评价标准最优值	评价标准最差值	企业指标实际值	企业指标评价值	加权得分	总得分
X_{30}	0.596	894	214	469	0.402	0.239	0.311
X_{31}	0.404	5.39	0.84	1.5	0.178	0.072	

2. 二级指标评分值

表 6-22 至表 6-25 反映山西 A 煤财务、客户、内部流程以及学习与成长 4 个指标的效果分别为 0.349、0.708、0.653、0.608，由此可以看出，山西 A 煤财务已经出现严重问题。导致企业财务问题的内在因素很多，应该关注引起山西 A 煤财务问题的根源，主要是实施循环经济过程中，资源回收利用没有达到标准，且企业技术创新能力不足，而且在不断推进循环经济、节能减排、低碳经济的过程中需要投入大量的资金，引进高技术人才和高新技术，使得短时间内达不到经济效益。

表 6－22　2014 年山西 A 煤财务指标绩效得分计算结果

二级指标	权重	得分	加权得分	总得分
U_{11}	0.261	0.161	0.042	0.349
U_{12}	0.261	0.517	0.135	
U_{13}	0.348	0.368	0.128	
U_{14}	0.130	0.340	0.044	

表 6－23　2014 年山西 A 煤客户指标绩效得分计算结果

二级指标	权重	得分	加权得分	总得分
U_{21}	0.500	0.626	0.313	0.708
U_{22}	0.300	0.886	0.266	
U_{23}	0.200	0.647	0.129	

表 6－24　2014 年山西 A 煤内部流程指标绩效得分计算结果

二级指标	权重	得分	加权得分	总得分
U_{31}	0.465	0.716	0.333	0.653
U_{32}	0.302	0.489	0.148	
U_{33}	0.233	0.738	0.172	

表 6－25　2014 年山西 A 煤学习与成长指标绩效得分计算结果

二级指标	权重	得分	加权得分	总得分
U_{41}	0.628	0.784	0.492	0.608
U_{42}	0.372	0.311	0.116	

3. 一级指标评分值

表 6－26 计算过程得出 2014 年山西 A 煤一级指标绩效总得分为 0.559，绩效水平不太良好。

表 6-26　2014 年山西 A 煤一级指标绩效得分计算结果

一级指标	权重	得分	加权得分	总得分
U_1	0.289	0.349	0.101	0.559
U_2	0.071	0.708	0.050	
U_3	0.413	0.653	0.270	
U_4	0.227	0.608	0.138	

分析各三级指标，企业进行绿色循环发展中存在几个问题，吨煤电耗量指标评价值为0.510，在煤炭生产以及开采过程中，消耗电量是一个问题，应该引起重视；水资源循环利用率指标评价仅为0.248，说明水资源的浪费很严重；工业固体废物循环利用率也只有0.395，需要在这方面改进；高新技术的应用程度指标评价为0.178，说明企业整体的技术水平低下，需要不断引进先进技术支持循环经济的实施。

基于上述平衡计分卡对山西 A 煤实施绿色循环的评价情况，为了达到经济效益、社会效益以及环境效益平衡的目标，针对驱动企业经济目标的内在因素，特对山西 A 煤绿色循环发展提出如下建议：

第一，通过加快废水循环利用系统建设，实施工序用水指标控制、工业用串级使用、一水多用以及废水全部处理达标、合理回用等措施，降低单位产量内的废水重复利用。

第二，加强工业固体废物的重复利用，工业固体废物可以不断用于企业发电或者用于生态恢复。

第三，加快技术创新，在各个工序上不断改进技术手段，尤其是提高资源回收率的技术；同时，要提升管理水平，调整企业内部产品结构，开发设计附加值高和节能环保的产品，而不能只有煤炭初级产品。

总之，评价不是目的，只是手段。要通过这种"企业绿色循环发展效果评价—评价结果反馈企业—企业采取改进措施—再次评价的循环评价"过程，促使企业从财务、客户、内部业务流程及员工的学习与成长四个纬度改善企业生产经营活动的全过程,在提高自身经济效益的同时,注重节约资源和环境保护,实现经济效益、社会效益、环境效益协调发展。

三、煤炭企业低碳发展影响因素选择及模型构建

(一) 山西煤炭企业低碳发展影响因素的选取

迄今为止,国内外学者对低碳发展的研究领域不断扩大,研究层次和深度也经历由浅入深的过程。其中,有关碳排放影响因素的研究成为各研究主题的核心部分。Ang(2003)借助 LMDI 因素分解法,对加拿大 1990~2000 年的相关数据进行分析,并以碳排放量为因变量,经济结构和能源利用效率为自变量,逐步分解出各因素对加拿大碳排放的影响程度。徐国泉等(2006)对中国 1995~2004 年的碳排放量进行因素分解后指出,经济的增长是影响碳排放量的正向因素,能源结构和能源效率则是负向影响因素。郭朝先(2010)则将研究期间延长到 2007 年,其研究结果表明:经济的增长和能源利用率的提高分别是促进和抑制中国 CO_2 排放的最主要因素,而在当前阶段产业结构和能源结构对碳排放的抑制潜力还未得到充分的发挥。

通过对文献综述部分的梳理可以看出,有关碳排放影响因素的研究是国内外学者的重点研究领域,对碳排放影响因素的分解主要包含人口规模、经济增长、能源结构、能源强度、产业结构等因素。此外,国内外学者对碳排放影响因素的研究主要集中在国家层面,对地区层面的研究则处于起步阶段,研究成果较少。

本书认为,低碳发展是不同于传统发展模式的新模式,其以技术创新为核心,以节能减排为发展方式,以制度机制为运行保障,以期实现经济

第六章 煤炭企业绿色低碳发展评价与实证检验

增长的可持续性。此外，低碳发展是一个涉及经济、社会、科技、环境等各系统的复杂发展模式。综上，本书在借鉴文献梳理结果的基础上，采用 LMDI 因素分解法以从业人口规模、行业经济效益、能源强度、能源结构为分解因素对山西煤炭企业 2008～2017 年碳排放量进行分解，并在数据处理结果基础上对山西煤炭企业碳排放现状进行综合分析。

1. 碳排放量的测算模型

目前，各统计机构均缺乏对各行业乃至国家层面碳排放数据的估算和统计，所以本文在借鉴郭朝先、徐国泉等有关碳排放估算模型的基础上，结合本文的实际需要，提出以下碳排放估算模型以估算 2008～2017 年山西煤炭企业的碳排放量。

本文改进后的碳排放估算模型如下

$$C = \lambda_m E_m + \lambda_s E_s + \lambda_d E_d \tag{6-12}$$

其中，C 表示 CO_2 排放量；λ_m 表示煤炭及相关产品的碳排放系数，E_m 表示煤炭及相关产品的消耗量（单位标准煤）；λ_s 表示石油及相关产品的碳排放系数，E_s 表示石油及相关产品的消耗量（单位标准煤）；λ_d 表示电力的碳排放系数；E_d 表示电力的消耗量（千瓦时）。

有关各能源的碳排放系数国内或国际范围内并没有统一的标准，全球范围内一些研究机构均提出不同的碳排放转化系数，但是之间差异较小；为了避免采用不同系数指标时，计算结果的重大偏差，本书通过资料查询和搜集，整理出全球气候变化基金会、亚洲开发银行、中国工程院、美国能源部、日本能源研究所提供的燃煤和燃油的碳排放系数，并求其平均值以保证系数指标的代表性，如表 6-27 所示。

电力作为二次能源本书将其作为独立的一项能源项目进行列示，以更明确地凸显山西煤炭企业对一次能源和二次能源的消耗量的增减变动情况，因而，对于电力折标系数，目前虽尚未有统一的指标可以借用，但可以通过资源之间转化的数量关系进行推算。2011 年中国电力企业联合会发布的全国供电标准煤耗是 0.404 千克标准煤/千瓦时，据此可以推算出电力折算成标准煤的系数，具体过程如下：

1 千瓦时 = 0.404 千克标准煤

1 千克标准煤 = 0.7224 千克碳

电力折标系数 = 0.404 × 0.7224 = 0.292 千克碳/千瓦时   (6 – 13)

表 6 – 27 不同机构提出的煤炭、石油碳排放系数

单位：kg – c/kgce

研究机构	煤炭	石油
全球气候变化基金会	0.748	0.583
亚洲开发银行	0.726	0.583
中国工程院	0.680	0.540
美国能源部	0.702	0.478
日本能源研究所	0.756	0.586
平均值	0.7224	0.554

资料来源：根据相关资料整理而成。

根据式（6 – 12）碳排放估算模型和表 6 – 27 及式（6 – 13）提供的有关煤炭、石油、电力折算成标准煤的系数数据，可以得出如下碳排放测算公式

$$C = 0.7224 E_m + 0.554 E_s + 0.292 E_d \qquad (6-14)$$

2. 碳排放量的测算

本书采用的 2008～2017 年山西煤炭企业有关煤炭、石油、电力消耗量的数据均来自于《山西统计年鉴》（2009～2018）。另外，考虑到数据难以获得，本书仅以占山西煤炭企业能源消耗总量 85% 左右的煤炭、石油及电力三种能源项目代表并组建本文能源结构的构成项目。结合式（6 – 14）测算出的碳排放量及三种能源消耗量的原始数据如表 6 – 28 所示。

（二）山西煤炭企业低碳发展模型的构建

1. 模型构建的意义

环境污染导致极端天气状况频频出现，使得人们开始反思原有的发展

方式。理论和实践的双重验证使人们开始摒弃"增长即是发展"的传统增长理念，并意识到可持续发展才是发展的真谛，才能真正实现发展的代内及代际公平。在此背景下，低碳发展得以提出并被各个国家所采用。山西省作为在中国具有代表性的煤炭大省，对其煤炭企业进行深入、细致的研究具有重要意义。

表 6-28 2008~2017 年山西煤炭企业碳排放数量及原始数据

年份	煤炭消耗量 （万吨标准煤）	石油消耗量 （万吨标准煤）	电力使用量 （亿千瓦时）	碳排放总量 （万吨）
2008	1758.41	30.44	178.33	1339.21
2009	1874.95	41.08	150.83	1421.26
2010	2064.5	36.02	171.85	1561.53
2011	2327.36	48.72	194.31	1765.01
2012	2501.24	55.41	270.74	1916.65
2013	2864.07	61.66	276.8	2183.99
2014	2563.43	64.16	263.31	1964.25
2015	2613.51	59.91	235.97	1990.09
2016	2094.18	65.83	217.4	1612.79
2017	2017.39	70.99	258.81	1572.26

资料来源：根据相关数据绘制而成。

通过构建以近 10 年有关人口、GDP、能源强度等的数据为内核，以 LMDI 因素分解法为工具的理论模型，通过分析揭示影响山西煤炭企业低碳化发展的客观规律，以期山西煤炭企业在遵循规律的同时，发挥自身能动性，推动低碳减排的进程。通过构建该模型可以摆脱人们对影响山西煤炭企业 CO_2 排放量的主观臆测，以数据为支撑的定量化研究更具准确性和严谨性。该模型以多个因素为切入点，更全面地反映各个因素对山西煤炭企业 CO_2 排放量的影响，规避单因子评价方法的片面性，准确地把握抑制因素,以便加快其低碳化转型进程。

2. 模型的建立与因素分解

(1) Kaya 恒等式。国内外有关碳排放影响因素的研究经过多年的推进,出现了很多碳排放恒等式,其中,日本学者 Yoichi Kaya 于 1989 年提出的 Kaya 恒等式被广泛应用于众多领域,该恒等式将经济、社会、技术等众多方面均纳入到 CO_2 排放量的测算中,并将其以数学关系的形式展现出来,可以明确地量化各影响因素对碳排放量的影响程度。Kaya 恒等式的初始形式如下

$$C = P \times \frac{GDP}{P} \times \frac{PE}{GDP} \times \frac{C}{PE} \qquad (6-15)$$

其中,C 表示碳排放总量;P 表示人口数;GDP 表示国内生产总值;PE 表示能源消耗总量。

(2) 改进的 Kaya 恒等式及碳排放影响因素的 LMDI 分解法。Kaya 恒等式初始模型分解出的碳排放影响因素并不透彻和全面,而且该恒等式只是为具体研究提供一个范式和模板,并不具备广泛的代表性和适应性,无法适用于各不同的研究主题。基于上述问题和研究需要,本书在上述分解因素的基础上加入能源结构因素,形成适用于山西煤炭企业碳排放现状的改进的 Kaya 分解模型

$$C = \sum_{i=1}^{3} C_i = P' \times \frac{GDP'}{P'} \times \frac{E}{GDP'} \times \frac{E_i}{E} \times \sum_{i=1}^{3} \frac{C_i}{E_i} \qquad (6-16)$$

其中,C 表示山西煤炭企业的碳排放总量;C_i 表示山西煤炭企业消耗第 i 种能源的碳排放量;P' 表示山西煤炭企业的从业人数;GDP' 表示山西煤炭企业的生产总值;E 表示山西煤炭企业的能源消耗总量;E_i 表示山西煤炭企业第 i 种能源的消耗量。

由式(6-16)可以对各分解因素进行重新定义,$Q = \frac{GDP'}{P'}$ 为行业经济效益因素,代表山西煤炭企业从业人员的单位产值;$R = \frac{E}{GDP'}$ 为能源强度因素,代表山西煤炭企业单位生产总值的能源消耗量,也即为能源利用效率;

$W_i = \dfrac{E_i}{E}$ 为能源结构，代表第 i 种能源在山西煤炭企业能源消耗总量中所占的比重；$K_i = \dfrac{C_i}{E_i}$ 为第 i 种能源的碳排放系数，代表山西煤炭企业消耗单位第 i 种能源的碳排放量；在此基础之上对式（6-16）进行简化后如下：

$$C = \sum_{i=1}^{3} C_i = \sum_{i=1}^{3} P'QRW_iK_i \quad (6-17)$$

其中，Q 表示山西煤炭行业经济效益；R 表示能源强度；W_i 表示能源结构；K_i 表示第 i 种能源的碳排放系数。

借助上述简化公式，报告期相对于基期的 CO_2 排放量的差异可进行如下表述。

乘法模式：

$$D_{tot} = \dfrac{D_t}{D_0} = D_{P'}D_QD_RD_{W_i}D_{K_i} \quad (6-18)$$

加法模式：

$$\Delta C_{tot} = C_t - C_0 = \Delta C_{P'} + \Delta C_Q + \Delta C_R + \Delta C_{W_i} + \Delta C_{K_i} \quad (6-19)$$

在乘法模式和加法模式中，各子项目分别表示从业人口数、行业经济效益、能源强度、能源结构、碳排放系数对山西煤炭企业碳排放量的影响程度。除此之外，因各种能源的碳排放强度在短时间内不会发生较大变化，所以假设其对碳排放量变化的影响程度为0，故令 $\Delta C_{K_i} = 0$。

上述对核心指标各影响因素的分解方法属于指标分解分析方法的主要模式，其中，LMDI 对数指标分解法便属于指标分解分析方法中一种被广泛采用的因素分解法。LMDI 因素分解法具有如下优势：①LMDI 因素分解法对主体指标可以进行完全分解，不存在无法解释的残差项，使数据处理结果更具有合理性和严密性，而且此方法操作简单，便于运行；②LMDI 因素分解法有乘法和加法两种不同的表现形式，在这两种不同的表现形式下，数据的处理结果具有一致性，不存在无法处理的结果偏差。LMDI 因素分解法的主要缺陷是无法处理含0项和负值项的数据。考虑到本书的研究中从业人口数、能源强度、行业经济效益等项目不可能出现0或负值及

LMDI 因素分解法所具备的优势，本书采用 LMDI 因素分解法对山西煤炭企业碳排放影响因素进行分解。

LMDI 因素分解法具有乘法分解和加法分解两种模式，因两种模式下数据处理结果具有唯一性，本书仅采用加法模式对山西煤炭企业碳排放影响因素进行分解，对于乘法模式不再赘述。加法模式下，对山西煤炭企业碳排放各影响因素的分解如下［具体推导过程请参阅 Ang（2003）］

从业人数对碳排放量变化的影响数：

$$\Delta C_{P'} = \sum\nolimits_{i=1}^{3} \mu_i \ln \frac{P'_t}{P'_0} \tag{6-20}$$

行业经济效益对碳排放量变化的影响数：

$$\Delta C_Q = \sum\nolimits_{i=1}^{3} \mu_i \ln \frac{Q_t}{Q_0} \tag{6-21}$$

能源强度对碳排放量变化的影响数：

$$\Delta C_R = \sum\nolimits_{i=1}^{3} \mu_i \ln \frac{R_t}{R_0} \tag{6-22}$$

能源结构对碳排放量变化的影响数：

$$\Delta C_{W_i} = \sum\nolimits_{i=1}^{3} \mu_i \ln \frac{W_{it}}{W_{i0}} \tag{6-23}$$

其中，共同的因子

$$\mu_i = (C_{it} - C_{i0}) / \ln(C_{it}/C_{i0}) \tag{6-24}$$

式中，P'_t 表示第 t 年山西煤炭企业从业人数；P'_0 表示 2008 年山西煤炭企业从业人数；Q_t 表示第 t 年山西煤炭企业行业经济效益；Q_0 表示 2008 年山西煤炭企业行业经济效益；R_t 表示第 t 年山西煤炭企业能源强度；R_0 表示 2008 年山西煤炭企业能源强度；W_{it} 表示第 t 年山西煤炭企业第 i 种能源的消费比重；W_{0t} 表示 2008 年山西煤炭企业第 i 种能源的消费比重；C_{it} 表示第 t 年山西煤炭企业消耗第 i 种能源产生的碳排放量；C_{i0} 表示 2008 年山西煤炭企业消耗第 i 种能源产生的碳排放量。

四、山西省煤炭企业低碳发展实证分析

(一) 数据的来源及处理

本书收集的山西煤炭企业煤炭产量数据及各年度煤炭的综合售价数据主要来源于山西产业信息网和政府工作报告及相关行业网站。此外,为了保证数据的可比性和研究的严谨性,本书将2009~2017年山西煤炭企业产值数据以2008年的不变价格进行了折算。除此之外,本书有关山西煤炭企业从业人口数及山西煤炭企业能源消耗总量数据均来自于《山西统计年鉴》(2009~2018)。通过数据的收集和处理,本书绘制2008~2017年山西煤炭企业碳排放相关原始数据表,如表6-29所示。后续模型的构建和处理均以此表为数据支撑。

表6-29 2008~2017年山西煤炭企业碳排放相关原始数据

年份	从业人口数(万人)	煤炭产量(亿吨)	煤炭总产值(亿元)	煤炭行业经济效益(万元/人)	能源消耗总量(万吨标准煤)	能源消费强度	能源结构(煤炭占比)	碳排放总量(万吨)
2008	75.32	6.3	2181.40	28.96	2420.43	1.11	0.93	1339.21
2009	76.65	6.15	2490.64	32.49	2633.96	1.06	0.92	1421.26
2010	78.91	7.4	2905.61	36.82	2966.28	1.02	0.91	1561.53
2011	84.89	8.7	3342.83	39.38	3352.1	1.00	0.91	1765.01
2012	89.3	9.14	3815.04	42.72	3721.54	0.98	0.88	1916.65
2013	101.54	9.6	4592.41	45.23	4297.32	0.94	0.87	2183.99

续表

年份	从业人口数（万人）	煤炭产量（亿吨）	煤炭总产值（亿元）	煤炭行业经济效益（万元/人）	能源消耗总量（万吨标准煤）	能源消费强度	能源结构（煤炭占比）	碳排放总量（万吨）
2014	97.07	9.76	4544.13	46.81	4201.53	0.92	0.86	1964.25
2015	93.3	9.44	4425.71	47.44	3965.25	0.90	0.89	1990.09
2016	92.66	8.32	4109.35	44.35	3507.65	0.85	0.88	1612.79
2017	73.2	8.56	4211.58	57.54	3473.52	0.82	0.84	1572.26

资料来源：根据相关数据绘制而成。

（二）山西煤炭企业碳排放影响因素分解

结合山西煤炭企业2008~2017年碳排放相关原始数据表（见表6-29）和式（6-20）~式（6-24），可以得出表6-30。

表6-30 2009~2017年山西煤炭企业碳排放量变化的因素分解（加法）

影响因素	2009年	2010年	2011年	2012年	2013年	2014年	2015年	2016年	2017年
碳排放增量	82.05	222.32	425.80	577.44	844.78	625.04	650.88	273.57	233.05
人口规模	24.15	67.39	184.45	274.21	515.93	413.90	351.72	304.78	41.44
行业经济	146.82	332.89	459.14	627.50	763.71	762.36	791.31	599.60	901.00
能源强度	-66.26	-120.58	-156.07	-207.43	-294.30	-297.54	-351.84	-385.85	-430.53
能源结构	-22.66	-57.38	-61.72	-116.84	-140.56	-253.68	-140.82	-244.97	-278.86

（三）山西煤炭企业低碳发展的实证结果分析

当前，山西煤炭企业的发展进入重要的转型期和机遇期，转变落后的生产方式实现低碳化发展是转型期的必然选择，抓住发展机遇占领发展的制高点是山西煤炭企业的战略目标和方向。在此过程中，深入探讨影响山西煤炭企业低碳发展的影响因素显得尤为重要，分析各驱动因素对碳排放的正向或负向作用以及影响程度的大小有助于抓住问题的主要矛盾和根本，便于为山西煤炭企业的低碳转型发展提供更具效用和针对性的政策措施。

根据表6-29和表6-30的数据，绘制出2008~2017年各驱动因素的变化趋势图以及以2008年数据为基期的山西煤炭企业2009~2017年碳排放变化量中各驱动因素的贡献率变动趋势图。其中，2008~2017年各驱动因素的变化趋势因数值大小差异较大，无法使用统一的刻度值，故为显示各因素的变化趋势，图6-2和图6-3分别显示从业人数和行业经济效益、能源强度和能源结构的变动趋势。图6-4为2009~2017年各驱动因素对碳排放变化量和贡献率。

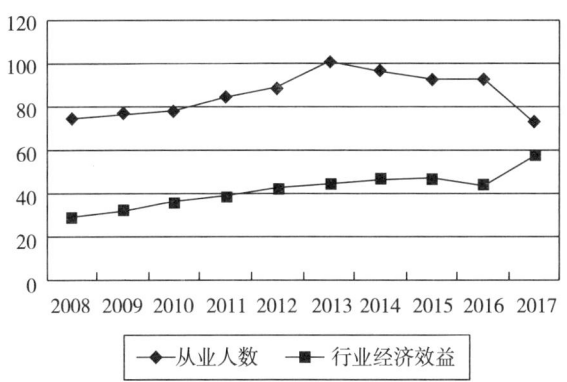

图6-2　2008~2017年从业人数和行业经济效益的变动趋势

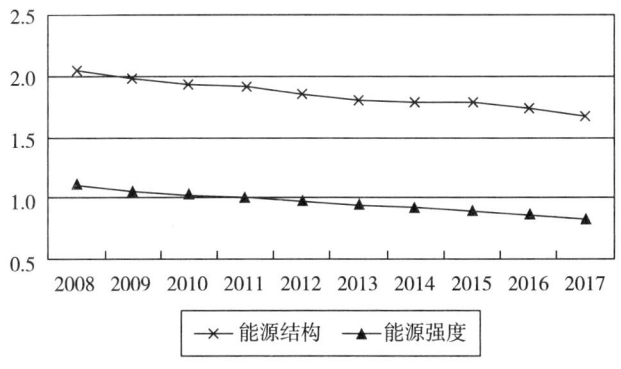

图6-3　2008~2017年能源强度和能源结构的变动趋势

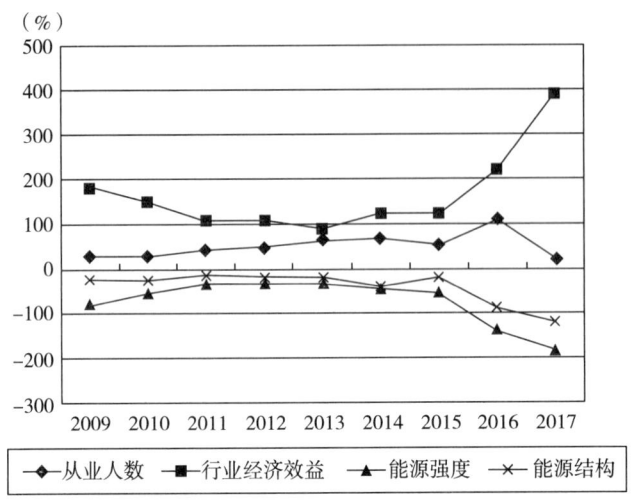

图 6-4 2009~2017 年各驱动因素对碳排放变化量的贡献率

在图 6-2、图 6-3 和图 6-4 的基础上,对各驱动因素的变化趋势分别进行分析。

1. 从业人数对碳排放量变化趋势的影响分析

煤炭产业一直是山西经济发展的重要支柱性产业,在当前新常态的背景下,这种以煤为主的落后发展方式是阻碍中国经济转型的一大障碍;此外,煤炭市场的持续低迷严重打击了山西经济的发展,即便在此内忧外患的情况下,山西煤炭产业仍然容纳了山西大量的劳动力。从图 6-2 可以看出,2008~2012 年属于煤炭"黄金十年"期间,山西煤炭行业的从业人口数量呈现出逐步上升趋势,并在 2013 年达到从业人数的最高点,此后的 2013~2017 年山西煤炭行业从业人数逐年下降;2017 年,因受改革力度加大,结构调整等因素的影响,山西煤炭行业从业人数达到近 10 年的最低点,相对于 2013 年下降了 27.91%。图 6-4 中,山西煤炭行业从业人口数对碳排放量变化的贡献率有升有降,但是贡献率一直大于 0,属于碳排放促进因素。所以,煤炭市场的发展前景关系煤炭行业的从业人数,而采取有效措施,在不激发社会问题的情况下,适当减少山西煤炭行业的从业人数也是实现减排的可用措施。

2. 行业经济效益对碳排放量变化趋势的影响分析

本书用从业人员人均煤炭生产总值表示行业经济效益,其中包含许多因素的综合作用和影响,比如山西煤炭行业机械化水平的提高对行业经济效益的提升作用、受煤炭行业市场供需和进出口状况影响的煤炭市场价格的变动及煤炭行业从业人数的变动等都会影响山西煤炭经济的发展的趋势。从图6-2可以看出,山西煤炭行业的经济效益呈现上升趋势,即便是"黄金十年"结束后,人均煤炭生产总值也呈现上升趋势。从图6-4可以看出,行业经济效益在近10年内对碳排放量变化的贡献率最大,是促进碳排放的主要因素。所以,在整个煤炭市场行情不可控的情形下,山西煤炭企业逐步提高自主创新能力,提高机械化水平及引进高素质的专业技术人员等是推动低碳减排的可行方案。

3. 能源强度对碳排放量变化趋势的影响分析

2008~2017年山西煤炭企业的能源消费总量以2013年为节点有升有降,但是图6-3显示在此10年间山西煤炭企业的能源消费强度呈稳步下降趋势;因素分解表6-30中同样显示能源强度对碳排放量变化的贡献值的绝对数也呈下降趋势,此外,图6-4的统计结果也证实能源强度是抑制碳排放的重要因素。这种现象的出现主要归功于技术水平的逐步提高,经济的增长等因素带来的能源利用率的提高,但是以单位产值的能耗代表能源强度具有局限性和片面性,因为只要山西煤炭行业产值的增速超越能耗的增速,就会使能源强度继续保持下降趋势,这不符合山西煤炭企业的未来发展趋势,因为煤炭、石油作为不可再生能源,具有稀缺和有限性,所以在不断加大科技投入、提高自主研发和创新能力以提高能源利用效率的同时,逐步提高清洁能源占比仍然具有战略意义。

4. 能源结构对碳排放量变化趋势的影响分析

从表6-29可以看出,在山西煤炭企业的能源消耗总量中煤炭、石油等高碳排放能源所占比重在85%左右,是山西煤炭企业的主体能耗。能源结构对碳排放贡献值的绝对数也基本呈上升趋势,而且2015年以后在国家节能减排、经济转型和结构调整的大力号召下，山西煤炭企业能源结构对碳排放的贡献率绝对数大幅度下降，展现出能源结构调整在山西煤炭企业低碳转型发展中的巨大潜力。山西省提出力争 2020 年天然气占比达到 12%，2022 年清洁可再生能源占比突破 30%，其中山西煤炭企业作为山西经济发展的重要主体，应不断提高清洁能源在能源耗费中的比重，也应不断延长产业链，实现高碳能源的低碳发展。

第七章
山西省煤炭企业绿色低碳发展对策研究

一、山西省煤炭企业绿色循环发展的对策

（一）推行煤炭清洁生产高效利用

1. 推行绿色开采

2005年，国务院发布《关于落实科学发展观加强环境保护的决定》，指出"要完善生态补偿政策，尽快建立生态补偿机制"，并规定了开展生态补偿试点工作的意义以及指导思想、原则和目标，对自然保护区、重要生态功能区、矿产资源开发和流域水环境保护四个领域开展生态补偿试点。在国家生态补偿机制的要求下，山西省煤炭企业可以以生态环境补偿费的征收为指导，加大企业内部环境规制强度。对于推行绿色开采，煤炭企业应采取如下措施：

首先，煤炭企业应该转变采矿理念，从"高资源消耗"向"高回采率"转变，从"先破坏后治理"向"与环境协调的绿色开采"转变，大力发展固体废物充填采煤技术，形成煤炭资源开采与环境协调发展的绿色

开采模式。

其次，管理者应该建立煤炭企业内部煤炭资源清洁生产制度，在源头上把握资源的低开采，实现绿色开采。通过减少原料的使用量、重新设计生产工艺，在生产中减少排放和节约资源。例如，通过采煤工艺和方法的优化，一方面可以提高煤炭的质量，另一方面可以实现矸石回填、矸石不出井等多种环保目标；对矿井水进行采矿井的闭路循环和分类处理，采用煤矿生产污水处理技术，从而减少污水的排放量；改革巷道布置方式，从源头上控制矸石的排放，少开岩巷的巷道布置和矿区开拓。由于煤炭开采过程中岩巷的开掘不可避免，因此必须将矸石有效利用，如用矸石代替黏土烧制砖，利用煤矸石本身的可燃物节约煤炭。对于不适宜在地面使用的矸石，可以用于井下填充采空区防止地表塌陷。矸石还可用于发电，煤矸石发电既能解决矸石山堆积占用土地的问题，又能间接地为煤矿带来经济效益。

2. 推广清洁利用

（1）高效清洁发电。煤炭向电能的转化，是煤炭利用的重要手段之一，而传统的燃煤发电不仅严重污染环境，也浪费了大量煤炭资源，因此煤炭企业采取高效清洁发电是未来必然的发展方向。国务院办公厅在《能源发展战略行动计划》（2014～2020年）中指出，要清洁高效发展煤电，转变煤炭使用方式，着力提高煤炭集中高效发电比例。在煤炭企业推广清洁高效大型坑口电厂建设，采取水煤浆发电等节能煤发电技术，既可以满足经济发展的能源需求，又可以缓解煤炭加工利用过程的环境破坏。

煤炭企业在能源发展战略背景下推广高效清洁发电，应该采取以下措施：

1）应该在煤矿建设大型坑口电厂和低热值煤电厂，推动千万吨级和千万千瓦级大型煤电基地建设，推进煤电一体化和煤电联营，提高资源就地转化效率，完善煤炭生产基地到消费市场的输电线路等基础设施，借助特高压输电网络的建设，把输煤、用煤转变为输电、用电，推动终端消费由一次能源更多向以电力为主的二次能源转变，实现煤炭清洁高效利用。

2）可以利用企业内矿区剩余的劣质煤、煤泥、煤矸石等低热量产物作为燃料发电。

3）煤炭企业应该不断推进高效机电组与超低排放技术的不断探索，可以大幅度降低烟尘、二氧化硫和氮氧化物的排放水平。

(2) 煤炭气化和液化。在煤炭加工转化上，国家能源局提倡"科学论证，认真抓好煤制油、煤制气示范工程建设"。20多年来，洁净煤利用技术得到跨越式的发展，然而这些技术并没有从根本上扭转煤炭粗放式开发和利用的总体局面，究其根源，还是缺乏煤炭清洁高效利用协调机制。所以要实现煤炭资源的清洁高效利用，一是建立煤炭企业煤炭清洁生产和高效利用协调机制，有效进行全产业链清洁管理。煤炭企业内部各个部门机构全力组织开展相关重大问题的研究和煤质标准、支持政策的制定，编制煤炭清洁利用发展和管理规则，协调规划实施过程中的重大问题，切实做到从煤炭生产开发到煤炭终端消费的全过程管控，只有这样，才能真正做到煤炭的清洁高效利用。二是煤炭企业应在传统的煤炭产业链条基础上向煤炭深加工和清洁转化延伸，进而丰富产业多样性并提高产品附加值。三是不断推进煤炭气化和液化的多联产技术，把固体煤炭通过化学加工，使其转化成为液体燃料、化工原料和产品。同时，煤炭直接液化为发动机燃料油和其他化工产品，煤炭企业也可以将煤间接液化为丙烯、烯烃、石脑油、烷烃等化工产品，这些产品可以用作生产石化替代品的原料，也可以经过加工成为优质汽油、柴油等发动机燃料。因为生产过程是清洁的，对环境没有影响，煤炭液化过程无污染，不仅可以提高煤炭使用效率，更能有效促进煤炭企业的多元化发展。

3. 推动资源循环利用

习近平总书记在2014年6月能源战略讲话中要求抑制不合理能源消费，树立勤俭节约的消费观，贯彻节约优先的战略方针；要求煤炭企业以提高能源效率为主线，切实改善能源消费方式，鼓励节约用能，保障合理用能，限制过度用能。同时，推荐环保设施改造，因地制宜采用成熟适用的环保改造技术，实现资源有效回收再利用也被列入《煤电节能减排升级与改造行动计划》（2014~2020年）中。

煤炭企业在生产过程中消耗大量的能源，同时在日常生产以及工人生活中排放大量的废水和废热。煤矿排放的热能可通过回收再利用，实现高碳产业低碳运行。矿井水经净化处理后作为矿区生活用水和工业用水，不仅可以节约水资源，而且可以避免未经处理直接外排污染地表水环境，经济、环境和社会效益明显。

（二）强化循环经济技术创新

技术是企业发展的核心动力，山西煤炭企业要想发展好循环经济，洁净煤技术的应用需要更进一步提高，使循环经济真正落实到每个环节，依托科技进步和技术创新，以雄厚的人力保证洁净煤技术的实施推广。同时，煤炭企业应严格依法组织生产，加大资金技术创新投入，采取有效措施，按照废物减量化的首要原则，减少污染物的排放，利用各种清洁开采技术减轻对土地资源的破坏，实现低开采、高利用、低排放的良性循环。而煤炭企业提高技术创新能力，实施循环经济技术创新的措施有：一是引进循环经济技术消化吸收再创新。直接引进国外先进循环经济技术是提升企业创新能力的一种有效措施，煤炭企业需要对引进的技术进行消化吸收，把国外的循环经济技术本土化，不仅要掌握和驾驭这种技术，还要与企业的各种资源、设备相配套，从而进行二次创新，形成自己的特色技术品牌，提升煤炭企业自身的科技竞争能力和技术创新能力。二是培养科技型人才提高企业自主创新能力。企业自主创新活动的主体是科技型人才，煤炭企业科技人才的规模和质量直接影响循环经济技术的创新能力，一支强大的科技型人才队伍不仅可以提高企业技术创新效率，缩短循环经济技术的创新周期，降低企业技术创新活动的风险，还可以促使企业循环经济技术创新步入良性循环，提高煤炭企业自主创新能力。

在煤炭领域，煤炭企业应大力发展采煤机械化，努力提高采煤机械装备的档次和水平；积极开展"三下"采煤、冲击层下采煤技术研究与应用,优化开采设计,改进生产工艺,提高资源回收率;加强矸石充填开采技术的深入研究和推广应用,实施膏体等不同形式充填开采技术;进一步优化掘进施工工艺,积极推广应用沿巷深孔爆破控制技术,充分发挥机掘效能,提高单进水平;加强安全新技术的研究应用和先进装备、新型材料推广应用工作,重点解决瓦斯综合治理、矿井防灭火与防治水等制约安全生产的关键性技术难题。

在煤化工领域,需要煤炭企业重点研究焦化副产品深加工技术、煤炭气化技术、甲醇制烯烃(MTO)催化剂技术、新型甲烷催化剂制备技术及合成天然气工艺研究、褐煤热解制取高品质气化原料新工艺开发等,为煤炭企业煤化工产业发展提供技术支撑。同时,由于2014年国内页岩气产量为12亿立方米,相比年初所设定的目标15亿立方米存在差距。《能源发展战略行动计划》(2012~2020年)中明确提出,煤炭企业应重点突破页岩气和煤层气开发。目前现有技术不能完全满足页岩气水平井钻井的需求。所以,山西煤炭企业应利用政府的扶持政策,对水平井分段多级压裂工艺技术及配套工具进行引进、研发、实验和评价,逐步完善煤层气压裂缝延伸规律、压裂规模优选、产量等方面的科研成果。煤炭企业应根据自身面临的资源、环境、研发实力、政策等方面的问题对页岩气的开采技术研发采取综合策略。

(三)提高绿色循环发展管理水平

1. 完善管理制度

首先,提高领导力,稳步推进循环经济。主要是由领导指引,在煤炭企业内部设立专门的循环经济工作部门,由各个相关部门积极配合参与,建立有效的协调工作机制。

其次,建立绿色循环发展管理制度。主要是在绿色循环发展决策、绿色循环发展实施和绿色循环发展考核三个方面着手。对绿色循环发展进行有效管理的基础是绿色循环发展的决策,需要在煤炭企业内部建立基本的物质流量信息表,从而推动清洁生产、淘汰落后产品和生产技术。对绿色循环发展有效管理的关键是绿色循环发展实施，企业要不断推进煤炭资源的清洁生产，以及伴生资源的高效利用。评价绿色循环发展是否有效管理，需要煤炭企业构建合理的绿色循环发展评价指标体系，而指标体系的构建需要企业分析平衡经济效益和社会效益。

2. 建立人才开发机制，提高经营者和员工的素质

循环经济是系统性的工作，需要多学科知识的复合型管理人才，煤炭企业应该注重相关发展人才的教育与培训，同时企业可以建立产学研合作的人才培养机制，企业与高校合作聘请专家为企业员工进行培训；加大力度培训在岗人员的水平，为工作人员提供在岗培训，树立循环经济理念，推广先进的循环经济经验和实用技术，以便员工能尽快熟悉并运用循环经济技术进行产品生产操作。

3. 推进绿色管理理念的执行

首先，煤炭企业应该建立绿色文化。企业文化是企业及其员工在生产经营实践中逐渐形成的，是价值观模式和各种观念文化形态的综合，正确的企业文化能够增强企业的凝聚力，提高核心竞争力。煤炭企业要建立绿色文化，应该关注员工特别是经营管理者的绿色意识，不断进行宣传和培训，同时应致力于开发绿色产品、进行绿色设计、开发绿色市场等。

其次，制定绿色经营战略。绿色经营战略是煤炭企业根据其与自然、社会的和谐发展，在促进社会经济可持续发展中实现可持续成长理念，结合外部环境的变化和企业的实际情况，明确成长的方向。煤炭企业应该长期持久实施绿色管理，使其变成企业成长有力、持续、不可缺少的推动力量的保证。

最后，设立绿色组织机构。绿色管理是把可持续发展观念融入到生产经营之中，不仅需要职工和管理层有绿色意识，更要有具体的职能部门来履行绿色管理的职能，需要设定相应的计划制定部门、执行部门、监督部门，使企业形成一个绿色管理的网络。

第七章 山西省煤炭企业绿色低碳发展对策研究

二、山西省煤炭企业低碳发展的对策

(一) 山西煤炭企业低碳发展的内部策略

1. 优化人员体系

对影响山西煤炭企业碳排放量的因素进行分析的结果表明,从业人数对碳排放量的贡献率一直大于零,是碳排放的促进因素,所以,调控从业人数是山西煤炭企业推进低碳转型的一个着力点。

在当今全球范围内不断推崇创新求变的环境中,人力资源成为各个国家、各个企业实现超越的核心竞争力;同理,山西煤炭企业也应将关注点逐步分散到其从业人数中来,从中找寻新的突破口。首先,从从业人数角度,煤炭企业从业人数不仅关系煤炭开采量问题,进而会增加碳排放量,甚至会影响整个煤炭资源系统的平稳运行。具体而言,与煤炭资源需求量、行业发展层次、技术水平等相适应的从业人数才是合理的,否则将会扰乱煤炭资源市场的运行,所以,山西煤炭企业在落实低碳发展规划的过程中,应不断摸索和积累经验,总结规律,从而缓解从业人数冗余造成的碳排量增加的问题,良好推动山西煤炭企业低碳转型规划的落地实施。其次,从从业人员素质角度,山西煤炭企业管理人员应不断深入自身对低碳发展的认知,吸取国内外先行者在低碳领域获得的经验,以更好地制定符合企业自身情况的战略并有效推动战略的实施;而针对基层工作人员,应加强专业培训,提高技术操作水平,在减少碳排放及污染物排放的同时,减少安全事故的发生概率。

2. 改善能源结构

数据显示,煤炭、石油等高碳能源在山西煤炭企业的总能源消费量中占有极大比重,但是对其碳排放量的因素分解结果进行贡献率分析后发现。能源结构对碳排放的绝对贡献值在大幅度下降,这表明改善能源结构是山西煤炭企业发展低碳经济的首要关注点。

对山西煤炭企业能源消费结构的改善可以从以下两方面入手:其一,山西煤炭企业应不断提高资源利用率,从而减少高碳能源使用量和碳排放量。山西煤炭企业在生产经营的过程中,应从开采、加工、使用到废弃物处理等整个环节的专用设备进行升级改造,从而提高能源的利用率,并对加工工艺和生产线进行技术化革新,从而提高能源的产出率,降低能源消耗量,缓解能源消费结构与低碳发展之间的冲突。其二,提高清洁能源在能源消费中的比重在山西煤炭企业低碳发展过程中具有较大发挥空间。随着一次能源枯竭危机的来临,清洁能源进入人们的视野,全球各个国家都在积极地从清洁能源方面寻找突破口,以打破资源短缺的瓶颈,企图率先占领新型能源的制高点。山西作为中国的煤炭大省,在中国清洁能源体系的建设过程中责任重大。山西省提出力争2020年天然气占比达到12%,2022年清洁可再生能源占比突破30%,而山西煤炭企业作为关系山西经济发展的重要主体,应积极承担社会责任,逐步提高天然气、风能、生物质能等清洁能源的比重。此外,清洁能源产业是一种朝阳产业,随着行业的发展及山西煤炭企业对其认知的不断深入,可能会为山西煤炭企业的转型发展提供一种新思路。

3. 降低能源强度

前文研究结果表明,山西煤炭企业的能源强度逐年降低,能源强度对碳排放量的贡献率也一直低于零,近年更是大幅下降。所以,降低能源强度是山西煤炭企业低碳发展的切入点。

能源强度($\frac{E}{GDP'}$)表示单位生产总值的能源消耗量,即能源利用效率,是一个涉及政策、市场、经济状况等众多因素的复杂指标。对于山西煤炭企业而言,一些因素是不可控的或是有局限性的。不可控性体现在,比如,单位生产总值受煤炭价格和通货膨胀水平的影响,而煤炭价格和通货膨胀水平会受国际国内市场状况的影响出现大幅波动。局限性体现在，比如，市场需求状况影响着山西煤炭企业的生产状况，生产的进行需要以能源消耗为支撑，而山西以煤炭企业为主体的经济发展格局就决定通过减少煤炭企业的能源消耗来降低能源强度具有一定的局限性。所以，通过寻求政策、市场、经济发展状况等因素之间的互相配合以在短期内大幅降低能源强度是难以实现的。但从长远考虑，通过技术创新逐步提高能源利用率，将一直是降低能源强度的可行措施。山西煤炭企业低碳转型发展是一个循序渐进的过程，企图在短期内获得显著的成果终将会伤及根本，需要在摸索与探寻中寻求发展，这是山西煤炭企业在发展低碳经济的过程中必须考虑的现实问题。

4. 创新低碳技术

低碳经济概念的出现为能源型企业的转型提供了方向。低碳经济经过多年的发展已经进入瓶颈期，各能源型企业开始从低碳技术角度寻求突破。山西煤炭企业落后的技术创新水平一直是阻碍其实现转型的一大障碍，为了实现紧跟时代潮流和寻求自身飞跃发展，其也应逐步淘汰原有落后的生产线和开采工艺，大力创新低碳技术。

（1）创立校、企、科研机构技术研发联盟。山西煤炭企业的低碳技术创新能力整体而言较弱，这主要归根于山西煤炭企业的技术创新成果大多来源于企业内部研发，由学校、企业、科研机构共同研发的技术成果少之又少。低碳技术的研发仅依靠企业单方的努力无法将校方大量技术创新人才、科研机构先进研发设备和企业获取的市场信息相结合，使得其低碳技术效用较差。故而，山西煤炭企业应该在校、企、科研机构的合作中寻发展，建立三位一体的低碳技术创新联盟，这不仅可以解决高校方面的就业问题，也可以充分利用科研机构的先进设备，提高其研发能力，也可以提高山西煤炭企业的市场竞争力和资源利用效率，降低其碳排放量。

（2）业内合作共同投资开发低碳技术。煤炭企业提供的煤炭产品直接影响其后续消耗过程中的二氧化碳排放量，是影响碳排放的源头。例如，煤炭的气化和液化将会大幅度降低消耗过程中煤炭的碳排放量。此外，煤炭企业提供的产品是宣传低碳理念的一大载体，即煤炭企业可以通过低碳产品的输出来弘扬和传达低碳生活理念。因而，借助低碳技术来输出低碳产品，弘扬低碳生活方式是促进煤炭企业低碳发展的一大契机。然而，低碳技术的开发是一项投入—产出周期较长的投资，而山西煤炭企业大多负债累累，资金短缺，单独开发低碳技术的资金压力和风险大，这也是当下山西煤炭企业低碳转型过程中面临的一大阻碍。新的管理模式和动态多变的市场环境下，合作共赢是企业间获得新的竞争优势的可行战略。所以，面临山西煤炭企业低碳发展过程中的困境，寻求业内合作，共同投资开发低碳技术，共享收益共担风险是获得新的战略优势的可行路径。

（二）山西煤炭企业低碳发展的外部策略

1. 增强政府政策支持力度

（1）落实和完善现有政策体系。经过多年的发展，山西省政府已经制定一系列促进山西煤炭企业低碳发展的政策措施，为山西煤炭企业的低碳转型提供政策保障，但是政策的落地实施效果有待提高。因此，山西省政府应做好以下工作：首先，检查制定的政策是否存在漏洞和缺陷，避免无法落地实施和有效促进煤炭企业低碳发展；其次，督查相关部门是否存在在位不谋政的现象，避免造成政策高置，无法发挥作用；最后，对相关部门的主管人员进行问责，盘查其是否存在腐败的行为，做到违法必究。

低碳发展是事关山西煤炭企业良好可持续发展的长远问题，推动山西煤炭企业低碳转型发展需要较长的周期。因而，面对转型过程中出现的种种问题，需要政府根据需要不断提供相关政策保障，为山西煤炭企业实现低碳发展保驾护航。在落实现有政策的同时，不断提供新的政策可以在促进山西煤炭企业低碳转型的同时，完善政府政策体系。

（2）增强金融支持力度。煤炭产能在山西经济的发展过程中起着举足轻重的作用，也是以往银行等金融机构比较重视的客户群。但山西煤炭企业受市场、绿色发展理念推行等的冲击，开始面临资不抵债、资金短缺、周转困难、资金链断裂风险高等困境。因此，高企的财务风险导致银行等金融机构对其贷款审批越发严格，贷款条件越发严苛，使其难以及时获得转型和发展所需的资金。为此，山西省政府相关部门提出，银行等金融机构要对优质煤炭企业区别对待，对其提供资金支持，帮助其推进债务的重组和不良资产的快速处置，降低杠杆利率，扭转山西煤炭企业亏损局面等。这些政策的提出很大程度上减轻了煤炭企业的财务压力，为其加快推进低碳转型发展提供了助力。

2. 弘扬低碳生活方式

在社会生活中，公众消耗是煤炭资源的主要去向，涉及公众生活中的取暖、用电等各个方面，因此，让公众参与到山西煤炭企业低碳转型的进程中，是一种社会需求，也是时代的要求。山西煤炭企业实施低碳发展，不仅是企业自身和政府的工作，也是要在公众心中建立低碳理念，并积极引导公众采用低碳的生活方式。全民低碳理念的建立需要借助互联网、电视、报刊等传播媒介，让传播媒介增加有关低碳生活和消费的版面和报道，发挥其舆论引导功能。对有关低碳生活方式的宣传可以涉及日常生活中的方方面面：在日常出行中采用私家车单双号制度，引导公众乘坐公众交通工具；居民住宅和办公楼七层以下不安装电梯；春秋温差较大时，午间停止办公楼空调取暖；加入集中供暖，减少居民独自供暖对煤炭的浪费等。社区宣传机构应积极承担自身责任，定期在社区宣传栏中张贴宣传录，对居民进行低碳知识教育；积极组织以"低碳生活"为主题的活动，调动居民的兴趣和意识，呼吁其采用低碳生活方式；公众的低碳生活方式将会为山西煤炭企业的低碳发展提供外部助力。另外，公众是最庞大的社会监督群体，在日常生活中也应发挥自身的主人翁作用，积极监督煤炭企业是否存在废弃物任意堆放、工业废水不合理排放及其他不利于低碳发展的生产行为。

第八章
煤炭企业绿色低碳发展研究结论

一、煤炭企业绿色循环发展研究结论

发展循环经济,建设循环经济型社会,企业责无旁贷。本书以山西煤炭企业为例,研究了山西煤炭企业绿色循环发展情况。

首先,基于循环经济理论,本书从山西煤炭企业绿色循环发展一般模式、循环利用和污染物排放治理、技术创新能力三个方面对山西煤炭企业绿色循环发展现状进行了分析,并提出山西煤炭企业绿色循环发展面临的挑战。

其次,应用平衡计分卡对山西 A 煤实施循环经济效果进行评价。本书结合平衡计分卡的核心思想与评价优势,本着有利于节约资源、增加效益、减少污染,实现企业经济效益、社会效益、环境效益协调发展的思想,以资源利用和环境指标为核心,综合考虑企业绿色循环发展各个因素的综合影响,采用树形层次结构模型,构建包括 4 个一级指标、12 个二级指标、31 个三级指标在内的山西 A 煤循环经济绩效评价的指标体系基本框架,并采用德尔菲法与层次分析法相结合的方法确定各指标的权重,以避

第八章 煤炭企业绿色低碳发展研究结论

免出现指标权重与指标实际重要程度相悖的情况。

再次，利用所构建的指标体系和方法体系对山西 A 煤 2014 年的绿色循环发展绩效水平进行了评价，并给出综合评价结论及意见，期望能为煤炭企业进一步实施绿色循环发展战略指明方向。

最后，本书提出了山西煤炭企业绿色循环发展对策建议，即推行煤炭清洁生产高效利用、强化循环经济技术创新和提高循环经济管理水平。

二、煤炭企业低碳发展研究结论

长期以来，山西主要依靠煤炭资源和煤炭企业来带动全省经济的增长，但是，煤炭企业在开采和生产过程中采用落后的发展方式使得山西的大气污染等环境问题较为严重，山西也因此被冠以"污染大省"的名号。本书正是基于这一现状对山西煤炭企业展开研究。

首先，基于低碳发展理论和相关统计数据信息，本书从优势和劣势两方面对山西省煤炭企业绿色低碳发展现状进行分析。

其次，在现状分析的结果之上提出了影响山西煤炭企业低碳发展的因素，如从业人数、行业经济、能源结构、能源强度。

再次，本书收集整理了山西煤炭企业 2008～2017 年 10 年间的各项相关数据，并借助 LMDI 因素分解模型，从上述 4 个影响因素的角度对山西煤炭企业的碳排放量进行分解。结果显示，从业人数、行业经济是抑制山西煤炭企业低碳发展的影响因素；能源消费结构和能源强度是山西煤炭企业低碳转型的促进因素。

最后，本书在上述研究成果的基础上，从内、外部两大方面，企业、政府和公众三个层次分别指出促进山西煤炭企业低碳发展的对策措施，以期为山西煤炭企业的低碳发展提供借鉴作用。

下篇 资源型企业绿色转型发展研究

第九章
资源型企业绿色转型发展研究现状

一、资源型企业绿色转型发展研究背景和意义

(一) 资源型企业绿色转型发展研究背景

世界经济发展需要同时面临应对气候变化、能源短缺和环境污染等诸多挑战,于是全球兴起新一轮科技革命和产业变革,如德国的"工业4.0"战略、美国的"工业互联网"、中国的"中国制造2025"等。各国纷纷重视和强化以科技促进产业转型升级,科技创新已成为驱动各国经济社会发展的巨大引擎。但是,伴随着工业文明的加速发展和科学技术的不断创新,人类征服自然的能力迅猛增强,肆意向大自然索取物质资源,无限延伸和拓展自己的活动规模与空间,使得自然资源越来越成为社会发展的稀缺资源与制约瓶颈。20世纪80年代以来,人类的生态足迹(Eological FootPrint)已经超过地球的承载能力,世界范围内愈演愈烈的人口膨胀、资源短缺、生态退化、环境事件、气候变暖等一系列问题,对社会的可持续发展造成严重的威胁,人类面临严峻的挑战。于是,各国政府都在积极

探索可持续发展的方式，绿色增长成为国际社会的共识和国家发展的战略，而绿色创新（Green Innovation）因其能为实现经济、社会、资源与环境的和谐发展提供可能，逐渐成为各国政府、学术界与企业界共同关注的焦点。

特别是近年来中国大范围、长时间的雾霾天气一直困扰着当地居民，2013年1月的首都北京雾霾预警信号竟然高达30次，雾霾笼罩的天气持续29天（程磊，2013）。雾霾天气严重影响着公众的正常生活，威胁着公众的生命健康，使人们深刻意识到人类活动对生态系统带来的负担已经超过自然环境的承载能力，我们赖以生存和发展的自然环境遭受到不可逆转的破坏，人们越来越强烈地感受到自然资源的制约必将导致现有的经济发展模式难以为继，中国迫切需要实现人与自然资源环境的低碳共生与和谐统一，保护环境与绿色发展的重要性凸显。

当前，中国经济已经由高速增长阶段转向高质量发展阶段，正值转变发展方式、优化经济结构、转换增长动力的攻关期。发展是解决中国当下面临的一切问题的基础和关键，而中国的发展必须贯彻创新、协调、绿色、开放、共享的发展新理念，创新又是引领中国发展的第一动力，是建设现代化经济体系的战略支撑。党的十九大报告把加快建设创新型国家作为贯彻新发展理念、建设现代化解决体系的一项重大战略任务。中国要建设现代化经济体系，就必须把经济的着力点放在实体经济上，深化供给侧结构性改革，推动互联网、大数据、人工智能和实体经济的深度融合，在创新引领、绿色低碳、共享经济、现代供应链创新等领域孕育新的增长点、形成新动能。

低碳经济下发展模式的转变、能源结构整体格局的调整无疑给煤炭企业及上下游产业链上的资源型企业带来前所未有的威胁与挑战。同时，新兴清洁绿色能源的发展也给资源型企业提出新的要求与机遇。当企业考虑环境目标时，其战略决策必然会随之做出重大调整。绿色问题已成为推动企业战略变革的重要原因之一（Noci & Verganti，1999）。企业的绿色战略是围绕自然环境问题而形成的战略，绿色战略是将生态文明、环保意识融入企业经营管理活动中,在各个环节控制污染、节约能源,为了减少企业经营活动对环境的负面影响所采取的一系列遵守环境规则的战略活动(Sharma,2000)。资源型企业不仅是能源的供给主体,而且大多集中在高能耗、高污染、高排放行业。传统资源型企业主要依靠掠夺性地开采自然资源,往往凭借过度开发带来快速扩张,是典型的非均衡线性发展模式。这种发展模式不仅使资源日渐损耗甚至枯竭,而且带来环境污染、生态衰退等严重的负外部性。大规模的资源开发引致资源型区域经济的迅速繁荣,但是资源价格的异常波动会诱发区域贸易条件的恶化,导致经济增长的剧烈震荡。资源型产业的过度繁荣还会造成工业化的逆转甚至经济社会发展质态的退化(张复明,2007)。由于过度依赖资源开发,众多资源丰腴的区域陷入"资源优势陷阱",遭受"资源诅咒"(Resource Cures)的折磨。破解这一世界性难题不仅需要宏观政策从顶层设计层面推行国家或区域绿色转型升级的发展战略,更需要关注微观主体——资源型企业的绿色成长与可持续发展问题。

以山西煤炭资源型企业为例,虽然在2010年国务院批复山西省为"国家综合配套改革试验区",在国家和地方政府资源型经济转型发展强大的政策推动下,各大煤炭集团企业都将绿色转型发展列入"十二五"规划,但是,目前不仅绿色转型发展收效甚微,而且面临产能严重过剩、库存居高不下甚至经营困难的局面,导致以煤炭为支柱产业的山西经济增长缓慢,迫使山西省政府分别于2013年7月、2014年5月推出新政策拯救持续低迷的煤炭行业。溯本求源不难发现,中国能源技术长期锁定在煤炭资源的粗放式开发与利用上,严重制约着能源消费结构的多元化发展,能源消费市场对煤炭的过度依赖形成煤炭资源型企业发展的主要驱动力。经济增长与煤炭资源消费的高度相关性决定当经济高速发展时,特别是基础设施建设初期,电力、钢铁、化工、建材等相关行业迅速发展,大幅拉升煤炭资源的需求,资源型企业整个产业链上供需两旺。企业在追逐利润的驱使下,大量投入各种生产要素,盲目扩张产能,忙于掠夺性的开采。相反,当经济增长趋缓时,随着煤炭资源需求降低,资源型企业利润日渐下滑，成长步履维艰。这种局面使得转型升级、绿色发展的宏观政策推动力远低于市场对煤炭需求的拉动力，最终导致政策失灵，整个行业发展陷入困境。资源型企业的竞争优势始终建立在行业结构和市场力量的外部基础上，通过产品市场获取利润来赢得竞争优势，而在当今复杂多变的竞争环境下，产品在市场上的竞争优势仅仅是企业竞争优势的"冰山一角"。

在如今传统产业转型升级、能源清洁利用要求进一步提高的背景下，中国供给侧改革及产业结构优化政策为能源产业带来了转型发展的重要战略机遇与挑战，资源型企业作为经济发展的微观主体，更是承担着不可推卸的责任，资源型企业绿色低碳转型迫在眉睫。资源型企业应以绿色低碳发展的视角重塑企业发展战略，彻底摆脱"高污染、高消耗"的发展模式，打破片面追求产量及短期经济效益的发展思路，切实将党的十九大精神贯彻到资源型企业的发展中，坚持"质量第一、效益优先"，以供给侧结构性改革为主线，推动企业发展的质量变革、效率变革、动力变革，开拓符合习近平新时代中国特色社会主义思想的战略管理理论与实践，使煤炭企业走上可持续发展的道路。

面对高速变迁的市场环境和绿色转型的"政策失灵"，商业层面的创新对于绿色成长和可持续发展的重要性越来越突出（Alfred & Adam，2009）。创新是一个民族的灵魂，是经济发展不竭的动力，绿色创新是可持续发展的重要途径和关键方式。企业为了实现可持续发展的长远目标需要进行绿色创新，需要变革企业现有商业运营模式、改变企业提供产品和服务的方式（Holliday et al., 2002），而且创新驱动的可持续发展方式有利于增强企业的竞争力（Sharma & Vredenburg, 1998; Hart & Milstein, 2003），同时促进经济的增长。因此，如何将生态环境管理和企业战略管理进行有机融合，通过绿色创新提升企业的持续竞争优势将是未来企业家和战略管理学者研究的重大课题（焦俊和李垣，2011）。

对于资源型企业而言，理论方面迫切需要构建实施绿色创新的理论依据，解答如何通过绿色创新实现转型升级，获取持续竞争优势，探究资源型企业实施绿色创新战略的驱动力，洞悉资源型企业实施绿色创新战略的内在机理；实践方面亟须解决资源型企业持续发展问题，探索资源型企业实施绿色创新战略的有效路径，推动资源型企业的绿色成长，以实现资源型企业与自然环境低碳共生演化发展。

（二）资源型企业绿色转型发展研究意义

资源型企业提供大量煤炭、钢铁、石油等物质资源财富，对于区域经济及整个国民经济健康发展起着不可替代的保障作用，直接维系着整个经济社会发展的动力系统，与国家的能源安全紧密相关。但是，资源型企业主要以开发矿产资源为主，在开采和生产过程中存在着严重的负外部性，造成经济发展与自然资源、生态环境的矛盾和冲突日益加剧；加之资源价格的异常波动引致区域贸易环境复杂化和经济增长的剧烈震荡，因而导致资源型企业常常饱受产能过剩与价格波动的困扰，最终使行业整体陷入周期性的发展危机而难以自拔。

资源型企业面对需求、技术、竞争和制度等越来越呈现动态复杂化的情境，如何整合企业内外部资源和能力进行绿色创新，从逆境中恢复动态发展能力，不断自我更新，形成一种内生的发展动力？如何根据自身的资源禀赋重构资源和能力组合，通过不同的组合补充和夯实企业赖以构筑持续竞争优势的基础（Wu et al., 2009），从而实现基业长青？如何进行绿色创新，如何通过绿色创新获取持续竞争优势，实现自身发展与生态环境的和谐统一？这些不断涌现的现实问题亟待学术界深入研究以提供理论指导。

同时，当资源型企业进行绿色创新时，一方面，需要把绿色低碳、可持续发展的价值观融入企业创新活动中，追求企业自身经济发展与社会、生态环境的和谐统一；另一方面，更需要强调绿色创新给企业带来持续的经济收益，确保企业实现基业长青。可持续发展问题会给绿色创新带来巨大需求，也会给企业实现绿色跨越和转型发展提供大好机会（Arnold & Williams, 2012），同时这种突破性的、颠覆性的创新会给企业带来较高的成本甚至可能潜伏着极大的风险，大多数企业更愿意聚焦在渐进式的、应用性的创新中,如主要关注经营过程中污染物排放的减少、生产过程中生态效率的提高以及避免受到法律法规和行政处罚等方面。这种被动式的反应性战略对于实现转型升级和可持续发展目标无异于"隔靴挠痒",这种行为和态度不仅对于解决日益严重的社会和环境问题无济于事(马小援,2010),而且也难以使资源型企业走出资源优势的路径依赖(Path - Dependence),真正实现转型升级与绿色发展。绿色创新是利用性创新(Exploitative Innovation)和探索性创新(Exploratory Innovation)的双元性创新,双元性创新的组织能够在开发现有能力的同时,探索组织的新机遇(李桦等,2011),双元性创新是组织获得与保持持续竞争优势的关键要素(Benner & Tushman,2003)。但是,只有利用性创新和探索性创新的平衡匹配才能产生协同效应,两者的平衡效应在一定程度上能增强企业的长期竞争优势(焦豪,2011)。

另外,由于资源型企业绿色转型发展问题的复杂性带给企业创新前所未有的挑战与威胁,资源型企业对于如何化威胁为机遇尚未形成深刻的认识,而且仍未具备应对这些挑战的能力,因此识别绿色创新过程中的关键影响因素,探求绿色创新的驱动力也是非常值得研究的现实问题。与传统单纯以提高经济效益的创新相比,绿色创新更加受到来自制度、文化和社会等因素的影响(London & Hart,2004);同时,绿色转型发展更需要探索性创新,而不仅仅是利用性创新,仅凭企业一己之力,是无法实现跨越式突破的,因而需要与众多利益相关者的深度合作进行创新,特别是政府扶持、供应链上下游伙伴的合作对于开展绿色创新至关重要。在资源型企业内部,如何成功地实践绿色创新使之转变为一个以可持续发展为导向的企业,需要彻底改变企业现有的思维逻辑,同时与之相关的产品研发和商业模式设计变革也要求企业具备相应的能力(Nidumolu et al.,2009)。虽然也有学者认为可持续发展导向的绿色创新可以为企业发展带来千载难逢的机遇(Roome,2001),但是,实践证明企业在实施绿色发展战略过程中,仍会面临来自各方面的巨大挑战,如转型发展背景下环境的不确定性和复杂性、缺乏绿色创新所需的关键资源和能力、创新制度安排缺位等严重制约绿色创新的实施。

目前,学术界对于企业实施绿色创新的驱动力、实施绿色创新对持续竞争优势的影响、企业内外部资源与动态能力在绿色创新中的作用等问题的研究尚有不足,还存在较大的理论研究和发展空间。特别是资源型企业的绿色创新有其特殊性,有许多理论和实践问题有待解答。而目前对于资源型企业绿色创新的研究尚属起步阶段,理论研究仍难以为上述问题的解决方案和有效策略提供足够的支撑和依据,还需进一步发展、丰富和完善。本书对资源型企业绿色转型发展研究现状进行梳理,定义资源型企业绿色转型发展相关概念,通过对资源型企业绿色创新理论和竞争优势理论的分析,奠定良好的理论基础,将绿色创新分为利用性创新和探索性创新两个维度,基于绿色动态能力的中介作用,整合有价值的资源、集合性能力和动态能力(董保宝和李全喜,2013);基于对资源型企业绿色转型发展基本现状的分析,明确发展中存在的问题,根据双元创新理论,分析资源型企业绿色创新与竞争优势的内在机理与路径,解释绿色动态能力的传导机制,并提出相关假设;通过实证研究绿色创新驱动模型中各个变量间的作用机理以及绿色动态能力在绿色创新和竞争优势之间的中介效应。理论方面丰富和发展绿色创新的理论体系,实践方面为企业实施绿色创新提供必要的分析方法和管理工具、为政府破解资源型企业发展面临的一些难题提供政策建议,对于促进资源型企业的可持续发展具有重要的理论和现实意义。

二、资源型企业绿色转型发展研究现状综述

国内外研究现状分析及文献综述是建立在文献检索基础上的,借助于 Google Scholar、中国知网、ProQuest、Web of Science 等文献检索工具和数

据库平台,以"资源型企业"、"资源型经济"、"绿色发展"、"可持续发展"、"绿色创新"(Green Innovation)、"生态创新"(Eco - innovation)、"环境战略"(Environmental Strategy)、"绿色管理"(Green Management)、"可持续创新"(Sustainable Innovation)、"环境管理"(Environmental Management)、"竞争优势"等关键词和主题进行检索,参考国内外有较高影响力的学术期刊进行文献筛选。国外期刊主要是A类以上管理学期刊,以及一些在可持续发展和绿色管理研究领域影响力较高的专业期刊,如 *Academy of Management Review*、*Academy of Management Journal*、*Journal of Cleaner Production*、*Business Strategy and the Environment* 等;国内主要参考经济管理领域内顶级期刊,如《管理世界》《经济研究》《南开管理评论》《中国工业经济》等。具体从资源型企业绿色创新相关研究、绿色创新与竞争优势的关系研究方面梳理分析,进而揭示现有研究的缺口,得出对本书的启示。

(一)资源型企业绿色创新相关研究

资源型企业是以独占资源为优势,以开发与加工自然资源为主营业务,依托资源经营实现企业经济增长的企业,主要包括以石油、煤炭、矿产、电力等资源加工为主的资源垄断型企业(严良等,2014)。国外与资源型企业相关的研究主要集中在资源型经济的可持续发展与产业转型问题,资源型经济问题的系统研究始于20世纪80年代,Gelb(1988)"荷兰病"现象的研究和Auty(1993)"资源诅咒"概念的提出引发人们对资源丰腴态度的彻底转变,展开了资源型区域经济发展方向问题的争论。学者一致认为,对于资源型地区未来的发展方向是转型发展,但关于转型的路径问题却有很多不同观点(郭丕斌等,2013)。资源型经济的转型对于本书的研究对象——资源型企业而言属于情境因素之一,加之中国资源型企业所处的资源型区域有其自身的特殊性,与国外的情景因素存在较大差异,因此,中国资源型企业的研究需借鉴国外的理论研究与实践经验,在中国制度环境下进行理论创新和实证研究。

第九章 资源型企业绿色转型发展研究现状

资源型企业是在中国语境下产生的概念，2007年以来，由于宏观政策的影响，中国政府、企业界、学术界对资源型企业给予广泛关注。党的十七大报告提出"建设生态文明"，之后又发布了《国务院关于促进资源型城市可持续发展的若干意见》，2010年国家发改委批复设立"山西省国家资源型经济转型综合配套改革试验区"。这一系列宏观政策的出台推动各级政府部门、企业界、学术界高度关注资源型经济背后庞大的资源型企业群落的可持续发展与转型发展问题。因而资源型企业可持续发展、绿色转型发展研究成为资源型企业研究的焦点，已有大量研究成果，主要集中在以下两方面。

1. 资源型企业可持续发展的研究

国内外许多学者都从国家宏观政策方面对资源型企业的可持续发展问题做了理论分析和对策研究，为以后的实证研究奠定了一定的理论基础，同时也为资源型企业发展提供了相应的理论指导。Loschel（2002）认为，能源技术变迁是3E（能源—经济—环境）模型的内生变量，主张技术变迁导向的企业会有效地降低环境政策的成本，故技术创新是可持续发展的内生驱动力。黄娟等（2005）基于科学发展观和循环经济的角度，分析资源型企业可持续发展战略的一般理论和方法，构建资源型企业可持续发展的战略框架。陈明政和方思敏（2008）分析了制约中国资源型企业可持续发展的内外部因素，并从政府和企业层面提出了推进中国资源型企业可持续发展的对策。严良等（2008）认为，政府行为下的中国资源型企业发展面临人力资本的挤出效应、"劣币驱逐良币"效应和替代效应、供需恶性循环结构等严重的问题，提出应转变观念，减少政府不必要的干预，坚持资源配置市场化，积极引导企业实施生态型开发和循环经济。随着资源型企业发展面临的现实问题的复杂化，研究在不断深入，也有一些学者结合某些资源型区域或具体行业进行研究。例如，王建军和曲波（2009）以青海省为例，立足于资源禀赋和生态约束，重点研究了资源型企业可持续发展能力的提高、可持续发展环境的优化，建立了资源型企业可持续发展的理论框架，并提出实现资源型企业可持续发展的对策。Sather等（2011）

通过对挪威铝业及石油等资源型产业进行考察后发现，有效的国家创新体系是帮助挪威资源型行业取得可持续发展的重要保障。也有一些学者致力于资源型企业的可持续发展能力评价的研究，他们试图基于系统协调视角构建"经济效益、社会效益、生态环境保护、资源潜力"综合评价指标体系，用因子分析法、主成分分析法、数据包络分析法、灰色关联分析法、层次分析法、模糊综合评价法等多种方法对资源型企业可持续发展能力进行评价。例如，邢相勤和陈莹（2008）对于如何进行资源型企业可持续发展评价指标体系与评价方法做了较为深入和细致的分析，并就华北石油局华北分公司提出可持续发展评价指标体系与评价方法；田家华和张波（2008）构建了矿产资源型企业可持续发展力综合评价一般性指标体系，制定了评价标准和相应等级，以中石化华北分公司为例对其可持续发展能力进行综合评价；李宇凯（2010）以紫金矿业集团股份有限公司为例，研究了资源型企业可持续成长能力的评价问题；陈进等（2010）以云南驰宏公司企业为例，通过对2000~2010年铅锌资源量、动态开采服务年限、铅锌产量、冶炼产能、废弃物排放量等进行详细调查和预测，研究了其可持续发展的影响因素，构建了可持续发展评价模型，计算了该公司的可持续发展度，并建立了企业可持续发展预警系统。

2. 资源型企业绿色转型的研究

资源型企业绿色转型的研究大多基于可持续发展理论，在资源型经济或产业转型背景下讨论。Sagar（2004）等提出了能源技术创新概念并构建了相应的理论体系，基于能源技术创新视角为煤炭资源型企业经济转型提供了新的思路。景普秋和张复明（2007）基于可持续发展的原则，分析探讨了可耗竭资源资源开发管理、资源财富管理、资源生态环境管理和资源收益管理问题，认为管理的目的分别是为了优化资源开发路径、促进资源财富向其他财富形式的转化、保持生态环境的完整性与良性循环、合理使用资源收益，最终实现资源型地区经济、环境、社会可持续发展，并提出相应的政策建议。Zhou等（2010）运用博弈论的方法分析了矿业城市产业转型的选择行为和选择时机，认为当经济环境发生重大变化且技术创新

第九章 资源型企业绿色转型发展研究现状

和技术扩散达到企业可以接受的程度时,企业将选择主动转型发展战略。马富萍等(2011)以资源型企业为研究对象,实证检验了环境规制与技术创新绩效的关系,研究结论表明,强制性环境规制对技术创新绩效的正向影响不显著,而激励性环境规制和自愿性环境规制与技术创新绩效显著正相关。王锋正和郭晓川(2012)基于可持续性科学理论,研究了内蒙古矿产资源型企业转型升级路径,提出了"以低碳化、生态化成长为目标,以技术创新为手段,以产业集群为形式,以资本市场为平台,切实推进生态化、高技术化、集群化和资本化发展"的转型升级路径。

也有学者持不同观点。颉茂华等(2013)的研究结论表明,中国的资源型企业可持续增长现状不能通过传统的可持续增长理论进行解释,因为中国资源型企业的增长主要表现为"需求拉动型"增长,宏观环境和下游产业的需求变化对资源型企业的需求产生重大影响。郭丕斌等(2013)基于能源技术创新视角分析了煤炭资源型经济转型的困境与出路,研究表明,中国煤炭资源型经济转型步履维艰的主要原因是能源结构不合理,市场对煤炭的高度依赖导致煤炭资源型经济转型缺乏基础和动力;煤炭资源型经济转型动力是能源需求结构的转变,而能源需求结构的转变需通过能源技术创新丰富能源供给结构来实现。因此,需要重新调整转型思路和政策,通过能源技术创新突破转型的困境。

资源型企业的绿色转型发展是以资源型区域的产业转型为背景的,且与绿色发展、环境管理密不可分。学者对资源型区域绿色转型的研究中大多涉及资源型企业的绿色转型发展与管理,而且资源型区域绿色转型也是资源型企业绿色转型发展非常关键的情境因素。应瑞瑶和周力(2009)通过中国省际实证研究发现,目前中国的绿色创新主要面向"减排"而非"节能",激励机制主要源于煤炭的"高污染性"而非能源的"稀缺性";对于资源丰裕地区,不仅绿色创新对经济增长的贡献率较高,而且相对于传统创新而言,绿色创新经济增长的贡献率更高,在绿色创新驱动下的资源禀赋并非"资源诅咒",而是"资源福音";中国资源充裕地区的绿色创新动力主要来自更多的研发资金与人力资本投入和更严的环境政策及措施。张晨（2010）以太原市为例对中国资源型城市绿色转型复合系统进行了研究，认为资源型城市的绿色转型强调绿色经济的实现，而不仅仅是为避免"矿竭城衰"；绿色转型强调资源的高效利用，而非完全脱离资源化发展；绿色转型强调生产过程对环境的保护，而非生产过后对污染的治理；绿色转型注重企业绿色运营制度和绿色创新体系的构建，注重资源型产业的绿色改造及产业体系的绿色重构，注重转型过程中政府角色的转换及其自身的绿色约束和管理。孙毅和景普秋（2012）研究了资源型区域绿色转型模式及其路径，他们认为，资源型企业的转型发展其核心是推进产业绿色转型与经济增长方式的绿色转变，而资源型企业的转型发展模式总体上是一个逐步"寻优"的过程模式，将从传统的"黑色"发展模式转变为理想的"绿色"发展模式，绿色转型发展模式追求的是经济发展与生态环境的双赢。孙凌宇（2012）研究了资源型企业绿色转型成长的问题，构建了资源型企业绿色转型成长的理论框架，该理论框架的基本逻辑为：生态产业网络作为资源型企业成长的平台，为资源型企业绿色转型成长奠定了基础；资源型企业绿色转型成长的驱动力有赖于绿色转型能力的形成和持续优化；资源型企业绿色转型成长的保障则是网络中的协同效应。

目前的研究逐渐细化，学者针对一些具体的资源型企业的节能减排、低碳发展问题展开研究。例如，张庆芝等（2013）对中国重点大中型钢铁企业技术效率进行综合评价，并对不同所有制形式、不同规模的钢铁企业进行效率比较，研究表明，中国钢铁企业之间效率差距较大，大型钢铁企业平均效率最高，拥有显著的效率优势；中国钢铁企业能源、资源及污染物排放存在较大冗余，节能减排潜力较大。严良等（2014）通过对磷化工企业兴发集团的案例研究发现，绿色战略形成的驱动力来源于企业内外部环境压力；外部压力来自政府、市场、社会，内部压力来自企业文化、结构、组织能力、领导层意识等；在内外部环境压力的共同作用下，企业的绿色管理战略逐步由非主动型过渡到主动型绿色战略；绿色管理是资源型企业谋求长期发展的必然选择，积极实施绿色战略，不仅可以拓展产品线、扩大企业规模，同时也可以降低成本、减少环境污染，更重要的是可以促进技术创新和资源利用率的提高。

(二) 绿色创新与竞争优势的关系研究

绿色创新的产出一直存在分歧,到底绿色创新是不利于生产率,还是有利于提升竞争力?这一问题始终困扰着致力于绿色创新理论研究和实践运作的学者和企业家,与之相关的研究主要有以下四个方面。

1. 围绕"波特假说"的研究

新古典经济学认为,严格的环境规制会对企业生产率和竞争力产生负面影响,不但会增加企业的生产经营成本,而且还会提高企业未来投资的不确定性,进而影响企业的投资(Gray & Shadbegian,1995)。Porter 和 van der Linde(1995)等则持完全相反的观点,他们认为新古典经济学模型采用静态的方法而导致其结论存在问题。从动态的观点来看,结构上适当的环境规制不仅有利于环境,而且也有利于被规制的企业,实施绿色创新能够帮助企业发现新的投资机遇,从而使成本和收益"双赢",因而企业可以在绿色创新战略中获得竞争优势,这就是所谓的"波特假说"。学者为此进行了大量实证研究,Klassen 和 McLaughlin(1996)发现企业环境绩效和财务绩效的相关性,支持可以通过成本收益之外的因素获得竞争优势的观点,但他们的研究没有分析企业是如何实现这一目的的。Dowell 等(2000)认为,如果强迫企业投入资源和忍耐力去进行环境审计、废物处理、诉讼,这样严格控制环境污染或许不利于生产率。董颖和石磊(2013)通过梳理"波特假说"理论与实证研究发现,大部分实证研究支持"弱波特假说",也就是说,环境管制有利于生态创新,而对于生态创新能否带来环境绩效与竞争绩效的统一仍然存在矛盾和分歧,波特假说图解如图 9-1 所示。

2. 基于自然资源基础观的研究

Hart(1995)提出了自然资源基础观(Natural Resource – based View),认为企业绿色创新战略会促使企业形成独特的、稀缺的、不可模仿的、不可替代的资源或能力,从而获得持续竞争优势。自然资源基础观形成一种企业通过绿色创新战略管理构建可持续竞争优势的视角，该研究视角强调企业应重视自然环境管理、合理配置和利用自然资源，从而实现可持续发展的目标。在 Hart 等（2011）看来，绿色创新战略可以提升企业绩效，实施绿色管理可以获取竞争优势。Alberto 和 Sharma（2003）整合了自然资源基础观、动态能力和权变三种视角，提出了企业主动型绿色战略的理论框架。他们认为，企业应当主动解决商业发展过程中所涉及的自然环境问题，确保企业竞争优势的可持续性。他们把企业实施主动型环境战略管理看作企业必须具备的动态能力，并且认为这种能力要受企业现有资源和能力集合的影响，但企业也可利用这种动态能力来适应外部自然环境的变化，从而提升自己的竞争优势。除此之外，他们还在自己提出的理论框架中解释了商业环境包括不确定性、复杂性和包容性等特征对主动型环境战略管理与竞争优势间关系的动态调节作用。

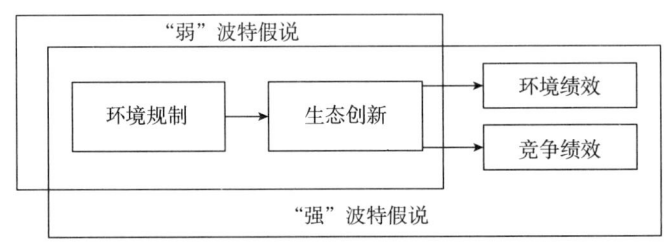

图 9-1　波特假说图解

资料来源：董颖和石磊（2013）。

3. 绿色战略与企业绩效的研究

戴鸿铁和柳卸林（2009）认为，环境创新不同于一般的技术创新，环境创新强调以绿色市场为导向，可以协调统一企业的经济效应与生态效应，使企业获得绿色竞争优势，从而实现企业的可持续发展。刘林艳和宋华（2012）通过在美国和中国情境下分别对上述关系进行实证性检验，得出在美国企业积极的环境行为与企业绩效之间呈现倒 U 形的关系，然而这一关系目前在中国并未显现。李卫宁和吴坤津（2013）以珠三角 235 家制造型中小企业为样本的实证研究表明,客户、管理层、股东等利益相关者对企业绿色管理具有显著影响,技术相容性正向调节股东与企业绿色管理关系,企业绿色管理对企业绩效具有显著正向影响。杨静等(2013)基于江苏省上市公司研究了绿色战略与企业财务绩效之间的关系,实证分析表明,中国转型经济环境下,绿色战略与企业财务绩效之间具有显著的负相关关系;而且国有企业和外资企业实施绿色战略与企业绩效的负相关显著大于私营企业,规模大的企业实施绿色战略对企业绩效的负面影响明显低于规模小的企业。曹芳萍等(2012)通过对中国大陆企业的问卷调查研究,实证分析了绿色管理、企业形象与竞争优势关联性,研究表明,绿色管理可以提升企业形象,并给企业带来竞争优势。李先江(2014)构建了绿色动态能力这一概念,并将绿色动态能力作为中介变量引入服务业绿色创业导向与企业成长的关系研究中,探讨绿色动态能力在绿色创业导向与企业成长关系中的中介效应,研究发现绿色动态能力对新服务企业成长有显著正向影响。

4. 绿色供应链管理与竞争优势的研究

在波特价值链及竞争优势的基础上,一些学者研究表明,绿色供应链管理是竞争优势的重要来源。Gupta(1996)、Gungor 和 Gupta(1999)描述了绿色供应链管理中多方整合及其获得的优势。Rao 和 Holt(2005)指出,实施绿色供应链管理可以提高企业竞争力,进而促进企业绩效。武春友等(2001)认为,绿色供应链管理是企业有效的环境管理方法,企业通过有效实施绿色供应链管理可以降低成本、提升环境效益和企业声誉,最终也可以提高经济效益并实现可持续发展。周勇和卢锐(2004)认为,绿色供应链管理是科学发展观视角下供应链管理的一种模式,企业可以通过推广和实施绿色供应链管理,提升核心竞争力,最终实现经济、社会和环境的和谐发展与共赢。在日益严格的环保法规规制和各方利益相关者的压力下,生产企业越来越关注上游供应商及其整个供应链的绿色管理水平及环境绩效,开始主动实施绿色供应链管理战略,以获取企业竞争优势(Koplin et al., 2007;Vachon & Klassen,2008)。

（三）文献的评价与启示

综观国内外关于"资源型企业绿色创新与竞争优势"的相关研究不难发现，自20世纪60年代以来，伴随着公众对环境问题的关注，国内外不同的学术流派采用不同的研究方法对这些问题进行了大量研究，取得了较为丰富的研究成果。但是，对许多问题的研究并未达成共识，尚未形成系统一致的理论体系。特别是对资源型企业而言，国外的研究主要关注资源型经济的转型发展，很少专门以资源型企业为研究对象，来构架理论体系和进行实证检验。而煤炭资源在中国能源供需结构中的地位在短时间内很难发生较大幅度的调整，且以煤炭资源企业为核心形成的强大的资源型产业链的一体化发展对国民经济的发展、生态文明的建设具有非常重要的战略意义。因此，通过梳理现有文献的不足，结合中国资源型企业发展的现实问题形成本文的科学研究基础，现有研究存在的不足以及对本文的启示主要有以下几方面。

1. 资源型企业绿色创新的研究尚属起步阶段

虽然已有文献对资源型经济的转型、资源型企业的可持续发展、资源型企业的绿色成长进行了较为深入的研究，并形成了相应的理论体系，但是，由于对资源的内涵与外延界定不清，没有形成统一的定义，所涉及的研究范畴有时非常不同，如大多学者认为资源主要指矿产资源，而也有学者认为包括地上地下所有资源，甚至包括动植物资源，这样势必导致理论研究从逻辑起点上的混乱和难度。更为重要的是，对矿产资源企业而言，到底如何实现资源型企业的转型升级和可持续发展？面对资源型企业发展中遇到的问题，这些理论却显得苍白无力。过往的研究大多是在可持续发展理论框架下结合宏观政策的导向进行的理论分析与政策研究，对于资源型企业实现可持续发展的动力源泉缺乏深入的挖掘和研究，绿色创新是资源型企业获取持续竞争优势的关键途径，也是资源型企业实现转型升级和基业长青的基石。而目前学术界专注于资源型企业绿色创新问题的研究很少，绿色创新与资源型企业的持续竞争优势存在怎样的关系？这些关键变量之间的关系及内在机理与路径学术界还尚未厘清,因而,在国家和区域强有力的转型政策推动下,资源型企业面临"如何整合内外部资源有效实施绿色创新?如何通过绿色创新夯实企业赖以构筑持续竞争优势的基础?如何通过绿色创新发挥资源优势实现转型升级?"等问题时,难以找到相应的理论依据和实践指导,因而转型升级步履维艰。因此,理论和实践方面都需要围绕上述问题构建资源型企业绿色创新的相关理论模型,并进行实证检验,不仅是为了绿色创新理论的丰富和完善,更是资源型企业现实发展的迫切需求。

2. 绿色创新到竞争优势的实现路径仍需理论支撑与实证检验

已有文献基于资源和能力对绿色创新进行了较为深入的研究,也有学者开始关注企业内部资源和能力在绿色创新中的互补作用。但是,如何在缺乏所需资源和能力的情况下开展绿色创新?如何通过绿色创新构筑企业的持续竞争优势?如何将资源型企业的"资源诅咒"变成"资源优势",寻求资源型企业基业长青的路径?关于这些问题的理论架构和实证检验却鲜有研究。而且,资源型企业在转型背景下将面临绿色资源匮乏与高度动态变化的外部环境,无疑会增加绿色创新的风险和成本。因此,资源型企业需要通过绿色创新战略的实施,整合内外部资源、能力,培育绿色动态能力,以适应动态多变的需求、技术、竞争和制度等环境,发挥资源间的互补作用,不断整合甚至重建绿色资源组合,提高资源的转化和利用效率。这些问题都需要在已有研究的基础上,构建理论假设与实证检验。

三、资源型企业绿色转型发展研究内容和方法

本文围绕资源型企业绿色创新与竞争优势这一主题,研究沿着"文献梳理与评价—理论模型构建与假设推演—实证检验分析—结论与政策建

议"的研究思路展开，系统研究资源型企业绿色创新的前因后果，具体研究内容和方法如下：

（1）针对资源型企业转型发展面临的现实问题，深入剖析其内外部环境，揭示绿色创新对于资源型企业绿色转型发展的现实背景和意义；广泛收集与挖掘国内外相关理论研究成果与实践资料，对文献资料进行深入分析与研究，对"资源型企业绿色创新、绿色创新与竞争优势"的相关研究进行梳理，揭示现有研究的缺口和不足，为本书的研究展开奠定基础。

（2）根据双元创新理论，将绿色创新视为利用性绿色创新和探索性绿色创新过程，遵循过程—能力—优势的研究范式，构建绿色创新—绿色动态能力—持续竞争优势的模型，根据利用和探索创新理论、绿色创新理论、动态能力观、资源基础观、竞争优势理论推演理论模型中涉及的假设，从理论上分析资源型企业绿色创新与竞争优势的内在机理与路径，解释绿色动态能力的传导机制。

（3）对研究中涉及的变量开发设计相应的测量指标，通过问卷调查收集数据，对上述理论模型和预期假设进行实证检验。首先，通过访谈、调查问卷获取一手数据，并对变量进行效度和信度检验和相关分析；其次，借助Spass19.0用因子分析、相关分析、多元回归分析等统计方法识别绿色创新的关键驱动因素，验证绿色创新驱动模型中各种变量间的作用机理；最后，借助LISREL软件用结构方程模型进行验证性因子分析、变量区分度的检验、绿色动态能力中介效应的整体模型验证分析。

第十章
资源型企业绿色转型发展模式研究

一、资源型企业绿色转型发展基本现状

资源型企业高投入、高能耗、高污染的粗放型发展模式，造成资源利用率低，环境污染严重、资源需求迅速递增的态势，一些重要的资源已经难以满足经济发展的需求，资源约束日益凸显，经济发展成本不断提高。随着人们环境意识的不断增强，环境污染问题逐步引起国家和企业的高度重视。因此，在外部经济增速逐步放缓，环保要求不断提高的情况下，资源型企业的发展面临严峻的形势，资源型企业为了生存和发展，提高自身的可持续发展能力，在竞争日益激烈的市场环境下，纷纷主动或被动地选择战略转型，以绿色低碳的视角重塑发展战略，走上"低消耗、低排放"的绿色转型之路。

（一）产业结构不断调整

在绿色转型的背景下，山西省大部分资源型企业主动寻求绿色转型，跳出煤炭、焦炭等传统产业，立足于旅游、互联网、物联网等高新技术产

业，积极调整产业结构，促进产品更新换代，发展领域从以工业为主向工业和服务业并重转变；发展重点从开采矿产资源等初级产品向先进装备制造、精细加工、特色食品和生产性服务业等多种新兴产业转变；发展模式从高能耗、高污染的粗放式发展向低能耗、低污染的绿色发展转变，绿色转型的趋势越发明显。

（二）环境污染逐步改善

资源型企业资源消耗量大、技术水平低的特点决定其属于高污染的企业群体，根据《山西省统计资料》整理所得，资源型企业是山西省工业废水、废气等污染物排放的主要来源，2015年资源型企业的废水排放量占全省废水排放量的28.47%，二氧化硫排放量占全省排放量的80.38%，氮氧化物排放量占全省排放量的69.2%。由此可见，资源型企业作为山西省减少废弃物排放量的关键群体，绿色转型至关重要。"十二五"期间在国家和山西省转型政策的引导下，山西省资源型企业废水排放量累计下降20.1%，二氧化硫排放量累计下降22.1%，氮氧化物排放量累计下降250%，固体废弃物利用率达到了62.5%，绿色转型取得初步成效。

（三）单位产值能耗仍需降低

受产业结构的影响，以资源的消耗实现成长的资源型企业能耗占山西省工业企业总能耗的比重为90.1%，而且单位产值能耗也一直处于全省平均水平之上。"十二五"期间，资源型企业的能源消耗总量由2010年的12118.08万吨标准煤上升到2015年的13917.36万吨标准煤，但占全省的比重由90.9%下减到90.1%，基本处于持平状态。山西资源型企业单位工业增加值能耗也由2010年的2.99吨标准煤/万元上升到2015年的4.34吨标准煤/万元，山西资源型企业单位工业增加值能耗水平居高不下。降低山西资源型企业单位工业增加值能耗，大力发展新兴产业，是实现山西省节能减耗的关键所在。通过技术创新、发展高新技术产业等手段，实现资源型企业绿色转型，能够切实有效地降低资源型企业单位工业增加值能耗。

（四）科技创新投入严重不足

绿色转型的关键在于技术创新，即围绕"绿色、循环、低碳"的新兴经济理念，通过加大资源型企业的科学技术投入，激发资源型企业自主创新的活力，积极发展替代产业、接替产业，利用替代技术、减排技术等关键技术，突破制约资源型企业绿色转型的技术瓶颈。目前，以资源型企业为主体的山西省工业经济在科技研发投入方面的不足，严重制约山西省资源型企业绿色转型的进程。"十二五"期间，山西省科技创新研发经费的投入占全省GDP的比重一直处于0.5%之下，直到2015年才突破0.5%，但也仅仅达到0.55%，远远低于全国平均水平。由此可见，山西省资源型企业的绿色转型之路已经在逐步进行，产业结构的调整和环境的改善已经取得初步成效，但是在资源的利用率和技术创新方面仍然存在许多问题，需要进行进一步改善。

二、资源型企业绿色转型发展模式

（一）绿色创新与竞争优势

在全球保护生态环境和可持续发展的推动下，企业绿色管理的重要性越发凸显，越来越多的企业愿意将更多的资源投入到绿色创新中（Chang，2011）。绿色创新强调以绿色市场为导向，通过创新，使企业获得绿色竞争优势，促进企业的经济效应与生态效应的统一协调，从而实现企业的可持续发展（戴鸿轶和柳卸林，2009）。绿色创新已成为企业实现可持续发展目标的关键战略工具之一。国际上已有一些著名企业通过实施绿色创新提升了企业声誉和企业形象，获得了持续竞争优势（曹芳萍、温玲玉等，

2013),并且赢得了良好的经济效益和社会影响,如西门子、丰田、3M、海信、宝钢等。这是因为,绿色创新可以使企业更为高效地使用原材料,节约能源和劳动力的投入,提高资源生产率和产品价值,发现新的利润源;同时,绿色创新不仅可以通过提升资源利用率抵消环境管理而带来的成本投入(Bonifant et al.,1995),而且可以通过绿色创新改变现有的竞争规则,获得更大的竞争优势使企业更加出色,实现"双赢"(Porter & van der Lincle,1995)。虽然"波特假说"(Porter Hypothesis)一直备受质疑并引起多方争议,但企业要生存发展必须遵循环境管制、满足利益相关者对环境的关注、减轻产品或服务对环境的影响,通过改进环境绩效来提高竞争力(Srivastava,2007),已成为不争的现实问题。大量实证研究表明,保护生态环境激发的绿色创新能减轻甚至完全抵消环境规制带来的成本(Xepapadeas & Zeeuw,1999)。Ursula 和 Johann(2008)通过德国慕尼黑地区汽车工业的案例研究也发现,环境管制压力下推动的绿色创新对企业竞争优势有促进作用。Guziana(2011)的研究也发现,获得竞争优势成为企业进行绿色创新的重要动机之一。曹国等(2014)的研究也发现,主动实施绿色创新战略的企业比被动实施绿色战略的企业更容易获得竞争优势,因为实施主动绿色创新战略的企业利用绿色创新可以增加自己的差异化优势,甚至创造新的市场机会。也有学者将绿色创新作为中介变量,实证检验了"波特假说"。研究表明,无论是在外部环境政策压力还是内部企业环境责任和伦理压力下,绿色创新都对企业绩效和竞争优势有正向影响(姜雨峰和田虹,2014;王建明和陈红喜等,2010)。绿色创新可以从本质上为企业创造、建立异质性的绿色资源体系,有利于防止其他竞争者的模仿,确保企业在市场上领先的竞争优势。

绿色创新是一个绿色知识生产、应用与扩散的过程,在这个过程中包括新概念的提出及新技术的产生,新概念和新技术在企业战略实施及其组织管理、产品和服务、生产流程及市场实践中的应用,新产品和新服务的市场化及价值创造三个阶段。这三个阶段循环反复形成不断探索和利用、利用和探索的螺旋式上升发展的创新过程。利用和探索的概念最早是由

March（1991）提出的，战略管理与创新领域的学者将利用和探索的理念应用于创新领域，提出利用性和探索性创新，并指出利用性和探索性创新是双元型组织的显著特征，是组织获得与保持持续竞争优势的关键要素（Jansen et al.，2006）。

本书认为企业的绿色创新是利用和探索平衡匹配的双元创新，利用性绿色创新是为了完善现有绿色技术而对现有绿色技术进行的改进，对于企业而言，利用性绿色创新有利于企业提高绿色创新过程的速度，降低创新成本和风险。利用性绿色创新以现有绿色技术能力和知识存量为基础，强调对现有绿色技术能力和知识进行改进和完善，最终改进现有的绿色产品设计；强调为现有市场中的客户群体提供现有的绿色产品和服务，提供更优质的服务和更充裕的价值传递（焦豪，2011）；注重利用新工艺对现有目标市场的产品和服务进行改善，通过质量管理实现持续改进。利用性绿色创新是不断延伸现有的绿色技术和知识，提高现有绿色产品的利用率和营销策略的效率，改进生产工艺流程，从源头上最小化废弃物的排放，预防生态环境污染，提高资源的利用率以减少浪费。相对于那些不重视环境管理的企业，利用性绿色创新不仅可以免遭严格的环境处罚成本负担，而且由于资源生产力的提高更能带来明显的低成本优势（Hart，1995）。同时企业利用性绿色创新程度越高，企业会不断从事改进现有绿色技术、降低现有生产成本、提高产品质量的活动，其效率会由于不断重复从事同类活动而大幅提升，从而在绿色产品改进的效率方面存在优势（伍勇、梁巧转和魏泽龙，2013）。

探索性绿色创新行为是为了从现有的绿色技术改进轨迹上跃迁到新的突破性的绿色技术轨迹上，力求超越企业现有的绿色技术能力存量及相应的知识基础束缚，强调获取和创造全新的绿色技术能力和知识；探索性绿色创新是以最终研发全新的绿色技术和设计全新的绿色产品为目标，通过有效利用绿色产品新市场中的新机会，对那些全新的绿色产品或服务进行商业化推广，是为了满足潜在或新兴的客户需要和市场需求。因此，探索性绿色创新带来新的发展思路，引导企业通过新的方法节能降耗获益，改变传统只从回收"三废"排放物中的有用物作为副产品获取经济效益的单一途径；由于探索性绿色创新强调创造全新的绿色技术，通过全新的绿色设计、绿色生产、绿色经营能带来的资源生产力的改善，获得绿色产品带来的溢价效果（王建明、袁瑜等，2008），能抵消或超越因改善环境影响所带来的成本，故能为企业带来"技术补偿"效应（Morris，2001），那么企业就能获得新的竞争优势。更为重要的是，虽然探索性绿色创新一般涉及基础研究，需要经历复杂搜寻历程，是一种剧烈式的创新行为，相对而言可能承受的风险也大。但是，探索性绿色创新所追求的新技术与现有技术差别较大，会使企业处于绿色技术领先地位，成为引领行业绿色标准的典范，树立企业的绿色形象，使竞争对手在短时间内难以模仿，形成绿色壁垒（陈红喜，2008），给企业带来时间领先的优势和差异化的竞争优势，可以增强长期竞争能力以在市场上获得持续竞争优势。

鉴于以上分析，本书认为无论是利用性绿色创新还是探索性绿色创新，都能为企业带来竞争优势，因此，提出如下假设：

H1：绿色创新对企业的竞争优势有显著的正向影响。

H1a：利用性绿色创新对企业的竞争优势有显著的正向影响。

H1b：探索性绿色创新对企业的竞争优势有显著的正向影响。

（二）绿色创新与绿色动态能力

动态能力是企业的高阶能力，是更新企业能力的能力，不可能与生俱来，而是企业在发展过程中通过资源的整合、学习积累低阶能力、不断演化升级所构建起来的。Teece 和 Pisano（1997）在《动态能力与战略管理》一文中，提出了构建动态能力的三个关键要素，即组织与管理过程、地位和路径，并指出他们的观点与熊彼特的"创造性破坏"存在较大的联系（Teece & Pisano，1997）。因此，动态能力的形成与构建实质上是一个"创造性破坏"的过程。企业为了应对复杂多变的动态环境，必须构建和发展其能力，由零阶能力向一阶能力转化，由核心能力向动态能力演化升级，但是这种由低阶能力向高阶能力的转换提升能否成功，关键在于企业能否有效地进行"创造性破坏"。企业动态能力的构建有两个基本点（龚一萍，2010）：一是破除阻碍能力更新发展的各种障碍，这种破除阻碍实质是"破坏"，正是这种"破坏"成为创新的基本前提和条件，因为只有破除企业的核心刚性和组织惯例、克服组织惰性、打破企业的路径依赖，企业才能有效创新；二是企业进行不断的自我创新，创建一种适应动态环境的高阶能力，企业只有对自身能力的不断更新，才能达到构建动态能力的目的。企业动态能力构建的关键就是一个不断创新的过程。就企业发展过程而言，"企业创新—动态能力—竞争优势—绩效提高—企业发展"形成一条"互动链"（龚一萍，2010），如图10-1所示。

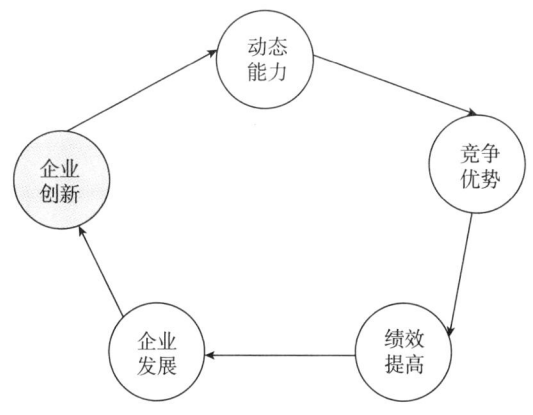

图10-1　企业创新、动态能力与竞争优势循环互动模型

在这一循环互动链中，创新是首要环节。企业只有进行创新，才能构建动态能力，维持竞争优势的持续性，保障企业绩效的稳步提高，进而促进企业持续发展；企业的发展与绩效提高又进一步增强和促进创新与动态能力的提升，形成一种良性循环、螺旋式上升的发展路径。在这条"循环互动链"中，创新是最为关键的环节，如果创新缺位，动态能力和竞争优势将无法构建，那么整个链条必然断裂，企业发展的良性循环将被撕裂，企业将难以实现持续发展。

基于动态能力的形成机制视角同样可以得出创新活动和过程促进动态能力的形成。Cepeda 和 Vera（2007）通过研究知识、学习与动态能力的关系发现，组织的动态能力是在学习和创造新的知识、再把新知识传递到组织层面并将其制度化的过程中得以提升的。如果把这种学习、创新、应用的过程看成利用性创新的过程，那么就可以得出利用性创新有利于动态能力的提升。魏江和焦豪（2008）提出，以创新性、行动超前性与风险承担性为主要特征的创业导向对企业动态能力产生不同程度或方向的显著影响，组织学习在创业导向和动态能力之间起中介作用。这种"创新—学习—动态能力"的逻辑也说明了创新的动态能力形成机制。本书认为绿色创新是包含学习在内的利用性和探索性兼顾的创新过程，而绿色动态能力又是一种高阶能力，需要企业在绿色实践中不断积累方可形成和构建；同时，绿色创新系统又是一个自组织系统，绿色动态能力的产生和出现会加强自组织系统的内生力量，使系统实现平衡运行。因此绿色创新过程有利于企业绿色动态能力的构建与提升。

利用性绿色创新是在现有绿色知识存量和技术能力的基础上，对现有绿色知识和技术能力进行改进和完善的过程，是通过对现有绿色知识技能"学习—复制—模仿—利用—吸收—内化—协同"逐步创新的过程。伴随着利用性学习与创新过程的进行，新的知识不断地产生、积累和有效利用，从而推动组织绿色知识创新和学习能力的积累。利用性创新实质上就是利用现有知识产生新知识的过程，是一个在利用和创新中提炼能力的过程。组织能力是组织学习的结果（卢启程，2009）。能力本质上来源于知识，通过知识创新、知识表述、知识编码、知识转移等过程凝练与内化为个人能力与组织能力，因而，知识创新的过程也就是动态能力的形成过程（刘建新和王世强，2013）。而利用性绿色创新就是基于对现有绿色知识学习的基础上不断创造新的知识和技能的动态演化的过程，因而也是动态能力形成的过程。在外部综合环境变化和内在成长的驱动下，为了实现可持续发展，企业从时间、空间、认知三维立体视角搜索绿色创新信息，为客户筛选、引进绿色产品和服务，并通过绿色工艺对现有目标市场的绿色产

第十章　资源型企业绿色转型发展模式研究

品或服务进行改善，最大限度地通过规模效应开发利用现有市场，努力通过现有的优势降低生产和服务成本，以实现资源生产力的最大化。在这些利用性绿色创新行为的实施过程中，企业将各种资源和具体能力整合在一起应用到组织的绿色战略与业务流程中，在这一平台上合理配置企业的绿色资源与能力，形成和构建企业绿色资源的整合能力，并不断积累经验、调整适应外部环境，促进企业能力的进化和跃迁、强化动态性，加强企业的绿色环境适应能力。综上所述，本文提出如下假设：

H2：利用性绿色创新对绿色动态能力有显著的正向影响。

H2a：利用性绿色创新对绿色环境适应能力有显著的正向影响。

H2b：利用性绿色创新对绿色资源整合能力有显著的正向影响。

H2c：利用性绿色创新对组织学习吸收能力有显著的正向影响。

企业的动态能力根植于企业同时进行利用与探索的能力，而技术创新是企业适应能力的主要来源（李剑力，2009），因此，动态能力既要依赖对当前技术和资源的利用，又要依靠探索性创新来获得发展。而动态能力的提升通过组织个体层、群体层、组织层、前馈层和反馈层的互动学习实现（焦豪等，2008）。本书认为，利用与探索性绿色创新就是包括学习在内的、上述各层面协调互动的创新过程。利用性绿色创新和探索性绿色创新在绿色新产品导入过程中相互加强、相互促进。企业可以通过结构性双元和情境双元两种形式同时开展利用性绿色创新和探索性绿色创新（Birkinshaw & Gibson，2004；Gibson & Birkinshaw，2004）。利用性绿色创新和探索性绿色创新在相同部门可能是冲突的，但在更高的层面却是正交相容的，利用和探索可以在不同层面实现平衡和协调（Gupta, Smith & Shalley，2006）；企业还可以通过时间上和结构上的有序分离来协调利用和探索之间的冲突（Simsek，2009），特别是对于大型资源型集团企业结构和时间上的分离不仅容易实现，而且有利于企业增强资源的整合能力和组织学习能力，促进更好地实施多元化发展和绿色转型升级；对于产品单一的矿产资源企业也可以凭借探索性绿色创新探索全新的领域，培养企业的环境适宜能力，开辟新市场，实现绿色转型发展。3M 就是一个典范，3M通过一系列刺激进步的机制，用创新的方法解决未来尚未解决的一切问题，从自动自发、成果丰硕的研究中选择最好的渐进式机会，实现多元化。3M倡导"大公司内有小公司"，借以激发个人的首创精神；鼓励未经规划、可能意外变化为成功发明的试验和变化，不断开发新产品；鼓励"科学的娱乐精神"，鼓励跨越部门界限，孕育新构想、新科技与发明。正是在不断地利用与探索的创新历程中，培养和构建3M极强的动态能力，这种首创精神和动态能力成为3M的遗传密码，使3M不断进化、追求完美。

探索性绿色创新与现有的绿色技术、绿色产品、绿色服务、绿色市场存在较大的差距，从一条技术曲线跃迁到另一条新的技术曲线，有根本性的突破，其目的是创造新的市场机会和价值空间（He & Wong，2004）。当企业关注原有市场时，由于组织、生产和销售资源都能够与现有技术路线共享，探索性创新与利用性创新互补（伍勇等，2013）。而当企业面对新兴的绿色产品市场时，往往选择大幅度的、激进的、超前的探索性绿色创新行为，不断发明新的绿色产品和服务，寻找与接触新市场中的新客户，为绿色产品和服务开发使用新的分销渠道，捕捉和利用绿色产品新市场中的新机会。显然，探索性绿色创新活动由于具有超前的市场导向，既有可能为企业带来市场机会，也存在较大的风险。而正是超前的市场导向性和风险承担性对于企业动态能力的形成、演化和提升起着关键的促进作用。有学者研究发现，超前的市场导向性可以使企业经常超前感知政策变化，从而赢得动态先动优势；超前的市场导向性可以使企业率先于竞争对手行动，更早地洞察环境变化的趋势，提高企业的环境适应能力，对企业动态能力有正向促进作用（Lumpkin & Dess，2001）；超前采取行动能使企业能力和环境更好地匹配，并将其已经得到价值证明的能力在企业内部扩散（董俊武等，2004），以创造更大的价值，提升企业的资源整合能力。也有学者研究表明，大胆地承担风险性战略可以为企业赢得超额风险收益，且风险承担性的推动力具有开拓性特征，可以通过促进创新和创造新的规则与能力为企业竞争优势提供长期基础（Christensen，1997）；具有风险承担性特征的企业战略实施会提升企业动态适应环境的能力，并最终提高企业整体绩效（Tzokas & Kyriazopoulos，2001）。

因此，探索性绿色创新对于绿色环境适应能力、绿色资源整合能力、组织学习吸收能力三个维度及其绿色动态能力整体的构建及提升都有正向的促进作用，于是本文提出如下假设：

H3：探索性绿色创新对绿色动态能力有显著的正向影响。

H3a：探索性绿色创新对绿色环境适应能力有显著的正向影响。

H3b：探索性绿色创新对绿色资源整合能力有显著的正向影响。

H3c：探索性绿色创新对组织学习吸收能力有显著的正向影响。

（三）绿色动态能力与竞争优势

绿色动态能力的本质是企业为顺应全球范围内人类社会可持续发展的诉求，将绿色发展的理念融入动态能力理论中而产生的概念，因此研究绿色动态能力与竞争优势的作用机理需建立在动态能力与竞争优势关系的理论基础之上。

迄今为止，关于动态能力是否能为企业带来竞争优势一直存在较大的分歧，大多学者追随 Teece 学派的观点持肯定的态度（Zott，2003；Leonard – Barton，1992；Winter，2003；Bowman & Ambrosini，2003；Griffith，2006；刘飞和简兆权，2010；李大元、项保华和陈应龙，2009；马鸿佳、董保宝和葛宝山，2014）。也有学者持相反的观点，认为两者不相关（Eisenhart & Martine，2000；Helfat et al.，2007），还有学者持权变的态度（Helfat & Peteraf，2003；Ambrosini & Bowman，2009）。本书认同 Teece 的观点，认为动态能力能够使企业不断更新自身的资源和能力，能够给企业带来竞争优势和良好的绩效。

根据 Teece 和 Pisano（1997）的理论观点，动态能力是企业整合、构建、重置内外资源和能力以适应快速变化的环境的能力，被认为是企业潜在的竞争优势的来源。因为动态能力有利于企业避免形成遏制创新、产生惰性、抑制发展的核心刚性（Leonard – Barton，1992），所以动态能力强的企业不仅具有很强的适应商业生态系统的能力，而且能够通过与其他企业、实体和机构合作创新来影响商业生态系统（Teece，2007）。国内外大量研究表明，动态能力能使企业动态适应复杂多变的外部环境，为企业带来竞争优势。Wang 和 Ahmed（2007）认为，动态能力是企业整合、重新配置、更新和再创造资源和能力的一贯行为取向，更为重要的是，动态能力能够升级和重构企业的核心能力以回应变化的环境，从而获得和保持竞争优势。Moliterno（2007）认为，动态能力是企业有目的地创造或调整资源的组织能力，企业根据环境变化剥离资产的动态能力能够显著提升企业竞争优势。

绿色动态能力是指在绿色转型发展环境下，为了适应外部环境变化和实现可持续发展目标，企业进行资源、流程、竞争地位和路径的整合、配置、重构、更新、学习与响应的一组集合性能力。绿色动态能力包括绿色环境适应能力、绿色资源整合能力、组织学习吸收能力三个维度。绿色动态能力的提升首先表现为企业的绿色环境适应能力的增强，绿色环境适应能力强的企业能准确理解环境的动态性，并具有较强的风险预警能力，企业能够及时洞察外部综合环境的变化，鉴别绿色消费需求的变动，发现绿色产品/服务市场的新机遇。绿色动态能力的提升也表现为绿色资源整合能力的增强，绿色资源整合能力能使企业通过各种方式由外部获取所需的知识、技术资源，是企业建立竞争优势的主要环节。企业洞察和捕捉市场机会以适应环境变化的能力，具有熊彼特创造性破坏的功效是竞争优势的重要来源（Lee et al.，2002）。Teece（2007）认为，资源的再配置能力是企业重组、重新配置资源与调整组织结构以实现组织转型的能力。整合资源的动态能力使企业形成资源的协同效应，以适应市场与环境的快速变化，为企业带来竞争优势（Zahra & George，2002；Wang & Ahmed，2007）。绿色动态能力的提升还表现为组织学习吸收能力的增强，具有较强学习吸收能力的企业能快速整合外部信息并把它转换成嵌入企业的知识，帮助企业利用其现有知识并创造新知识。由于知识存在复杂性的内在联系，企业在规章制度方面的限制以及个人在理解能力方面的困难,这种动态能力背后所隐含的知识和技能是不容易被学习和复制的(Teece,2007),所以可以帮助企业在既定的市场上保持竞争优势。

因此,在可持续发展的背景下,绿色动态能力及其三个维度即绿色环境适应能力、绿色资源整合能力、组织学习吸收能力对于企业竞争优势的构建和维持具有积极的影响,于是得出如下假设:

H4:绿色动态能力对竞争优势有显著的正向影响。

H4a:绿色环境适应能力对竞争优势有显著的正向影响。

H4b:绿色资源整合能力对竞争优势有显著的正向影响。

H4c:组织学习吸收能力对竞争优势有显著的正向影响。

此外,本研究秉承"过程—能力—优势"的逻辑范式,如果将企业的"绿色创新"看成不断利用和探索绿色知识和技术的创新"过程",这里的"能力"就是"绿色动态能力",那么,"绿色动态能力"就在"绿色创新"和"竞争优势"之间起桥梁作用,即企业通过利用性与探索性的绿色创新实践活动,不断积累绿色资源整合能力、绿色环境适应能力、组织学习吸收能力,而正是组织的这些集合式绿色动态能力构筑企业的持续竞争优势,因此,绿色动态能力在绿色创新和竞争优势之间具有中介效应。同时,虽然本质上绿色创新属于熊彼特定义的创新,就是把一种新的生产要素以及生产条件的"新组合"纳入现有生产体系建立一种全新的生产函数,是经济增长的源泉和推动(Schumpeter,1934)。但是,绿色创新又不同于一般创新,绿色创新具有"双重外部效应"(Rennings,2000),除了具有典型的"知识外部性"溢出效应之外,还能通过降低生产或产品的外部环境成本产生"环境外部性"(Marchi,2012),同时,环境问题不仅存在负外部性,环境又具有公共产品属性,单个企业绿色投资在短期内通常得不偿失(Berrone et al.,2013)。所以,绿色创新在短时间内难以为企业直接带来竞争优势和明显的经济绩效。Alfred和Adam(2009)认为,如果企业不考虑经济因素,绿色管理实践就很难成功,但当企业获得绿色能力(Green Competencies)时,将从绿色管理中受益。所以,绿色创新的竞争优势机制在于绿色动态能力的形成,当企业通过绿色创新积累和构筑绿色动态能力时,企业将通过绿色创新赢得持续竞争优势,由此可见,绿色动态能力是由绿色创新到竞争优势的传导机制。基于上述分析,得出如下假设:

H5:绿色动态能力在绿色创新和竞争优势之间具有中介效应。

H5a:绿色动态能力在利用性绿色创新和竞争优势之间具有中介效应。

H5b:绿色动态能力在探索性绿色创新和竞争优势之间具有中介效应。

三、资源型企业绿色转型发展实证分析

(一)描述性统计分析

本书通过问卷调查法共获得有效样本 261 份,为了从整体上掌握样本企业的特征,首先对样本企业的所有制性质、企业所在行业类型、企业规模、企业年限进行描述性统计分析。

1. 样本企业的所有制性质

在获得的 261 家样本企业中,国有及国有控股企业 205 家,占总样本量的 78%,民营企业 41 家,占样本总量的 16%,外资、集体所有制、其他企业 15 家,占样本总量的 6%,具体分布如图 10 – 2 所示。从以上数据可以看出,国有及国有控股企业所占的比例明显高于其他类型的企业,这种分布基本反映中国资源型企业所有权性质的现状,国有及国有控股企业占主导地位。

2. 样本企业的行业类型

由于本书的研究对象是资源型企业的绿色创新问题,在问卷调查样本选择上主要考虑煤炭、石油、电力、冶金及其上下游企业,在获得的 261

家样本企业中,煤炭企业有117家,占样本总量的44%,电力企业有54家,占样本总量的21%,冶金企业有10家,占样本总量的4%,石油企业有7家,占样本总量的3%。上述行业的上游企业有28家,占样本总量的11%;上述行业的下游企业有45家,占样本总量的17%。从以上数据可以发现,煤炭和电力企业所占比例相对较高,这与调研的途径与渠道有一定的关系,因为调研的选样在山西相对较多一些,而煤炭是山西的支柱产业。样本企业的行业类型分布如图10-3所示。

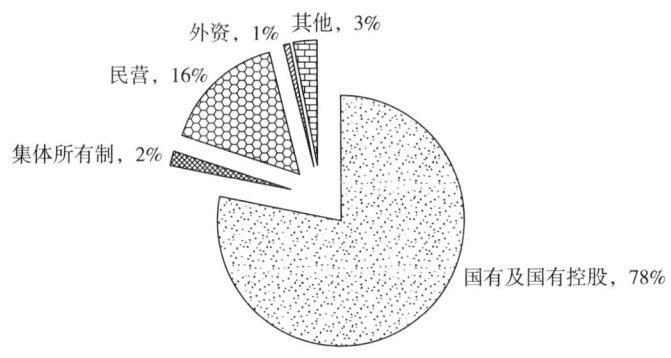

图10-2 样本企业的性质分布

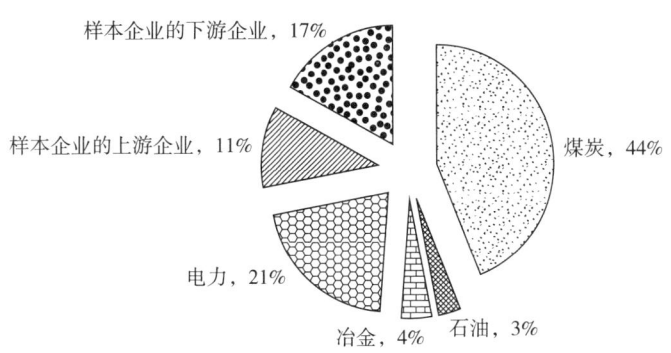

图10-3 样本企业的所在行业分布

3. 样本企业的企业规模

本书选用在职员工数量来测度企业的规模，在261家样本企业中，200人以下的企业74家，占样本总量的27%；200～500人的企业有46家，占样本总量的18%；501～1000人的企业有17家，占样本总量的7%；1001～3000人的企业有34家，占样本总量的13%；3001～5000人的企业有17家，占样本总量的7%；5000人以上的企业有73家，占样本总量的28%。样本企业的规模比例分布如图10-4所示。从以上分布数据和分布图可以看出，不同规模的样本基本均衡，规模较大的国有企业和规模较小的民营企业样本所占的比例略微高一些。

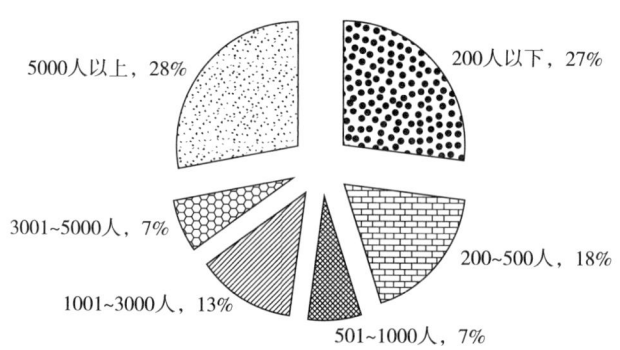

图10-4 样本企业的规模分布

4. 样本企业的年限分布

在261份有效问卷中，企业年限在3年以下的样本有22家，占样本总量的8%；企业在3～5年的样本有58家，占样本总量的22%；企业在6～10年的样本有55家，占样本总量的21%；企业在11～20年的样本企业有45家，占样本总量的17%；企业成立年限超过20年的样本有81家，占样本总量的32%。样本企业的年限分布如图10-5所示。从分布图可见，成立年限在20年以上的样本企业所占比例略高，而3年以下的样本企业所占的比例稍低，这是因为资源型企业所在的行业大多处在寿命周期较长的功能性产品行业，一般具有较长的发展历史。

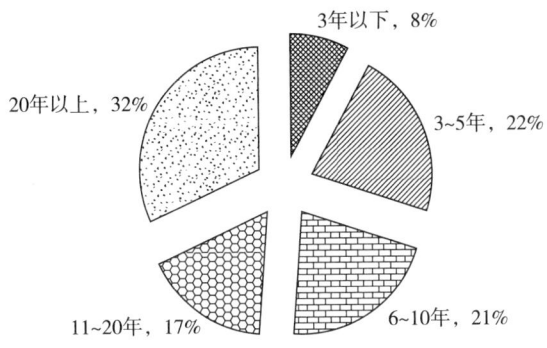

图 10-5 样本企业的年限分布

（二）信度和效度检验

1. 量表的效度检验

首先，将绿色创新的量表中的所有测量题项用 SPSS19.0 进行探索性因子分析，测量题项的 KMO 值为 0.944 > 0.9，表明因素分析适切性极佳，极适合进行因子分析；Bartlett's 球形度检验 χ^2 值为 2961.195，自由度为 91，显著性概率值 P < 0.001，因而，拒绝 Bartlett's 球形度检验零假设，表明可以进行因子分析；再根据特征根大于 1 的标准，选取最大方差和正交旋转方法提取两个共同因子，分别对应利用性绿色创新和探索性绿色创新，其中 D1 ~ D7 为利用性绿色创新，E1 ~ E7 为探索性绿色创新。两个共同因子可解释的总变异量为 68.862%；通过上述指标分析可以发现，绿色创新量表的结构效度较高。具体探索性因子分析结果如表 10-1 所示。

再采用 LISREL8.80 软件对绿色创新量表进行验证性因子分析，验证性因子分析得出如下适配度指数：χ^2 = 14.27（P = 0.076 > 0.05），自由度 df = 8，χ^2 自由度比 < 2，因此，假设模型与实际数据可以契合；拟合优度指数 GFI = 0.98，调整后拟合优度指数 $AGFI$ = 0.95，标准拟合指数 NFI = 0.99，相对拟合指数 CFI = 1，增值适配指数 IFI = 1，以上指数均大于 0.9；近似误差均方根 $RMSEA$ = 0.055 < 0.08，残差均方根 RMR = 0.017 <

0.05。通过综合分析以上适配度指数可以看出，数据总体上拟合较好，由此得出绿色创新两因子模型具有良好的结构效度，也验证了将利用性绿色创新和探索性绿色创新作为绿色创新的两个子变量具有良好的区分度。

表 10-1 绿色创新的量表探索性因子分析结果

变量名称	题项	因子载荷	
		利用性绿色创新	探索性绿色创新
利用性绿色创新	D1	0.874	0.181
	D2	0.826	0.240
	D3	0.784	0.270
	D4	0.783	0.412
	D5	0.781	0.440
	D6	0.742	0.400
	D7	0.629	0.413
探索性绿色创新	E1	0.310	0.776
	E2	0.460	0.748
	E3	0.434	0.744
	E4	0.505	0.690
	E5	0.489	0.677
	E6	0.487	0.674
	E7	0.021	0.467

其次，检验绿色动态能力量表的结构效度。我们将绿色动态能力量表中的所有测量题项放在一起用 SPSS19.0 进行探索性因子分析，分析结果（见表 10-2）显示，KMO 值为 0.958＞0.9，表明因素分析适切性极佳，极适合进行因子分析；Bartlett's 球形度检验 χ^2 值为 4305.738，自由度为 153，显著性概率 P 值为 0.000，达到 0.001 的显著性水平，所以，拒绝 Bartlett's 球形度检验零假设，表明适合进行因子分析；再根据特征根大于 1 的标准，选取最大方差旋转方法提取三个共同因子，分别对应绿色环境适应能力、绿色资源整合能力、组织学习吸收能力，其中 F1~F5 为绿色

绿色环境适应能力，G1~G6 为绿色资源整合能力，J1~J6 为组织学习吸收能力。三个共同因子可解释的总变异量为 75.345%。通过上述指标分析发现，绿色动态能力的测量量表结构效度较高。

表 10-2　绿色动态能力的量表探索性因子分析结果

变量名称	题项序号	因子载荷		
		绿色环境适应能力	绿色资源整合能力	组织学习吸收能力
绿色环境适应能力	F1	0.795	0.264	0.371
	F2	0.764	0.406	0.203
	F3	0.756	0.387	0.259
	F4	0.753	0.226	0.396
	F5	0.746	0.319	0.338
绿色资源整合能力	G1	0.213	0.780	0.314
	G2	0.279	0.743	0.303
	G3	0.228	0.734	0.303
	G4	0.385	0.729	0.255
	G5	0.353	0.720	0.272
	G6	0.355	0.646	0.303
组织学习吸收能力	J1	0.295	0.402	0.747
	J2	0.184	0.379	0.736
	J3	0.467	0.234	0.730
	J4	0.411	0.329	0.725
	J5	0.270	0.291	0.719
	J6	0.431	0.287	0.699

另外，采用二阶验证性因子分析，检验样本数据是否符合绿色动态能力的三因子模型和一个高阶因子模型，验证性因子分析的主要适配度指数分别为：$\chi^2 = 54.95$，自由度 df = 24，标准拟合指数 $NFI = 0.99$，增值适配指数 $IFI = 0.99$，相对拟合指数 $CFI = 0.99$，拟合优度指数 $GFI = 0.96$，调整后拟合优度指数 $AGFI = 0.92$，显然这些指数均大于 0.9；近似误差均方

根 $RMSEA=0.070<0.08$，残差均方根 $RMR=0.015<0.05$。综合以上适配度指数可以看出数据总体上拟合较好，得出绿色动态能力三因子模型具有良好的结构效度。

然后，对企业竞争优势量表的结构效度进行检验。同样，先将企业竞争优势的6个测量题项一起进行探索性因子分析，题项的KMO值为0.868 > 0.8，表明因素分析适切性良好，适合进行因子分析；Bartlett's球形度检验 χ^2 值为984.362，自由度为15，显著性概率P值为0.000，达到0.001的显著性水平，所以，拒绝Bartlett's球形度检验虚无假设，表明适合进行因子分析；采用最大方差旋转方法，根据特征根大于1的标准，提取1个共同因子，累计方差贡献率为64.988%；上述指标表明，企业竞争优势的测量量表结构效度较高。竞争优势的量表探索性因子分析结果如表10-3所示。

表10-3 竞争优势的量表探索性因子分析结果

变量名称	题项序号	测量指标	因子载荷 竞争优势
竞争优势	M1	企业执行操作流程的速度更快、方式更有效	0.908
	M2	企业更加聚焦于客户的多样化需求	0.893
	M3	企业能够更加灵活地适应市场的快速变化	0.888
	M4	企业在产业中的市场份额增长较快	0.815
	M5	为客户提供产品、服务的成本很低	0.783
	M6	为客户提供产品、服务的功能更多、性能更好	0.461

再采用验证性因子分析对竞争优势的效度进行检验，验证性因子分析的主要适配度指数如下：$\chi^2=2.59$（$P=0.273>0.05$），自由度df = 2，χ^2 自由度 < 2，可见数据良好契合；标准拟合指数 $NFI=0.97$，拟合优度指数 $GFI=1$，调整后拟合优度指数 $AGFI=0.98$，相对拟合指数 $CFI=1$，增值适配指数 $IFI=1$，显然这些指数均大于0.9；近似误差均方根 $RMSEA=0.034<0.05$，残差均方根 $RMR=0.0098<0.05$。结果显示适

配指标良好、数据总体上拟合较好,说明具有良好的结构效度。

2. 量表的信度检验

采用 SPSS19.0 对绿色创新的量表进行信度检验,检验结果如表 10-4 所示。从表中的数据可以看出,利用性绿色创新量表中 7 个题项的项目总相关系数介于 0.699~0.846,都大于 0.4;量表的 Cronbach's α 值为 0.935>0.8,且量表中 7 个题项对应的删除题项后的 Cronbach's α 值介于 0.919~0.932,都小于量表层面的信度系数 α 值 0.935。探索性绿色创新量表中 7 个题项的项目总相关系数介于 0.682~0.780,全部大于 0.4;量表的 Cronbach's α 值为 0.897>0.8,且量表中 7 个题项对应的删除题项后的 Cronbach's α 值介于 0.797~0.834,都小于量表层面的信度系数 α 值 0.897。所以,量表的内部一致性与稳定性非常理想。

表 10-4 绿色创新量表的信度检验结果

变量名称	题项序号	修正 Item-Total 相关系数	删除题项后的 Cronbach's α 值	Cronbach's α 值
利用性绿色创新	D1	0.846	0.919	0.935
	D2	0.828	0.921	
	D3	0.812	0.922	
	D4	0.798	0.923	
	D5	0.782	0.925	
	D6	0.752	0.927	
	D7	0.699	0.932	
探索性绿色创新	E1	0.780	0.797	0.897
	E2	0.750	0.801	
	E3	0.746	0.804	
	E4	0.745	0.804	
	E5	0.717	0.807	
	E6	0.696	0.812	
	E7	0.682	0.834	

再对绿色动态能力、竞争优势两个量表的信度进行分析，检验结果如表 10-5 和表 10-6 所示。在绿色动态能力量表中，三个维度的分量表绿色环境适应能力、绿色资源整合能力、组织学习吸收能力的 Cronbach's α 值分别为 0.927、0.944、0.917，都大于 0.8 的建议标准，且量表中所有题项对应的删除题项后的 Cronbach's α 值都小于量表层面的信度系数 α 值；量表中所有题项的项目总相关系数也都大于 0.4。所以，量表的内部一致性与稳定性高。

表 10-5　绿色动态能力量表的信度检验结果

变量名称	题项序号	修正 Item - Total 相关系数	删除题项后的 Cronbach's α 值	Cronbach's α 值
绿色环境适应能力	F1	0.848	0.904	0.927
	F2	0.835	0.905	
	F3	0.828	0.906	
	F4	0.813	0.090	
	F5	0.730	0.926	
绿色资源整合能力	G1	0.872	0.925	0.944
	G2	0.833	0.933	
	G3	0.825	0.934	
	G4	0.817	0.935	
	G5	0.815	0.935	
	G6	0.814	0.935	
组织学习吸收能力	J1	0.793	0.897	0.917
	J2	0.789	0.897	
	J3	0.780	0.899	
	J4	0.771	0.900	
	J5	0.731	0.905	
	J6	0.717	0.958	

在企业竞争优势量表中，Cronbach's α 值为 $0.883 > 0.8$，其中 6 个题

项对应的删除题项后的 Cronbach's α 值在 0.752~0.802，都小于量表层面的信度系数 α 值 0.883，且所有题项的项目总相关系数在 0.626~0.798，显然都大于 0.4。因此可以判定企业竞争优势量表的内部一致性信度非常理想，量表具有较高的信度。

表 10-6 竞争优势量表的信度检验结果

变量名称	题项序号	修正 Item-Total 相关系数	删除题项后的 Cronbach's α 值	Cronbach's α 值
竞争优势	M1	0.798	0.752	0.883
	M2	0.743	0.755	
	M3	0.739	0.764	
	M4	0.697	0.765	
	M5	0.631	0.783	
	M6	0.626	0.802	

（三）假设与理论模型检验

1. 变量的相关性分析

在利用多元回归分析检验假设之前，本书首先采用 SPSS19.0 对企业的性质、所在行业、企业规模、企业年限及利用性绿色创新、探索性绿色创新、绿色动态能力的三个维度与企业竞争优势进行 Pearson 相关分析，通过相关性分析，从数量角度分析变量之间的相互依存、相互影响的关系，对预期的假设从变量之间的相互关系做初步推断。

首先，利用性绿色创新的均值为 4.748，而探索性绿色创新的均值为 4.269，显然利用性绿色创新的均值高于探索性绿色创新的均值，这表明在现阶段的绿色管理与环境战略方面，大多数企业为了规避风险更愿意在现有知识和成熟技术的轨道上进行利用性绿色创新。中介变量绿色动态能力的三个维度中绿色资源整合能力的均值为 4.923，绿色环境适应能力的均值为 4.741，组织学习吸收能力的均值为 4.714，可见绿色资源整合能力的得分最高,说明资源型企业在绿色管理实践中资源整合能力略强于其他两个方面的能力,这是由于绿色资源是企业进行绿色创新的物质基础和最基本的条件,企业的绿色创新行为首先是搜寻并整合绿色资源,而且资源是一切能力形成和提升的基础,所以绿色资源整合能力首当其冲得到发展并成为动态能力中的强者。

其次,自变量和因变量之间、自变量和中介变量之间、中介变量与因变量[①]之间都存在显著的相关性;且从变量之间的 Pearson 相关系数来看,探索性绿色创新与企业竞争优势的相关系数最小,而组织学习吸收能力与竞争优势的相关系数最大。由相关系数矩阵可以初步推断预期假设可能得到样本数据的支持,但假设和理论模型的验证还需做进一步的分析检验。

2. 假设的分析检验

以企业所有权性质、所在行业、职工人数、企业年限作为控制变量(见表 10-7 模型 1),首先,以竞争优势为因变量、利用性绿色创新和探索性绿色创新为自变量建立多元回归模型(见表 10-7 模型 2),以此模型检验绿色创新与竞争优势的关系。其次,以竞争优势为因变量,而以绿色环境适应能力、绿色资源整合能力、组织学习吸收能力为自变量建立多元回归模型(见表 10-7 模型 3),检验绿色动态能力与竞争优势的关系。最后,分别以绿色动态能力的三个维度为因变量,利用性绿色创新和探索性绿色创新为自变量,建立多元回归模型(见表 10-8),检验绿色创新与绿色动态能力的关系。至此,上述回归分析检验已经表明自变量与因变量、自变量与中介变量、中介变量与因变量之间回归系数显著,按照 Baron 和 Kenny(1986)、温忠麟等(2004)建议的中介效应检验的方法和三大步骤,在此情形下可以进行最后一步检验,将自变量和中介变量与因变量一起进行回归,检验绿色动态能力在绿色创新和竞争优势之间的中介效应(见表 10-7 模型 4)。

---

① 自变量为利用性绿色创新与探索性绿色创新,中介变量为绿色环境适应能力、绿色资源整合能力和组织学习吸收能力,因变量为企业竞争优势。

第十章 资源型企业绿色转型发展模式研究

表 10-7 绿色创新、绿色动态能力与竞争优势的回归分析结果

变量	企业竞争优势			
	模型1	模型2	模型3	模型4
控制变量				
所有权性质	0.094	0.028	0.094	0.021
所在行业	0.136*	0.052	0.136*	0.025
职工人数	0.204*	0.048*	0.204	0.033
企业年限	-0.108	-0.036	-0.108	-0.011
自变量				
利用性绿色创新		0.367***		-0.090
探索性绿色创新		0.302***		0.100
中介变量				
绿色环境适应能力			-0.142	-0.110
绿色资源整合能力			0.378***	0.400***
组织学习吸收能力			0.584***	0.574***
R^2	0.041	0.416	0.696	0.700
ΔR^2		0.375	0.655	0.284
F统计量	2.742*	30.198***	82.56***	64.832***

注：$N=261$；*** 表示 $P<0.001$，** 表示 $P<0.01$，* 表示 $P<0.05$。

表 10-8 绿色创新与绿色动态能力关系的回归分析结果

变量	绿色环境适应能力	绿色资源整合能力	组织学习吸收能力
	模型1	模型2	模型3
控制变量			
所有权性质	0.018	0.133*	0.046
所在行业	0.126	0.091	0.140*
所在行业	0.234*	0.199	0.204**
企业年限	-0.137	-0.104	-0.120
自变量			
利用性绿色创新	0.508***	0.647***	0.442***
探索性绿色创新	0.304***	0.158**	0.302***

续表

变量	绿色环境适应能力	绿色资源整合能力	组织学习吸收能力
	模型1	模型2	模型3
R^2	0.598	0.610	0.503
ΔR^2	0.558	0.570	0.466
F统计量	62.89**	66.15***	42.86**

注：$N=261$；***表示$P<0.001$，**表示$P<0.01$，*表示$P<0.05$。

关于在回归模型分析中可能会遇到的多重共线性、异方差和自相关三大问题，本章同样用方差膨胀因子（VIF）来判断多重共线性问题，用残差项散点图判断异方差问题，用DW（Durbin-Watson）统计量来检验自相关问题，从输出分析结果和图形可以发现，不存在多重共线性、异方差和序列自相关问题。

表10-7的回归分析结果表明，企业所在行业（模型1：$\gamma=0.136$，$P<0.05$）和职工人数（模型1：$\gamma=0.204$，$P<0.05$）对于企业竞争优势有显著的正向影响；利用性绿色创新（模型2：$\gamma=0.367$，$P<0.001$）、探索性绿色创新（模型2：$\gamma=0.302$，$P<0.001$）对企业竞争优势均存在显著的正向影响；在模型3中，绿色环境适应能力对于企业竞争优势的影响不显著，而绿色资源整合能力（$\gamma=0.378$，$P<0.001$）、组织学习吸收能力（$\gamma=0.584$，$P<0.001$）对于企业竞争优势均存在显著的正向影响。

表10-8的回归分析结果表明，利用性绿色创新（$\gamma=0.508$，$P<0.001$）和探索性绿色创新（$\gamma=0.304$，$P<0.001$）对绿色环境适应能力均存在显著的正向影响；模型2的回归分析表明，利用性绿色创新（$\gamma=0.647$，$P<0.001$）和探索性绿色创新（$\gamma=0.158$，$P<0.01$）对绿色资源整合能力存在显著的正向影响；模型3的回归分析表明，利用性绿色创新（$\gamma=0.442$，$P<0.001$）和探索性绿色创新（$\gamma=0.302$，$P<0.001$）对组织学习吸收能力存在显著的正向影响。

根据Baron和Kenny（1986）的方法，当自变量X与因变量Y、自变

量 X 与中介变量 M、中介变量 M 与因变量 Y 之间的回归系数都显著时，控制中介变量 M 后，如果自变量 X 对因变量 Y 的回归系数显著且减小，则 M 为部分中介变量（Partial Mediator），表明 X 对 Y 的影响部分是直接的，部分是通过 M 的；如果回归系数不显著，则 M 为完全中介变量（Full Mediator），表明 X 对 Y 的影响完全通过 M 传导，没有 M 的作用，X 就不会影响 Y（陈晓萍等，2012）。据此原理，假设得到支持，表明绿色创新的变化能显著解释竞争优势的变化，同时，绿色创新的变化也能显著解释绿色动态能力的变化，当控制中介变量绿色动态能力后，自变量利用性绿色创新和探索性绿色创新的回归系数都不显著，即自变量对因变量的影响不显著，所以绿色动态能力在绿色创新和竞争优势之间起完全中介的作用。

3. 理论模型的验证

由于回归分析中的参数估计是在只有一个因变量的情形下经过多次回归分析分别计算的，所以当在同时考虑自变量、中介变量和因变量之间的路径关系时，这些结论可能发生变化。为了增强结论的可靠性和模型的稳健性，本书用结构方程模型对第三章提出的绿色创新与竞争优势的理论模型及其路径关系再次进行全模型（Complete Model）检验。为了减少待估参数，提高模型估计的稳健性，参照陈永霞等（2006），王辉、忻蓉和徐淑英（2006）的做法，本书将利用性绿色创新的 7 个指标随机划分为 3 组，以每组指标的平均值作为利用性绿色创新变量的测量指标；同理，将探索性绿色创新型的 7 个指标随机划分为 3 组，以每组指标的平均值作为探索性绿色创新变量的测量指标；参照马鸿佳、董保宝和葛宝山（2014）的做法，将企业竞争优势的 6 个指标划分为 3 组，以每组指标的平均值作为企业竞争优势的测量指标；将绿色环境适应能力、绿色资源整合能力和组织学习吸收能力的均值作为绿色动态能力的 3 个测量指标。利用 LISREL8.80 软件，将利用性绿色创新、探索性绿色创新、绿色动态能力和竞争优势的假设模型输入 LISREL 中，并用处理好的数据进行检验分析，程序运行之后输出全模型路径图（见图 10 - 6）、假设模型与数据拟合度指数（见表 10 - 9）、模型主要路径的标准化系数和 T 值

(见表10-10)。

根据表10-9中的拟合指数对照评价标准可知,除了调整后适配度指数AGFI=0.89略小于评价标准0.9以外,其他指数都符合标准,说明模型与数据适配良好。

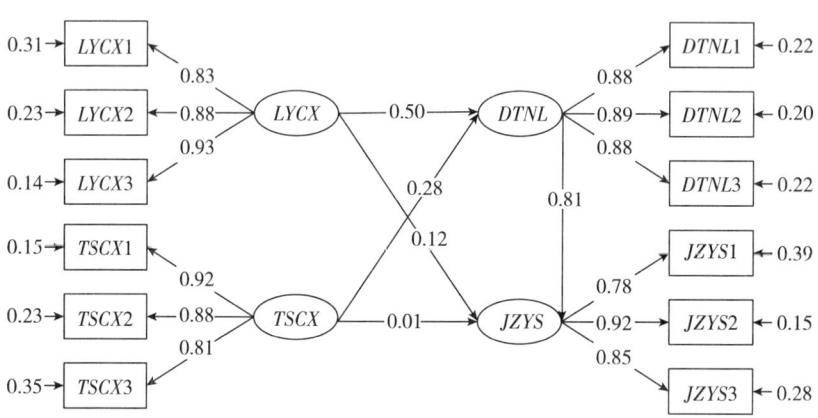

图10-6 绿色创新、绿色动态能力与竞争优势的全模型及路径

注:LYCX表示利用性绿色创新,TSCX表示探索性绿色创新,DTNL表示绿色动态能力,JZYS表示企业竞争优势。

表10-9 假设模型与数据拟合度指数及评价标准

拟合指数	χ^2	df	χ^2/df	GFL	AGFI	IFI	CFI	RMR	RMSEA
统计量	115.28	49	2.35	0.93	0.89	0.99	0.99	0.032	0.072
评价标准	<1χ^2/df<3			>0.9	>0.9	>0.9	>0.9	<0.05	<0.08

注:评价标准根据吴明隆(2010)的文献整理。

由表10-10的模型主要路径参数估计和T值可知,利用性绿色创新到企业竞争优势路径上的T=1.17,探索性绿色创新到企业竞争优势路径上的T=0.08,根据陈晓萍(2012)的建议,参数估计显著合理的T值应大于1.96,两者都小于1.96,说明不显著,其他路径上的T值都大于

1.96，表明参数估计显著。

综合以上数据对照全模型路径图可知，验证结果与回归分析结果吻合，无论是利用性绿色创新还是探索性绿色创新对企业竞争优势的正向影响，都是通过绿色动态能力而传导的，绿色动态能力在绿色创新和竞争优势之间起完全中介作用，进一步验证了假设模型的稳健性和可靠性。

表 10-10 主要路径的标准化系数和 T 值

路径	标准化系数	T 值
利用性绿色创新—绿色动态能力	0.50	3.78
利用性绿色创新—企业竞争优势	0.12	1.17
探索性绿色创新—绿色动态能力	0.28	2.12
探索性绿色创新—企业竞争优势	0.01	0.08
绿色动态能力—企业竞争优势	0.81	10.40

第十一章
资源型企业绿色转型发展研究结论

一、绿色创新是资源型企业转型发展不竭的"动力源泉"

本书的预期假设描述了绿色创新与企业竞争优势之间的关系,实证检验支持了假设,表明绿色创新行为有利于企业获得并维持竞争优势。虽然自"波特假说"提出以来,关于绿色创新是否有利于环境绩效与竞争优势的统一始终存在着矛盾和分歧(董颖和石磊,2013),但有许多学者认为绿色创新有利于企业获得持续竞争优势(Porter & van der Linde, 1995; Hart, 1995, Alberto & Sanjay, 2003; Hart, 2011)。也有大量实证研究支持了"波特假说",研究发现绿色创新行为对于企业获得并维持竞争优势有显著的正向影响(Chen et al., 2006; 姜雨峰和田虹, 2014)。本书的结果与上述学者的观点一致。本书的实证结果表明,无论是利用性绿色创新还是探索性绿色创新对于资源型企业的竞争优势,都具有显著的正向影响。这是由绿色创新的本质和资源型企业绿色转型发展决定的。

一方面,从绿色创新的视角可以得到合理的解释。利用性绿色创新强

第十一章 资源型企业绿色转型发展研究结论

调对现有绿色知识、技术和能力的改进和完善,最终改进现有的绿色产品设计;利用性绿色创新强调为现有市场中的客户群体提供现有的绿色产品和服务,提供更优质的服务和更充裕的价值传递(焦豪,2011)。因而,利用性绿色创新有利于企业提高绿色创新过程的速度,降低创新成本和风险;利用性绿色创新有利于企业提高资源的利用率和生产效率,以减少浪费和环境污染;而且由于资源生产力的提高更能带来明显的低成本优势(Hart,1995)和效率优势(伍勇、梁巧转和魏泽龙,2013)。而探索性绿色创新强调创造全新的绿色技术,通过全新的绿色设计、绿色生产、绿色经营,带来资源生产力的改善;探索性绿色创新强调全新的发展思路,引导企业通过新的方法从节能降耗中获得绿色产品带来的溢价效果(王建明等,2008),抵消或超越因改善环境影响所带来的成本,为企业带来"技术补偿"效应(Morris,2001),通过全新的绿色技术形成绿色壁垒(陈红喜,2008),从而给企业带来时间领先的优势和差异化的竞争优势,可以增强企业长期竞争能力以获得持续竞争优势。

另一方面,从资源型企业的绿色转型发展加以解释。面对全球日益严峻的气候变化问题,资源型企业的发展对于生态环境的威胁不仅涉及大气的污染、环境的破坏,而且关乎资源的耗竭、生态的衰退,特别是当下以及未来一段时间内将长期面临产能过剩和能源结构调整的压力。在此背景下,资源型企业实现绿色发展、低碳发展的动力源泉就在于绿色创新。这是因为,绿色创新以绿色市场为导向,可以将企业的经济效应与生态效应有机统一,使企业获得绿色竞争优势,从而实现企业的可持续发展(戴鸿轶和柳卸林,2009),而且资源型企业绿色转型发展的实现需要以客户的需求为起点,需要实际行动来检验,需要有效的解决方案,需要从根本上提升整个组织的效率。因此,资源型企业的绿色转型核心问题在于绿色创新驱动,通过绿色创新实现资源节约利用、能量梯级利用、废物交换利用,通过绿色创新有效突破资源约束瓶颈,探求绿色、低碳发展之路。所以我们认为绿色创新是资源型企业转型发展不竭的"动力源泉"。

二、绿色动态能力是绿色创新到竞争优势的传导机制

虽然绿色创新与企业竞争优势之间存在显著的正相关关系得到验证，但是，到底如何通过绿色创新获取并维持竞争优势？假设的检验结果给出了打通绿色创新到竞争优势通路的传导机制和路径关系。假设描述了利用性绿色创新和绿色动态能力的关系，回归分析结果表明都得到数据的支持。由此说明，利用性绿色创新对于绿色动态能力的三个维度即绿色环境适应能力、绿色资源整合能力、组织学习吸收能力都具有显著的正向影响；同时实证检验表明，探索性绿色创新对于绿色动态能力的三个维度即绿色环境适应能力、绿色资源整合能力、组织学习吸收能力都具有显著的正向影响。基于以上实证结果可以推出，利用性绿色创新和探索性绿色创新对于绿色动态能力的获取和提升具有显著意义；进一步验证了动态能力根植于企业同时进行利用和探索的能力，创新是企业动态能力的主要来源（李剑力，2009）；动态能力既依赖对当前技术和资源的利用，又要依靠探索性绿色创新来获得发展（焦豪，2008）。换言之，绿色动态能力的获得、发展、提升是建立在利用性绿色创新和探索性绿色创新过程中不断学习和积累的基础之上。同时，绿色动态能力的动态性特征主要体现在对环境变化的适应能力，利用和探索创新的过程就是组织学习和资源整合的过程，资源整合过程和动态能力的构建和升级之间的关系也处在不断演变的过程中，在这一过程中绿色动态能力不断衍生和发展，绿色动态能力也只有在利用性绿色创新和探索性绿色创新演化发展的过程中、在绿色资源不断整合的过程中，才能保持其生命和价值（董保宝等，2011）。以此我们得出，企业在绿色创新过程中获得并提升了绿色动态能力。

相应地,本书的实证检验表明,绿色环境适应能力对于企业竞争优势的正向影响不显著。其原因主要是,资源型企业主要集中在煤炭、钢铁、石油、冶金等传统行业,以往的发展过度依赖于资源的独占优势和中国宏观经济高速增长的拉动,企业的竞争优势更多建立在传统产品市场上,产品的附加值较低,企业的发展模式依然是利润导向而非创造价值导向。以煤炭行业为例,中国煤炭工业经历了过去 10 年的黄金发展期,煤炭产量 10 年间的增长超过了过去 20 年的总量,企业的快速增长建立在产能的过度扩张上,而非创新驱动的可持续发展。因此,当煤炭企业面临中国经济转型发展和能源消费结构调整叠加的双重压力时,企业的市场洞察能力与环境适应能力显得较弱,无法及时做出准确的战略反应以克服路径依赖。H4b 和 H4c 获得统计检验的支持,表明绿色资源整合能力和组织学习吸收能力对于企业竞争优势具有显著的正向影响作用。这与 Zahra 和 George(2002)、Wang 和 Ahmed(2007)、Teece(2007)等具有相同的观点,即整合绿色资源的动态能力使企业形成资源的协同效应(Wang & Ahmed,2007),而组织学习动态能力背后所隐含的复杂而隐蔽的知识和技能不容易被竞争对手学习和复制(Teece,2007),因此绿色资源整合能力和组织学习吸收能力会明显地改善企业的竞争优势地位。虽然 H4 仅获得统计检验的部分支持,但是决定资源型企业竞争优势的绿色动态能力是集合性能力组合,而且这种集合性能力不是静态不变而是动态演变的,各维度能力因子的权重和地位将会随着环境的变迁和企业绿色创新系统的自组织演化而衍生和调整。所以,我们认为从动态能力的概念出发仍然可以得出,绿色动态能力有利于企业避免形成遏制创新、产生惰性、抑制发展的核心刚性(Leonard – Barton,1992),绿色动态能力有利于企业竞争优势的获取和维持。

回归分析检验和结构方程模型的验证都支持绿色动态能力的完全中介作用。这也验证了 Alfred 和 Adam(2009)关于实施绿色管理的观点。Alfred 和 Adam(2009)认为,只有当企业获得绿色能力时,才能从绿色管理中受益。更为重要的是,验证结果表明,绿色创新对于企业竞争优势的影响不是直接的,而是通过绿色动态能力的中介作用传递的。即绿色创新行为并不能直接对企业的竞争优势产生正向影响,而需要企业在通过绿色创新过程中培养和提升绿色动态能力,然后通过绿色动态能力来正向影响企业的竞争优势。这与绿色创新本身的特征有关,绿色创新具有"双重外部效应"(Rennings,2000),而且环境问题不仅存在负外部性,环境又具有公共产品属性,单个企业绿色投资在短期内通常得不偿失(Berrone et al.,2013),因此需要绿色动态能力作为"催化剂"来促进绿色创新对于竞争优势的正向影响作用。

三、"双元性"是既能有效平衡又相互矛盾的组织目标

资源型企业面对错综复杂的外部环境和艰难曲折的发展现实,亟须通过绿色创新转型升级孕育新的增长点。本书立足于这一现实问题,从多种理论视角以系统观的思想将资源型企业绿色创新的前因后果纳入一个框架下进行深入研究,清晰地界定了资源型企业、绿色创新、绿色动态能力的概念,对研究中涉及的变量进行合理的维度划分,相应地设计了测量指标对变量进行有效的测度。本书对资源型企业的定义突出强调了资源的开发是企业成长的主动力与竞争优势的来源,"开发"与"开采"具有本质的差异,开发强调新产品的开发利用、工艺流程的技术改进、相关业务的拓展与延伸等,凸显创新在企业经营各个环节中的渗透。将绿色创新视为利用性绿色创新和探索性绿色创新过程,不仅可以避免以往研究绿色产品创新、工艺创新和组织创新分类中绿色创新各维度内部交错叠加的分类困难,更为重要的是,"双元性"是既能有效平衡又相互矛盾的组织目标,可以使看似相互矛盾的现象兼而有之甚至相互促进,不仅是绿色创新研究

的一种新视角，对于深入研究绿色创新过程有理论构建意义，而且可以拓展和延伸"双元性"理论。

四、理论贡献

通过以上分析可见，绿色动态能力是绿色创新对竞争优势发生正向影响的传导机制，是打开由绿色创新到竞争优势"黑箱"的一把钥匙。绿色动态能力在绿色创新和竞争优势之间的战略地位决定企业必须从战略高度重视培育绿色动态能力，绿色动态能力的培育与提升不可能一蹴而就，需要在利用性绿色创新和探索性绿色创新长期过程中不断积累。

本书将绿色创新视为活动"过程"而非"结果"，并基于"双元性"理论将绿色创新分为利用性绿色创新和探索性绿色创新。以往的研究中多数学者将绿色创新活动分为产品创新、工艺创新和组织创新（Oltra & Saint, 2009；Laurentis & Cooke, 2008），或者认为绿色创新活动包括绿色技术创新、绿色生产创新、绿色营销创新、绿色管理创新（王建明等，2010；焦俊和李垣，2011）。本书将绿色创新分为利用性绿色创新和探索性绿色创新的理论意义在于避免了上述分类中各维度内部的交错叠加，因为绿色产品创新的过程必然涉及流程、工艺、管理的变革与创新，所以这种分析维度存在一定困难，甚至是不可能的；但是利用性与探索性的双元分析维度就不同，不仅两者的实证检验具有非常理想的结构区分度，而且利用性绿色创新与探索性绿色创新是建立在不同的知识与技术轨迹上的创新活动过程，不存在分析维度难度；更为重要的是，"双元性"具有能够有效追求和实现同时并存又相互矛盾的组织目标的特征（周俊和薛求知，2009），"双元性"可以使看似相互矛盾的现象兼而有之甚至相互促进（Luo & Rui, 2009；焦豪，2011）。企业在利用性绿色创新和探索性绿色创新不断演化的过程中，积累绿色动态能力并实现螺旋式上升。这不仅是绿色创新研究的一种新视角，对于深入研究绿色创新过程有理论构建意义，而且可以拓展和延伸"双元性"理论，对于丰富和发展"双元性"理论在"绿色管理"领域的应用具有一定的理论贡献。

本书将"绿色"理念融入"动态能力"理论中形成"绿色动态能力"的概念，并将"绿色动态能力"引入绿色创新与竞争优势的关系研究中，相对于已有研究更多把注意力投射在绿色创新活动，主要通过关注资源利用效率和抵消绿色管理成本（Bonifant et al., 1995; Xepapadeas & Zeeuw, 1999）而获得竞争优势，将"绿色动态能力"作为一种传导机制的研究方法与思路不仅能够深刻触探绿色创新活动在企业竞争优势形成过程中系统演进的机理和关键路径，而且可以拓展和激发此类问题的研究视野，为透视绿色创新到竞争优势这个"黑箱"打开了一扇窗。以往就"波特假说"从理论和实证方面做了大量研究，但矛盾和分歧依然存在。董颖和石磊（2013）通过梳理已有文献发现，仅有一半的研究支持"强波特假说"，认为环境规制下的绿色创新有利于增强企业竞争优势。本书基于动态能力的竞争优势形成机制理论（Teece & Pisano, 1997），实证检验了绿色创新通过绿色动态能力对于竞争优势产生正向影响，不仅对"波特假说"的验证提供了有力的支持，验证了绿色创新能够带来竞争优势，更为重要的贡献在于找到了如何由绿色创新构建竞争优势的实现机制——绿色动态能力，深化和完善了"波特假说"的理论和实证研究；通过构建绿色动态能力的中介效应模型，衍生和拓宽了动态能力决定竞争优势的观点理论，弥补了绿色创新影响竞争优势作用机理与路径理论研究的不足。

五、资源型企业绿色转型发展对策

首先，本书为政府与市场在资源型企业绿色创新的系统均衡和多方博

第十一章 资源型企业绿色转型发展研究结论

弈中资源配置提供理论依据和策略选择，在供给侧结构性改革下激发资源型企业创新活力，推动企业积极实施绿色创新，拓展创新领域。其次，为资源型企业通过绿色创新突破传统发展模式的组织惯性、消除路径依赖，形成绿色发展惯例提供方法和途径，推动企业转型升级以获得持续竞争优势，实现可持续发展。最后，基于供给侧改革视角通过绿色创新化解资源型区域产能过剩、解决常规能源供应能力过剩而绿色低碳能源供给的结构性矛盾，彻底摆脱资源型经济增长困境，推动资源型经济彻底贯彻"创新、协调、绿色、开放、共享"五位一体的新发展理念。

（一）政府层面的政策建议

首先，要将绿色创新战略提升到国家竞争力的战略高度，通过绿色创新引领能源消费结构的调整，扭转资源型企业的成长始终受市场驱动的被动局面。

应在《贯彻落实国务院支持山西省进一步深化改革促进资源型经济转型发展意见行动计划》的指导下，加快建设国家新型能源基地、煤基科技创新成果转化基地，彻底进行能源革命；全面深化煤炭企业集团改革，激发市场主体活力；引导退出过剩产能、发展优质产能、推进煤炭产能减量置换和减量重组；全面实现矿业权竞争性出让。

坚持节约优先、保护优先、自然恢复为主的绿色发展方略，形成节约资源和保护环境的空间格局、产业结构、生产方式。建立绿色生产和消费的法律制度和政策导向，构建完善的绿色发展经济体系；建立绿色技术创新体系，积极鼓励清洁生产、清洁能源节能环保产业。因为资源型企业大多集中在能源行业或者高能源消费行业，"一煤独大"的能源消费结构使能源消费过度依赖煤炭，同时煤炭企业的发展也过度依赖市场驱动，当经济增长进入"新常态"、经济将长期处于温和增长时，煤炭需求几乎不太可能出现大幅反弹，这种局面必然导致煤炭产业链上供需双边陷入发展困境。由本书发现的绿色创新政府、企业、供应链的混合驱动效应以及政府与企业放大的交互效应可见，政府驱动对于绿色创新的意义非同一般。特别是在国家层面需借鉴欧美发达国家的新能源法和政策法规，制定长期的绿色能源战略计划，各级政府配合制定一体化的绿色创新组合政策体系，推动企业通过绿色创新实现能源技术变迁，带动绿色能源产业的发展，转变能源消费习惯和需求结构，引领和主导绿色能源消费市场，突破资源型企业绿色转型的困境。

其次，政府需要通过供需双边政策激励，为绿色创新营造良好的环境，为绿色创新供应链的构建搭建平台，以促进绿色创新技术的普遍开展。换言之，政府要从绿色能源的供给面和需求面并行出发制定相关政策，扶持和推动资源型企业及其产业链上的上下游企业通过绿色创新实现更清洁的生产方式和能源消费方式。比如，政府通过制定行业标准和法规等规制性政策，并进行绿色创新项目投资或者补贴性激励政策，推动绿色创新供应链上的供需双边企业，既要扶持处于供给方的绿色能源生产企业，激励其积极提供绿色创新产品，同时也要推动处于需求方的能源消费企业，使它们有动力消费绿色创新产品；这样逐渐转变能源消费市场的供需结构，通过市场在绿色资源配置中的决定性作用来更好地发挥政府对于绿色创新规制和激励的引导作用，最终通过市场传导机制实现资源型企业的绿色转型和可持续发展。

（二）企业层面的管理实践启示

首先，资源型企业需将绿色理念融入企业战略中，不仅凭借自身内在的资源整合和能力提升主动实施绿色创新，而且要通过绿色供应链管理为绿色创新的价值实现搭建平台，构建全新的商业模式。资源型企业应转变传统管理中将环境责任视为危害控制和公关活动的商业模式，将环境责任和绿色创新视为一种新的商业机遇，通过利用性绿色创新改善现有产品的环境效率实施污染防治，通过与供应链上企业的密切合作实施产品生命周期管理；通过探索性绿色创新跨越现有知识和技术制约实施清洁技术生产，通过绿色创新创造一种新的商业范式。与国外优秀的同类型企业相比，中国资源型企业在工艺和产品结构上存在较大的差距。因此，资源型

第十一章 资源型企业绿色转型发展研究结论

企业应在国家生态文明建设和经济转型升级的契机下,结合自身发展的现实问题,实施精益生产模式,从源头出发关注整个产业链的绿色创新与发展,减轻资源环境的压力。此外,资源型企业应通过产业链的纵向延伸和横向拓展,促进企业间的战略联盟并实施绿色供应链管理;供应链上的合作伙伴可以通过利用性和探索性绿色创新在关键环节或流程上进行彻底的突破性变革,形成复杂、成熟、稳定的绿色供应链系统环境;这样不仅有利于资源型企业按照自然生态系统物质循环和能量流动的方式发展循环经济,而且有利于供应链上各节点企业间深入贯彻绿色环保理念,通过整合供应链上的资源积极进行绿色创新。

其次,从战略高度重视绿色创新活动的开展,以绿色创新驱动资源型企业的绿色转型发展。资源型企业的转型升级和绿色发展不仅需要积极推动绿色环保战略,将环境压力转化为企业经营动力,更需要绿色创新驱动企业实现绿色转型,大力发展新兴产业,提供绿色产品,完善绿色管理体系,以推动相关产业整体实现绿色转型。

参考文献

[1] Abdeen M O. Climate change policy, market structure, and carbon leakage [J]. Renewable and Sustainable Energy Reviews, 2008, 2 (65): 421-445.

[2] Alberto A, Sanjay S. A contingent resource-based view of proactive corporate environmental strategy [J]. Academy of Management Review, 2003, 28 (1): 71-88.

[3] Alfred A M, Adam R F. Green management matters regardless [J]. The Academy of Management Perspectives, 2009, 23 (3): 17-26.

[4] Altman. When green isn't mean: Economic theory and the heuristics of the impact of environmental regulations on competitiveness and opportunity cost [J]. Ecological Economics, 2001 (36): 31-44.

[5] Andrew S. Developing transport infrastructure for the low carbon society [J]. Oxford Review of Economic Policy, 2009 (25).

[6] Ang B W. Factorizing changes in energy and environmental indicators through decomposition [J]. General Information, 2003 (23): 489-495.

[7] Arnold D G, Williams L H D. The paradox at the base of the pyramid: Environmental sustainability and market-based poverty alleviation [J]. International Journal of Technology Management, 2012, 60 (1): 44-59.

[8] Atkinson G, Hamilton K. Savings, growth and the resource curse hypothesis [J]. World Development, 2003, 31 (11): 1793-1807.

[9] Auty R M. Sustaining development in resource economies: The resource curse thesis [M]. London: Rutledge, 1993.

[10] Benner M J, Tushman M L. Exploitation, exploration, and process management: The productivity dilemma revisited [J]. The Academy of Management Review, 2003, 28 (2): 238 – 256.

[11] Berrone P, et al. Necessity as the mother of "green" inventions: Institutional pressures and environmental innovations [J]. Strategic Management Journal, 2013, 34 (8): 891 – 909.

[12] Birkinshaw J, Gibson C. Building ambidexterity into an organization [J]. MIT Sloan Management Review, 2004, 45 (4): 47 – 55.

[13] Blanco L, Grier R. Natural resource dependence and the accumulation of physical and human capital in Latin America [J]. Resources Policy, 2012, 37 (3).

[14] Bonifant B C, Arnold M B, Long F J. Gaining competitive advantage through environmental investments [J]. Business Horizons, 1995, 38 (4): 37 – 47.

[15] Bosquet P. Speciality assessment of Hanford Tank Waste Operations Simulator (HTWOS) modeling process and results [Z]. United States, 2002.

[16] Boulding K. The economics of the coming spaceship earth, in jarrtett, H. (ed.) environmental quality in growing economy [M]. Johns HoPkins University Press, 1966.

[17] Bowman C, Ambrosini V. How the resource – based and the dynamic capability views of the firm inform competitive and corporate level strategy [J]. British Journal of Management, 2003 (14): 289 – 303.

[18] Brannlund R, Ghalwash T, Nordstrom J. Increased energy efficiency and the rebound effect: Effects on consumption and emissions [M]. Energy Economics, 2007: 1 – 17.

[19] Bruno Sarrasin. The Mining industry and the regulatory framework in

madagascar: Some developmental and environmental issues [J]. Journal of Cleaner Production, 2006 (14): 388 – 396.

[20] Cabrales A, Hauk E. The quality of political institutions and the curse of natural resources [J]. Economic Journal, 2011, 121 (551): 58 – 88.

[21] Cepeda G, Vera D. Dynamic capabilities and operational capabilities: A know ledge management perspective [J]. Journal of Business Research, 2007, 60 (3): 426 – 437.

[22] Chang C H. The Influence of corporate environmental ethics on competitive advantage: The mediation role of green innovation [J]. Journal of Business Ethics, 2011, 104 (3): 361 – 370

[23] Charles L. A 2020 Low Carbon Economy [R]. A Knowledge Economy Programme Report, 2010.

[24] Christensen. The innovator's dilemma [M]. Harvard Business School Press, 1997: 30 – 65.

[25] Commission European. Competitiveness and innovation framework programme – Eco – innovation (CIP) 2007 – 2013 [Z]. 2006.

[26] Deason J P, Taylor W R. Natural resource damage assessment and restoration: The outlook for federal facilities [J]. Federal Facilities Environmental Journal, 2010, 8 (4): 49 – 61.

[27] Dierickx I, Cool K. Asset stock accumulation and sustainability of competitive advantage [J]. Management Science, 1989 (35): 1504 – 1511.

[28] Dowell G, Hart S, Yeung B. Do corporate global environmental standards create or destroy market value? [J]. Management Science, 2000, 46 (8): 1059 – 1074.

[29] Farzin Y H. Optimal saving policy for exhaustible resource economies [J]. Journal of Development Economics, 1999 (58).

[30] Consiglieri F J, Kuyek J, Pizarro R. Mining Royalties [J]. International Development Research Centre, 2004.

[31] Gelb A H. Associates, oil windfalls, blessin or curse? [M]. Oxford University Press, 1988.

[32] Ghemawat P. Sustainable advantage [M]. Harvard Business Review. 1986, 64 (5): 53 –58.

[33] Gibson C B, Birkinshaw J. The antecedents, consequences, and mediating role of organizational ambidexterity [J]. Academy of Management Journal, 2004, 47 (2): 209 –226.

[34] Goodman J., Worth D. The minerals boom and australia's resource curse [J]. Journal of Australian Political Economy, 2008, 61 (6): 201 –219.

[35] Gray W B, Shadbegian R J. Pollution abatement costs, regulation, and plant – level productivity [R]. National Bureau of Economic Research, 1995.

[36] Griffith D A, Harvey M G. Aresource based perspective of global dynamic capabilities [J]. Journal of International Business Studies, 2006 (32): 597 –606.

[37] Gungor A, Gupta S M. Issues in environmentally conscious manufacturing and product recovery: A survey [J]. Computers & Industrial Engineering, 1999 (36): 811 –853.

[38] Gupta A K, Smith K G, Shalley C E. The interplay between exploration and exploitation [J]. Academy of Management Journal, 2006, 49 (4): 693 –706.

[39] Gupta M. Environmental operations management: An opportunity for improvement [J]. Production and Inventory Management Journal, 1996 (37): 40 –46.

[40] Guziana B. Is the swedish environmental technology sector "green"? [J]. Journal of Cleaner Production, 2011, 19 (8): 827 –835.

[41] Hame G, Prahalad C K. Competing lor the luture [M]. Boston:

Harvard Business School Press, 1994.

[42] Hart S L, Milstein M B. Creating sustainable value [J]. The Academy of Management Executive, 2003, 17 (2): 56 - 67.

[43] He Z L, Wong P K. Exploration vs. exploitation: An empirical test of the ambidexterity hypothesis [J]. Organization Science, 2004, 15 (4): 481 - 494.

[44] Helfat C E, Finkelstein S, Mitchell W, Peteraf M, Singh H, Teece D, Winter S. Dynamic capabilities: Under standing strategic change in organizations [M]. London: Blackwell, 2007.

[45] Helfat C E, Peteraf M A. The dynamic resource - based view: Capability lifecycles [J]. Strategic Management Journal, 2003, 24 (10): 997 - 1010.

[46] Holliday Jr C O, Schmidheiny S, Watts P. Walking the talk: The business case for sustainable development [M]. Berrett - Koehler Pub. 2002.

[47] Hotelling H. The economics of exhaustible resources [J]. Bulletin of Mathematical Biology, 1991, 53 (1 - 2): 281 - 312.

[48] Itami H. Mobilizing invisible asset [M]. Cambridge. MA: Harvard University Press, 1987.

[49] Jansen J J, Van den Bosch F A, Volberda H W. Exploratory innovation, exploitative innovation and performance: Effects of organizational antecedents and environmental moderators [J]. Management Science, 2006 (57): 351 - 363.

[50] Kawase R, Matsuoka Y, Fujino J. Decomposition analysis of CO_2 Emission in long - term climate stabilization scenarios [J]. Energy Policy, 2006, 34 (5): 89 - 95.

[51] Klassen R D, McLaughlin C P. The impact of environmental management on firm performance [J]. Management Science, 1996, 42 (8): 1199 - 1214.

[52] Koplin J, Seuring S, Mesterharm M. Incorporating sustainability into supply management in the automotive industry – the case of the volkswagen AG [J]. Journal of Cleaner Production, 2007, 15 (11): 1053 – 1062.

[53] Kosobud R F. Book Review: Economics, Natural Resource Scarcity and Development Edward B. Barbier [J]. Ecological Economics, 1991, 3 (3): 267 – 269.

[54] Laurentis C, Cooke P N. Trends and drivers of the knowledge economy in seven business sectors, Report, eurodite: regional trajectories to the knowledge economy, a dynamic model [R]. Centre for Advanced Studies Cardiff University, 2008.

[55] Lee J, Lee K, Rho S. An evolutionary perspective on strategic group emergence: A genetic algorithm – based model [J]. Strategic Management Journal, 2002, 23 (8): 727 – 746.

[56] Lieberman M, Montgomery D. First mover advantages [J]. Strategic Management Journal, 1988 (9): 41 – 58.

[57] London T, Hart S L. Reinventing strategies for emerging markets: Beyond the transnational model [J]. Journal of International Business Studies, 2004, 35 (5): 350 – 370.

[58] Loschel A. Technological change in economic models of environmental policy: A survey [J]. Ecological Economic, 2002 (43): 105 – 126.

[59] Lumpkin G T, Dess G G. Linking two dimensions of entrepreneurial orientation to firm performance: The moderating role of environment and industry life cycle [J]. Journal of Business Venturing, 2001, 16 (5): 429 – 451.

[60] Luo Y, Rui H. An ambidexterity perspective toward multinational enterprises from emerging economies [J]. The Academy of Management Perspectives (AMP), 2009, 23 (4): 49 – 70.

[61] March J G. Exploration and exploitation in organizational learning [J]. Organization Science, 1991 (12): 71 – 87.

[62] Marchi V D. Environmental innovation and R&D cooperation: Empirical evidence from spanish manufacturing firms [J]. Research Policy, 2012, 41 (3): 614 – 623.

[63] Markandya A, Pearce D. Natural environments and the social rate of discount [J]. Project Appraisal, 2012, 3 (1): 2 – 12.

[64] Michael D, Brian O, Alexia P, et al. Population aging and future carbon emissions in the united states [J]. Energy Economics, 2008, 30 (2): 642 – 675.

[65] Mikhail G, Ibrahim D, Marc A. Greenhouse gas emissions reduction by use of wind and solar energies for hydrogen and electricity production: Economic factors [J]. International Journal of Hydrogn Energy, 2009 (32): 927 – 931.

[66] Moliterno W. Firm performance, rent appropriation and the strategic resource divestment capability [J]. Strategic Management Journal, 2007, 28 (11): 1065 – 1087.

[67] Morris N, Jones D M. Memory updating in working memory: The role of the central executive [J]. British Journal of Psychology, 2001, 81 (2): 111 – 121.

[68] Mursheda S M, Serinoc L A. The pattern of specialization and economic growth: The resource curse hypothesis revisited [J]. Structural Change and Economic Dynamics, 2011, 22 (2): 151 – 161.

[69] Nidumolu R, Prahalad C K, Rangaswami M R. Why sustainability is now the key driver of innovation [J]. Harvard Business Review, 2009, 87 (9): 56 – 64.

[70] Noci G, Verganti R Managing "green" product innovation in small firms [J]. R&D Management, 1999, 29 (1): 3 – 15.

[71] Pigou A C. Co – operative societies and income tax [J]. The Economic Journal, 1920, 30 (118): 156 – 162.

[72] Polanyi M. Personal knowledge: Towards a post – critical philosophy [M]. Chicago: University of Chicago Press, 1962.

[73] Ramakrishnan R. A multi – factor efficiency perspective to the relationships among world GDP, energy consumption and carbon dioxide emissions [J]. Technological Forecasting Social Change, 2006 (73): 483 – 493.

[74] Rao P, Holt D. Do green supply chains lead to competitiveness and economic performance? [J]. International Journal of Operations & Production Management, 2005, 25 (9): 898 – 916.

[75] Reed R, Defillippi R. Causal ambiguity, barriers to imitation, and sustainable competitive advantage [J]. Academy of Management Review. 1990 (15): 88 – 102.

[76] Rennings K. Redefining innovation – eco – innovation research and the contribution from ecological economics [J]. Ecological Economics, 2000, 32 (2): 319 – 332.

[77] Richard S J T. Corrigendum to "Targets for global climate policy: An overview" [J]. Econ. Dyn. Control, 2013 (37): 911 – 921.

[78] Roome N. Conceptualizing and studying the contribution of networks in environmental management and sustainable development [J]. Business Strategy and the Environment, 2001, 10 (2): 69 – 76.

[79] Sachs J D, Warner A. Economic reform and the process of global integration [J]. Brookings Papers on Economic Activity, 1995 (1): 1 – 118.

[80] Sagar A. Technology innovation and energy [Z]. Encyclopedia of Energy, 2004: 27 – 43.

[81] Salvador E P, Jose L P, Mariana C G. Modeling population dynamics and economic growth as competing species: An application to CO_2 global emissions [J]. Ecological Economics, 2008, 3 (65): 602 – 615.

[82] Sather B, Isaksen A, Karlsen A. Innovation by co – evolution in natural resource industries: The norwegian experience [J]. Geoforum, 2011, 42

(3): 373-381.

[83] Schumpeter J A. The theory of economic development [M]. Cambridge, MA: Harvard University Press, 1934.

[84] Sharma S, Vredenburg H. Proactive corporate environmental strategy and the development of competitively valuable organizational capabilities [J]. Strategic management Journal, 1998, 19 (8): 729-753.

[85] Sharma S. Managerial interpretations and organizational context as predictors of corporate choice of environmental strategy [J]. Academy of Management journal, 2000, 43 (4): 681-697.

[86] Shaxson N. New approaches to volatility: Dealing with the resource cursein sub-saharan africa [J]. International Affairs, 2005, 81 (2): 311-324.

[87] Shukla P R, Subash D, Diptiranjan M. Low-carbon society scenarios for India [J]. Climate Policy, 2008 (8).

[88] Simsek Z. Organizational ambidexterity: Towards a multilevel understanding [J]. Journal of Management Studies, 2009, 46 (4): 597-624.

[89] Srivastava S K. Green supply chain management: A state of the art literature review [J]. International Journal of Management Reviews, 2007, 9 (1): 53-80.

[90] Teece D J. Foreign investment and technological development in silicon valley [J]. California Management Review, 1992, 34 (2): 88-106.

[91] Teece D J. Knowledge and competence as strategic assets [J]. Competitive Challenge Strategies for Industrial Innovation & Renewal, 1987, 10 (4): 159-184.

[92] Teece D. Explicating dynamic capabilities: The nature and micro-foundations of (sustainable) enterprise performance [J]. Strategic Management Journal, 2007 (28): 1319-1350.

[93] Toshihiko N, et al. Shift to a low carbon society through energy sys-

tems design [J]. Science China, 2010, 53 (1): 134 – 143.

[94] Tzokas N, Kyriazopoulos P. Marketing and entrepreneurial orientation in small firms [J]. Enterprise and Innovation Management Studies, 2001, 2 (1): 19 – 33.

[95] Ulrich D, Lake D. Organizational capability [M]. New York: Wiley, 1991.

[96] Ursula T, Johann W. Integrated environmental product innovation in the region of munich and its impact on company competitiveness [J]. Journal of Cleaner Production, 2008, (16): 1484 – 1493.

[97] Vachon S, Klassen R D. Environmental management and manufacturing performance: The role of collaboration in the supply chain [J]. International Journal of Production Economics, 2008, 111 (2): 299 – 315.

[98] Wang Can, Chen Jining, Zou Ji. Decomposition of energy – related CO_2 emission in China: 1957 – 2000 [J]. Energy, 2005, 30 (1): 73 – 83.

[99] Xepapadeas A, Zeeuw A de. Environmental policy and competitiveness: The porter hypothesis and the composition of capital [J]. Journal of Environmental Economics and Management, 1999 (37): 165 – 182.

[100] Ying Fan, Lan Cui Liu, Gang Wu, Yi – Ming Wei. Analyzing impact factors of CO_2 emissions using the STIRPAT model [J]. Environmental Impact Assessment Review, 2006, 4 (26): 377 – 395.

[101] Zahra S A, George G. The net enabled business innovation cycle and the evolution of dynamic capabilities [J]. Information Systems Research, 2002, 13 (2): 147 – 151.

[102] Zhao Guo – hao. Optimization model to enhance sustainable utilization of Resources [J]. Journal of Systems Science and Systems Engineering, 2002, 11 (1).

[103] Zhou N, Levine M D, Price L. Overview of current energy – effi-

ciency policies in China [J]. Energy Policy, 2010, (38): 6439-6452.

[104] Zott C. Dynamic capabilities and the emergence of intra - industry differential firm performance: Insights from a simulation study [J]. Strategic Management Journal, 2003 (24): 97-125.

[105] 曹芳萍, 温玲玉, 蔡明达. 绿色管理、企业形象与竞争优势关联性研究 [J]. 华东经济管理, 2012, 26 (10): 117-121.

[106] 曹国, 沈利香, 应可福. 环保压力、绿色创新与小微企业的竞争优势——来自江苏省小微企业的实证分析 [J]. 现代财经 (天津财经大学学报), 2014 (4): 64-76.

[107] 柴洪静. 资源整合背景下山西省煤炭资源的最适耗竭研究 [D]. 太原: 太原理工大学, 2012.

[108] 陈德敏, 秦鹏. 我国资源综合利用的技术政策及法制环境研究 [J]. 有色金属再生与利用, 2002 (2): 26-29.

[109] 陈德敏. 我国资源综合利用的技术政策和法制环境 [J]. 中国资源综合利用, 2002 (7): 5-10.

[110] 陈红喜. 企业绿色竞争力的理论分析与实证研究 [D]. 南京: 南京农业大学, 2008.

[111] 陈进, 王洪武, 吴爱祥. 基于模糊评价的资源型企业可持续发展预警系统研究与应用 [J]. 昆明理工大学学报 (理工版), 2010, 35 (1): 119-124.

[112] 陈明政, 方思敏. 我国资源型企业可持续发展制约因素分析 [J]. 理论月刊, 2008 (4): 170-172.

[113] 陈万龙, 侯军岐. 基于 Kaya 模型的中国低碳经济策略探讨 [J]. 价值工程, 2010 (22): 3-4.

[114] 陈晓萍, 徐淑英, 樊景立. 组织与管理研究的实证方法 (第2版) [M]. 北京: 北京大学出版社, 2012.

[115] 陈英姿, 李雨瞳. 低碳经济与我国区域能源利用研究 [J]. 吉林大学社会科学学报, 2009, 49 (2): 66-73.

[116] 陈永霞,贾良定,李超平,宋继文,张君君.变革型领导、心理授权与员工的组织承诺:中国情景下的实证研究[J].管理世界,2006(1):96-105.

[117] 程乐团.搞好资源综合利用,促进煤炭企业可持续发展[J].煤炭工程,2002(7):4-5.

[118] 程磊.36年最冷预警次数最多降雪量最大雾霾天最多[N].法制晚报,2013-03-01.

[119] 崔宁.新常态下我国低碳经济发展之路探析[J].经济研究,2017(2):74-76.

[120] 董保宝,葛宝山,王侃.资源整合过程、动态能力与竞争优势:机理与路径[J].管理世界,2011(3):92-101.

[121] 董保宝,李全喜.竞争优势研究脉络梳理与整合研究框架构建——基于资源与能力视角[J].外国经济与管理,2013,35(3):2-11.

[122] 董俊武,黄江圳,陈震红.基于知识的动态能力演化模型研究[J].中国工业经济,2004(2):77-85.

[123] 董颖,石磊."波特假说"——生态创新与环境管制的关系研究述评[J].生态学报,2013(3):809-824.

[124] 杜立民.我国二氧化碳排放的影响因素:基于省级面板数据的研究[J].南方经济,2010(11):20-33.

[125] 冯雨.组建全国煤炭交易中心的可行性研究[J].中国煤炭,2011(4).

[126] 高峰.种植"石油":未来能源新选择[J].资源与人居环境,2010(6):31-33.

[127] 龚一萍."创造性破坏"视阈下企业动态能力构建[J].经济管理,2010,32(8):49-55.

[128] 龚一萍.企业动态能力与企业创新的相关分析[J].企业经济,2010(4):8-12.

[129] 关凤峻. 矿产资源综合开发利用技术经济评价方法 [J]. 石家庄经济学院学报, 1992 (4): 375-378.

[130] 郭朝先. 中国碳排放因素分解: 基于 LMDI 分解技术 [J]. 中国人口·资源与环境, 2010 (2): 4-9.

[131] 郭丕斌等. 煤炭资源型经济转型的困境与出路: 基于能源技术创新视角的分析 [J]. 中国软科学, 2013 (7): 39-46.

[132] 国家发展改革委《循环经济: 模式分析与对策研究》课题组. 煤炭行业发展循环经济的模式和对策 [J]. 中国经贸导刊, 2006 (1): 29-30.

[133] 韩超. 煤炭企业绿色发展战略研究 [D]. 阜新: 辽宁工程技术大学, 2015.

[134] 何建坤, 苏明山. 应对全球气候变化下的碳生产率分析 [J]. 中国软科学, 2009 (10): 42-47.

[135] 贺秀丽. 山西煤炭企业循环经济的发展与生态工业园的构建 [D]. 太原: 太原理工大学, 2006.

[136] 胡初枝, 黄贤金, 钟太阳, 谭丹. 中国碳排放特征及其动态演进分析 [J]. 中国人口·资源与环境, 2008, 18 (3): 38-42.

[137] 胡兆光. 中国特色的低碳经济、能源、电力之路初探 [J]. 中国能源, 2009 (11): 13-15.

[138] 黄娟, 杨昌明, 杨力行. 资源型企业构建可持续发展战略理论研究 [J]. 湖北社会科学, 2005 (7): 80-82.

[139] 黄毅. 资源型经济转型与资源诅咒的化解 [J]. 云南社会科学, 2009 (2).

[140] 黄祖梁. 我国矿产资源综合开发利用现状及对策 [J]. 世界有色金属, 1994 (8): 2-9.

[141] 吉姆·科林斯, 杰里波勒斯. 基业长青 [M]. 真如译. 北京: 中信出版社, 2009.

[142] 贾林娟. 低碳经济发展影响因素及路径设计 [J]. 科技进步

与对策,2014,31(3):26-29.

[143] 姜雨峰,田虹.绿色创新中介作用下的企业环境责任、企业环境伦理对竞争优势的影响[J].管理学报,2014(8):1191-1198.

[144] 蒋金荷.中国碳排放量测算及影响因素分析[J].资源科学,2011,33(4):597-604.

[145] 蒋衔武,孙磊,张冬梅.基于循环经济的煤炭工业可持续发展研究[J].煤炭工程,2007(5):93-95.

[146] 焦豪.双元型组织竞争优势的构建路径:基于动态能力理论的实证研究[J].管理世界,2011(11):76-91,188.

[147] 颉茂华,王媛媛,焦守滨.资源型企业增长过度吗?——兼对可持续增长理论的评价与检验[J].管理案例研究与评论,2013(3):192-205.

[148] 景普秋,张复明.面向可持续发展的可耗竭资源管理[J].管理世界,2007(7):156-157.

[149] 李大元,项保华,陈应龙.企业动态能力及其功效:环境不确定性的影响[J].南开管理评论,2009,12(6):60-68.

[150] 李桦,储小平,郑馨.双元性创新的研究进展和研究框架[J].科学学与科学技术管理,2011(4):58-65.

[151] 李剑力.探索性创新、开发性创新及其平衡研究前沿探析[J].外国经济与管理,2009(3):23-29.

[152] 李杰,王东胜.煤炭直接液化工业探讨[J].洁净煤技术,2005(3):44-49.

[153] 李卫宁,吴坤津.企业利益相关者、绿色管理行为与企业绩效[J].科学学与科学技术管理,2013(5):89-96.

[154] 李文,许晖,黄小飘.组织学习与国际化企业营销动态能力构建——基于华为、海尔、联想的跨案例分析[J].管理案例研究与评论,2013,6(4):272-281.

[155] 李文峰.低碳经济背景下的煤炭产业发展研究[J].煤炭技

术,2013,32(11):3-5.

[156] 李先江. 新服务企业绿色创业导向、绿色动态能力与企业成长的关系[J]. 财经论丛,2014(2):79-84.

[157] 李艳,梅张雷,程晓凌. 中国碳排放变化的因素分解与减排途径分析[J]. 资源科学,2010(2):218-221.

[158] 李宇凯. 资源型企业可持续成长能力评价研究[D]. 石家庄:中国地质大学,2010.

[159] 梁钰. 煤炭矿区循环经济发展研究[D]. 北京:中国矿业大学,2009.

[160] 林伯强,刘希颖. 中国城市化阶段的碳排放:影响因素和减排策略[J]. 经济研究,2010(8):66-78.

[161] 刘传江. 低碳经济发展的制约因素与中国低碳道路的选择[J]. 吉林大学社会科学学报,2010,50(3):146-152.

[162] 刘飞,简兆权. 可持续竞争优势:基于动态能力的视角[J]. 科学管理研究,2010,28(3):51-55,68.

[163] 刘海滨,郭正权. 论煤炭资源低碳发展利用的必要性及其路径选择[J]. 管理现代化,2010(6):15-17.

[164] 刘建新,王世强. 知识创新、动态能力与竞争优势[J]. 长春师范学院学报(人文社会科学版),2013,32(3):1-6.

[165] 刘林艳,宋华. "绿色"公司作用于企业绩效吗?——基于美国和中国的一项对比研究[J]. 科学学与科学技术管理,2012(2):104-114.

[166] 刘晓玲,耿林. 促进我国矿区可持续发展的对策探讨[J]. 煤炭加工与综合利用,2006(6):23-26.

[167] 刘云刚. 大庆市资源型产业结构转型对策研究[J]. 经济地理,2000(5).

[168] 卢启程. 企业动态能力的形成和演化——基于知识管理视角[J]. 研究与发展管理,2009,21(1):70-78.

[169] 罗大锋. 当代中国矿产资源开发存在的问题及对策 [J]. 中国工程科学, 2005 (4): 49-52.

[170] 马富萍, 郭晓川, 茶娜. 环境规制对技术创新绩效影响的研究——基于资源型企业的实证检验 [J]. 科学学与科学技术管理, 2011, 32 (8): 87-92.

[171] 马克思. 马克思恩格斯选集（第四卷）[M]. 北京: 人民出版社, 1995: 373.

[172] 马仁明. 强化技术创新提升煤炭企业核心竞争力 [J]. 煤炭科技, 2006 (2): 59-60.

[173] 马小援. 论企业环境与企业可持续发展 [J]. 管理世界, 2010 (4): 1-4.

[174] 马月琴. 古书院矿型煤示范厂项目后评价研究 [D]. 西安: 西安交通大学, 2002.

[175] 苗阳. 山西省煤炭资源可持续发展利用研究 [D]. 北京: 中国地质大学, 2006.

[176] 牛泰山. 煤矸石综合利用与煤炭企业可持续发展战略 [J]. 煤, 2000 (5): 23-25.

[177] 任娟娟. 山西省资源型经济发展评价研究 [D]. 太原: 太原科技大学, 2013.

[178] 萨缪尔森. 经济学 [M]. 北京: 商务印书馆, 1981: 5.

[179] 宋涛, 郑挺国, 佟连军. 环境污染与经济增长之间关联性的理论分析和计量检验 [J]. 地理科学, 2007 (6): 156-162.

[180] 孙建卫, 赵荣钦, 黄贤金, 陈志刚. 1995~2005年中国碳排放核算及其因素分解研究 [J]. 自然资源学报, 2010, 25 (8): 1284-1295.

[181] 孙凌宇. 资源型企业绿色转型成长研究 [D]. 长沙: 中南大学, 2012.

[182] 孙毅, 景普秋. 资源型区域绿色转型模式及其路径研究 [J]. 中国软科学, 2012 (12): 152-161.

［183］覃觅．保护矿产资源刻不容缓［J］．资源与人居环境，2005（9）：10-11．

［184］唐勇．发展煤炭循环经济提高资源综合利用度［J］．煤炭技术，2006（9）．

［185］田家华，张波．基于AHP法的资源型企业可持续发展力评价研究［J］．理论月刊，2008（3）：163-166．

［186］王锋，吴丽华，杨超．中国经济发展中碳排放增长的驱动因素研究［J］．经济研究，2010（2）：123-136．

［187］王锋正，郭晓川．可持续性科学视角下矿产资源型企业转型升级路径研究［J］．工业技术经济，2012（10）：62-70．

［188］王宏昌，林少宫．诺贝尔经济学奖金获得者讲演集（1969~1986）［M］．北京：中国社会科学出版社，1988：69．

［189］王辉，忻蓉，徐淑英．中国企业CEO的领导行为及对企业经营业绩的影响［J］．管理世界，2006（4）：87-96．

［190］王建军，曲波．资源型企业与区域经济可持续发展研究［M］．北京：民族出版社，2009．

［191］王建明，陈红喜，袁瑜．企业绿色创新活动的中介效应实证［J］．中国人口·资源与环境，2010，20（6）：111-117．

［192］王建明，袁瑜，陈红喜．长三角与环渤海地区的企业绿色竞争力测评比较［J］．中国人口·资源与环境，2008，18（5）：101-107．

［193］王凌黎，邬恋，马前涛．我国CO_2排放影响因素分析［J］．中国高新技术企业，2010（5）：75-76．

［194］王茂祯，冯之俊．循环经济创新评价指标体系［J］．中国人口·资源与环境，2012（4）．

［195］王太星．基于社会责任的煤炭企业发展模式转型研究［D］．北京：中国矿业大学，2014．

［196］王岩．鹤岗矿区煤炭资源综合开发利用方案探讨［J］．煤炭工程，2008（6）：95-96．

[197] 王悦汉, 汪理全, 翟德元. 矿井"掘、采、治"开采技术体系的理论探讨 [C]. 煤炭开采新理论与新技术——中国煤炭学会开采专业委员会 2006 年学术年会论文, 2006.

[198] 王之佳. 我们共同的未来 [M]. 长春: 吉林人民出版社, 1997.

[199] 魏江, 焦豪. 创业导向、组织学习与动态能力关系研究 [J]. 外国经济与管理, 2008 (2): 36-41.

[200] 魏振宽, 吴刚, 朱超. 对建设煤炭生态企业的初步设想 [J]. 煤炭经济研究, 2007 (3): 19-21.

[201] 温景光. 江苏省碳排放的因素分解模型及实证分析 [J]. 华东经济管理, 2010, 24 (2): 29-32.

[202] 温忠麟, 张雷, 侯杰泰, 刘红云. 中介效应检验程序及其应用 [J]. 心理学报, 2004 (5): 614-620.

[203] 吴明隆. 结构方程模型——AMOS 的操作与应用 [M]. 重庆: 重庆大学出版社, 2010: 38-61.

[204] 伍勇, 梁巧转, 魏泽. 双元技术创新与市场导向对企业绩效的影响研究: 破坏性创新视角 [J]. 科学学与科学技术管理, 2013 (6): 140-151.

[205] 武春友, 朱庆华, 耿勇. 绿色供应链管理与企业可持续发展 [J]. 中国软科学, 2001 (3): 67-70.

[206] 武睿. 山西省煤炭贸易出口现状及优化建议研究 [J]. 经贸实践, 2017 (11): 53.

[207] 夏佐铎, 姚书振. 矿产资源资产经济价值的研究 [J]. 中国矿业, 2002 (4): 10-20.

[208] 夏佐铎. 矿产资源资产评估体系研究 [J]. 科技进步与对策, 2004 (11): 97-99.

[209] 现代经济辞典 [M]. 北京: 商务印书馆, 1983: 21.

[210] 谢园园等. 基于过程—效应原理的循环经济评价方法及实证研

究[J].生态经济,2015(2).

[211]邢相勤,陈莹.资源型企业可持续发展评价指标体系与评价方法研究[J].理论月刊,2008(6):148-150.

[212]徐国泉,刘则渊,姜照华.中国碳排放的因素分解模型及实证分析:1995~2004年[J].中国人口·资源与环境,2006(6):158-161.

[213]严良,洪文志,张富有.资源型企业可持续发展初探[J].统计与决策,2008(20):186-188.

[214]杨芳.中国低碳经济发展:技术进步与政策选择[J].福建论坛,2010(2):15-18.

[215]杨建林.提高煤炭质量对煤炭企业可持续发展的作用[J].煤,2000(6):63-64.

[216]杨静,施建军,李曼,刘健.绿色战略如何影响企业绩效——基于转型经济情境的研究[J].科学学与科学技术管理,2013,34(7):141-149.

[217]杨玲.矿业城市研究综述[J].中国国土资源经济,2005,18(5):27-29.

[218]杨婷.循环经济背景下基于供应链的物流企业绩效评价研究[D].武汉:武汉理工大学,2007.

[219]姚俊鲜,梁丽萍.煤炭企业低碳化转型的演化路径分析[J].煤炭技术,2016,35(2):325-326.

[220]叶柏青,陈立新.煤炭资源价值与可持续发展[J].技术经济,2001(1):20-22.

[221]殷涛,孙涛.煤炭工业可持续发展中存在的问题及其对策[J].煤矿环境保护,2001(3):15-18.

[222]应瑞瑶,周力.资源禀赋与绿色创新——从中国省级数据的经验研究看"荷兰病"之破解[J].财经研究,2009(11):92-102.

[223]于冰,石磊.企业循环经济相关指标体系的比较与对策建议

[J]．环境科学与管理，2007（11）．

［224］袁学良．煤炭行业循环经济发展理论及应用研究［D］．济南：山东大学，2008．

［225］袁媛．煤炭企业核心竞争力评价及提升策略［D］．合肥：安徽理工大学，2012．

［226］袁宗仪．建立中国矿产资源综合开发利用评价体系［J］．矿产综合利用，1993（5）：31－36．

［227］岳超，胡雪洋，贺灿飞，朱江玲，王少鹏，方精云．1995～2007年我国省区碳排放及碳强度的分析——碳排放与社会发展［J］．北京大学学报（自然科学版），2010，46（4）：510．

［228］张晨．我国资源型城市绿色转型复合系统研究［D］．天津：南开大学，2010．

［229］张复明，景普秋．矿产开发的资源生态环境补偿机制研究［M］．北京：经济科学出版社，2010．

［230］张复明．工业化视野下的资源型经济：解释模型和分析框架［J］．经济学动态，2008（8）：33－37．

［231］张惠．山西煤炭出口贸易的不利因素分析［J］．太原城市职业技术学院学报，2017（3）：188－189．

［232］张晋陶，刘伯荣．煤炭资源浪费的主要原因及其对策［J］．内蒙古煤炭经济，2008（1）：16－20．

［233］张麟，焦琳．煤炭企业可持续发展战略内涵［J］．中州煤炭，2000，12（6）：40－41．

［234］张庆芝，何枫，雷家辅．技术效率视角下我国钢铁企业节能减排与企业规模研究［J］．软科学，2013，27（8）：6－10．

［235］赵国浩，李玮，张荣霞，梁文群．基于随机前沿模型的山西省碳排放效率评价［J］．资源科学，2012，34（10）：1965－1971．

［236］赵国浩，凌涛．可持续发展视角下的山西煤炭工业发展研究［J］．煤炭经济研究，2010（5）．

[237] 赵国浩, 裴卫东, 张冬明. 中国煤炭工业与可持续发展 [M]. 北京: 中国物价出版社, 2000: 6.

[238] 赵国浩. 煤炭资源优化配置研究方法探讨 [C]. 2007 中国可持续发展论坛暨中国可持续发展学术年会论文集, 2007.

[239] 赵国浩. 煤炭资源综合开发利用对策研究 [J]. 能源技术与管理, 2007 (5): 53-56.

[240] 赵贺春, 刘丽娜. 我国低碳经济发展的影响因素及政策选择 [J]. 中国集体经济, 2012 (1): 27-28.

[241] 赵辉, 刘学敏. 资源型经济转型路径分析 [J]. 城市问题, 2013 (7): 31-35.

[242] 赵震宇. 中国煤炭资源可持续利用的经济学研究 [D]. 长春: 吉林大学, 2010.

[243] 中美联合编审委员会. 简明不列颠百科全书 [M]. 北京: 中国大百科全书出版社, 1985: 588.

[244] 周德群, 汤建影. 矿业城市风险规避的相关政策研究 [J]. 中国矿业大学学报（社会科学版）, 2002, 4 (4): 64-69.

[245] 周建波. 资源型经济何以成功转型——转型成功国家的转型战略和启示 [J]. 经济问题, 2013 (4): 84-88.

[246] 周俊, 薛求知. 双元型组织构建研究前沿探析 [J]. 外国经济与管理, 2009, 31 (1): 50-57.

[247] 周勇, 卢锐. 论绿色供应链管理 [J]. 东南大学学报（哲学社会科学版）, 2004, 6 (6): 29-32.

[248] 朱勤等. 人口与消费对碳排放影响的分析模型与实证 [J]. 中国人口·资源与环境, 2010, 20 (2): 98-102.

[249] 庄贵阳. 中国经济低碳发展的途径与潜力分析 [J]. 国际技术经济研究, 2005, 8 (3): 8-12.

[250] 邹胜谋, 葛联合. 强化矿山管理及资源综合利用 [J]. 矿业快报, 2001 (17): 10-11.